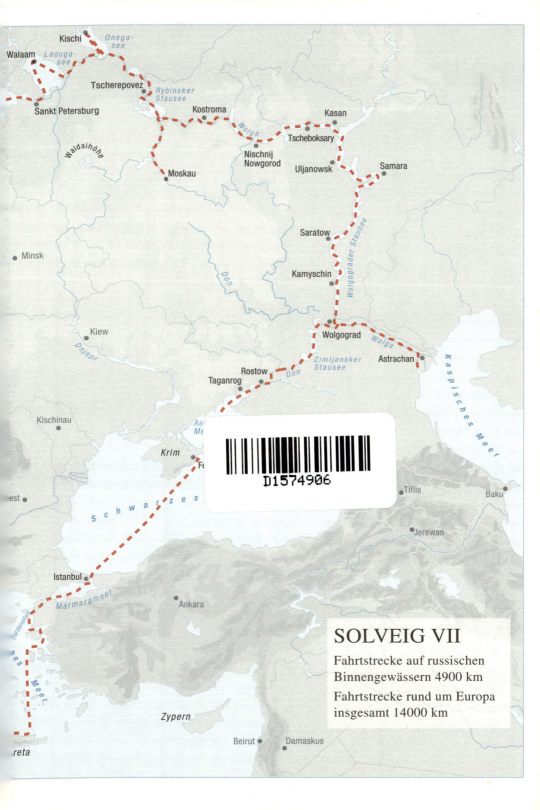

ROLLO GEBHARD
Unter falscher Flagge

*Über russische Ströme von
St. Petersburg nach
Moskau und Astrachan*

Delius Klasing Verlag

Von Rollo Gebhard sind darüber hinaus folgende Titel im
Delius Klasing Verlag erhältlich:
Freiheit auf dem Wasser – Über Flüsse und Meere von Paris nach St. Petersburg
Blaue Donau – Schwarzes Meer
Leinen los – Wir segeln um die Welt
Seefieber – Allein über die Ozeane
Ein Mann und sein Boot – Vier Jahre allein um die Welt

Bibliografische Information Der Deutschen Bibliothek
Die Deutsche Bibliothek verzeichnet diese Publikation in der
Deutschen Nationalbibliografie; detaillierte bibliografische
Daten sind im Internet über »http://dnb.ddb.de« abrufbar.

1. Auflage
ISBN 3-7688-1463-7
© by Delius, Klasing & Co. KG, Bielefeld

Fotos: Rollo Gebhard
aufgenommen mit Leica R 5 und Leica-Spezialobjektiven
Fotos Umschlagtitel und Nr. 5, 21, 24 (auch Umschlagklappe hinten),
30, 31, 33, 39, 42, 46, 51, 54: Andrey Alexander
Foto Nr. 1: Jürgen Appelhans
Foto Nr. 2: Angelika Gebhard
Die Grafiken auf den Seiten 136, 142, 143, 152 und 157 stammen
aus der Sammlung Prof. Hanno Beck
Kartenzeichnungen auf den Seiten 48, 86, 93, 212: Andrey Alexander
Schutzumschlaggestaltung: Buchholz/Hinsch/Hensinger, Hamburg
Druck: Clausen & Bosse, Leck
Printed in Germany 2003

Alle Rechte vorbehalten! Ohne ausdrückliche Erlaubnis
des Verlages darf das Werk, auch nicht Teile daraus, weder
reproduziert, übertragen noch kopiert werden, wie z. B.
manuell oder mithilfe elektronischer und mechanischer
Systeme inklusive Fotokopieren, Bandaufzeichnung und
Datenspeicherung.

Delius Klasing Verlag, Siekerwall 21, D - 33602 Bielefeld
Tel.: 0521/559-0, Fax: 0521/559-115
e-mail: info@delius-klasing.de
www.delius-klasing.de

*Meiner Frau Angelika, der Mitinitiatorin dieser Reise,
und meinem Freund Sascha in Dankbarkeit zugeeignet.
Ohne ihren unermüdlichen und begeisterten Einsatz
hätte diese expeditionsähnliche Unternehmung nicht
durchgeführt werden können.*

Inhalt

Unbekanntes Land 9

Die weiße Stadt des Nordens 15

Ein Fenster zum Westen 23

Das Kloster im Wald 43

Ein Wunderwerk aus Holz 63

Das große Wagnis 87

Mächtig ist die Wolga 123

Bei Tschuwaschen und Tataren 149

In Stalins Fluchtburg 171

Die Schicksalsstadt 191

Dem Orient entgegen 211

Über das Mittelmeer von Ost nach West 243

Nachwort 270

Anhang 273
Entfernungen 274
Technische Angaben zum Boot 276
Die SOLVEIG VII 278
Der Motor 281
Danksagung 283
Literaturverzeichnis 286

Der Bayerische Ministerpräsident

80539 München 0 7. APR. 2001
Franz-Josef-Strauß-Ring 1
Tel. (089) 21650 - Fax (089) 29 40 44

Herrn
Rollo Gebhard
An der Bayersäg 7

83707 Bad Wiessee

Sehr geehrter Herr Gebhard,

mit Interesse habe ich von Ihrem Vorhaben einer Wolga-Don-Expedition gehört. Damit fügen Sie den maritimen Unternehmungen, durch die Sie in Deutschland und weit darüber hinaus bekannt geworden sind, ein weiteres Kapitel hinzu. Sie sind bei Ihren Reisen in aller Welt stets auch als Botschafter deutscher Kultur und Lebensart aufgetreten. Außerdem haben Sie mit Ihren Büchern und Dokumentarfilmen vielen Menschen zu neuen Einsichten über ferne Länder und ihre Bewohner verholfen. Ich betrachte das als wichtigen Beitrag zur Völkerverständigung.

Mit Ihrer Schiffsreise von St. Petersburg zum Schwarzen Meer unternehmen Sie wieder einmal einen nicht alltäglichen Törn. Ich wünsche diesem Unternehmen viel Glück und Ihrem Schiff immer eine Handbreit Wasser unter dem Kiel. Ich bin überzeugt, dass dieses Unternehmen einen Beitrag zur Vertiefung der Beziehungen zwischen Russland und Deutschland, zwischen Russland und Bayern leisten kann, und hoffe, dass alle dazu erforderlichen Genehmigungen erteilt werden.

Mit freundlichen Grüßen

Dr. Edmund Stoiber

Unbekanntes Land

Russland kann man nicht verstehn,
man muss es mit dem Herzen sehn,
nicht gängig Maß noch der Verstand
geh'n uns hier zur Hand.
                    Fjodor Tjutschew, 19. Jahrhundert

Das riesige, Europa und Asien verbindende russische Reich hat schon im 19. Jahrhundert zunehmend die Fantasie der Menschen Westeuropas beschäftigt, denn die Dimensionen, die schier unendlichen Weiten dieses die Hälfte Asiens umfassenden Landes waren nur schwer vorstellbar.

1829 unternahm der berühmte Geograf und Naturforscher Alexander von Humboldt eine große und erfolgreiche Reise durch das Zarenreich bis an die Grenzen Chinas. Dabei waren die organisatorischen und behördlichen Schwierigkeiten trotz der engen Beziehungen des preußischen Königshauses zu Russland auch damals schon so gewaltig, zum Teil sogar unüberwindlich, dass er sein eigentliches Ziel, nämlich bis nach Indien und Tibet zu gelangen, nicht verwirklichen konnte. Diese Enttäuschung überschattete seine weiteren Lebensjahre.

In dem von Hanno Beck über die Humboldt-Expedition herausgegebenen faszinierenden Buch heißt es:

»Alexander von Humboldt ist jedermann als einer der größten deutschen Forschungsreisenden ein Begriff, kaum bekannt ist indes seine russisch-sibirische Reise im Jahre 1829. Mit 12.244 Pferden und Halt auf 658 Poststationen reiste der große Gelehrte 14.900 km von St. Petersburg über Moskau, Kasan und den Ural nach Sibirien und kehrte noch im gleichen Jahr über Astrachan am Kaspischen Meer durch das wolga-deutsche Gebiet nach St. Petersburg zurück.«

Spätere Reisen, insbesondere von Wissenschaftlern, vermittelten genauere Kenntnisse über die Länder vor und hinter dem Ural, aber private Reisen blieben weiterhin die Ausnahme.

Seit der Zeit Peters des Großen förderten die befreundeten und später auch verschwägerten Herrscherhäuser Russlands und Preußens den Austausch auf wissenschaftlichem und künstlerischem Gebiet. Doch der Ausbruch des Ersten Weltkriegs und die sowjetische Revolution von 1917 bereiteten jeder Art von Zusammenarbeit ein Ende. Während der Sowjetherrschaft begann sich Russland vollends abzuriegeln, und seine aggressive Machtpolitik mit dem erklärten Ziel einer Weltrevolution ließ auch die meisten westlichen Forscher und Wissenschaftler vor eventuellen Abenteuern östlich von Polen zurückschrecken. Flüsse und Seen, Wälder und Steppen der neu entstandenen Sowjetrepubliken wurden zur *terra incognita*. Sieben Jahrzehnte lang, während meines ganzen bisherigen Lebens, galt Russland als »geschlossenes Land«, als eine Diktatur der Parteiwillkür, der Schauprozesse und des Gulag. Nach dem Zweiten Weltkrieg und dem Beginn des Kalten Krieges schlossen sich die Grenzen noch fester.

Schon bald nach der allmählichen Öffnung des Eisernen Vorhangs in den 90er-Jahren versuchten ambitionierte Segler, russische Gewässer zu besuchen, doch ohne viel Erfolg. Erst Jahre später befuhr Gerd Engel mit seinem Katamaran SPOSMOKER als erster Deutscher die russischen Ströme von St. Petersburg zum Asowschen Meer. Allerdings bemühte er sich um eine schnellstmögliche Reise und verzichtete daher auf größere Landgänge oder Besichtigungen. Eine Umrundung Europas war sein Ziel. Aber ein mehrmonatiges Unternehmen, bei dem wir Eindrücke von Land und Menschen gewinnen konnten, schien uns nicht machbar, denn das russische Gesetz verbot noch immer Schiffen unter fremder Flagge die Fahrt auf russischen Wasserwegen.

Dieses Verbot galt freilich nicht für Seehäfen, denn die Meere sind frei. Groß war daher meine Freude, als es Angelika und mir im Verlauf unserer Donau-Schwarzmeer-Fahrt 1999 gelang, die russische Küste des Kaukasus anzusteuern und einige Tage im berühmten Seebad Sochi zu bleiben. Bereits damals begann ich Überlegungen anzustellen, ob und wie wir vielleicht doch die Ströme Russlands erkunden konnten. Da ich nach meinen Weltumsegelungen die europäischen Gewässer, neben Ost- und Nordsee auch die Elbe, den Rhein, die Donau und das Schwarze Meer befahren hatte, weckten die mir noch unbekannten Wasserstraßen Russlands meine besondere Neugier.

Verbindung zwischen fünf Meeren

Ein Blick auf die Karte zeigte faszinierende Möglichkeiten: Vom Eismeer im Norden und von der Ostsee in Russlands Westen bis zum Asowschen und Schwarzen Meer im Süden und weiter bis zum Kaspischen Meer an der Grenze zu Kleinasien verbinden schiffbare Flüsse und Kanäle fünf europäische Meere! Wieder und wieder studierte ich die in Frage kommenden Routen, verfolgte die breiten blauen Streifen, mit denen die Stauseen der Wolga und des Don, das »Wolgameer«, auf der Karte dargestellt waren. Wir bemühten uns um Auskünfte und begannen zaghaft, Pläne zu schmieden. Wie weit konnten Freunde in St.Petersburg uns bei den Vorbereitungen behilflich sein? Welche Voraussetzungen mussten das Boot und seine Ausrüstung erfüllen? Welche Dokumente und Genehmigungen waren erforderlich? Vor allem aber: Mit welchen Schwierigkeiten hatten wir zu rechnen? Wie groß waren die Gefahren für unsere Gesundheit und für das Boot? Man hatte uns gewarnt: Es drohten Überfälle, Schikanen aller Art, Beschlagnahme des Bootes und natürlich navigatorische Probleme, da ich die kyrillische Schrift und die russischen Bezeichnungen auf den Karten nicht lesen konnte. Waren wir wirklich bereit, diese Risiken auf uns zu nehmen?
Wir begannen, Kontakte zu suchen: Russen und Deutsche in einflussreichen Positionen, die bereit waren, unser Unternehmen zu unterstützen. Auf der Bootsausstellung in Düsseldorf traf ich mich mit Tatjana Bukowa, der Sekretärin im Yachtklub von St. Petersburg, die wir von unserem ersten Besuch in der Zarenstadt kannten, und erhielt von ihr eine klare Auskunft: Die SOLVEIG VII müsste, in ein russisches Schiff verwandelt, unter russischer Flagge fahren und deshalb in Russland auch registriert werden, mit einer russischen Firma als Besitzer. Diesen mehr oder weniger legalen Vorgang könne sie in die Wege leiten, meinte Tatjana, und uns die nötigen Dokumente ausstellen lassen. Allerdings müssten wir dabei mit vorher nicht genau einschätzbaren Kosten rechnen.

Außerdem müsste ich einen russischen Schiffsführer mit gültiger Lizenz für die russischen Gewässer einstellen – natürlich für ein entsprechendes Gehalt – der das Boot vom ersten bis zum letzten Tag offiziell führen würde. Auch diesen könne sie vermitteln, versicherte Tatjana, die geschickte und kluge Frau, falls sie ein paar Monate zuvor den Auftrag erhielte.

Danach brauchten Angelika und ich nur wenige Tage, um uns für die große Expedition durch Russland zu entscheiden. Ein Abenteuer freilich würde es werden, das wussten wir beide. Zu viele bekannte und unbekannte Risiken erwarteten uns an den Ufern der Wolga und des Don; mehr als 4500 km Flussfahrt waren zu bewältigen. Zudem hatten wir uns entschlossen, in Zusammenarbeit mit dem Bayerischen Rundfunk einen Fernsehfilm zu produzieren. Die Dreharbeiten würden uns auffällig machen und dadurch das Risiko einer Polizeikontrolle ganz beträchtlich erhöhen.

Das ideale Boot

In einem Punkt allerdings gab es keine Unsicherheit: Das ideale Boot für die Expedition besaßen wir bereits! Unsere SOLVEIG VII war für die zu erwartenden extremen Belastungen hervorragend geeignet. Nun mussten wir nur noch die Ausrüstung den besonderen Anforderungen der langen Flussreise anpassen und zusätzliche Ersatzteile besorgen. Die Linssen Sturdy 400 (12 x 4 m) würde dank ihrer Bauweise und Konstruktion eine Unternehmung, die nicht Wochen, sondern Monate dauern sollte, mit großer Sicherheit durchstehen. Dafür sprach schon der robuste und zuverlässige Sechs-Zylinder-Motor. Er gab dem Boot bei voller Beladung mit Treibstoff, Wasser und Lebensmitteln eine Marschgeschwindigkeit von sechs bis sieben Knoten. Das schöne Schiff, in Holland aus Stahl gebaut, hatte sich bereits auf der Donau und bei mehreren Überquerungen des Schwarzen Meeres bewährt. Mit ihren vier Schlafplätzen in zwei Kabinen erlaubte es uns die SOLVEIG außerdem, sowohl den russischen Steuermann als auch Freund Sascha als Dolmetscher und Kameramann an Bord zu nehmen.

Zusammen mit Angelika, von der ich wusste, dass sie sich durch keine Schwierigkeit oder Gefahr entmutigen ließ und das Schiff jederzeit unabhängig von mir führen konnte, wollte ich das Wagnis dieses Törns in unbekannte Gewässer, für die es keinerlei Unterlagen in einer unserer Sprachen oder auch nur in unserer Schrift gibt, trotz zahlreicher Warnungen auf mich nehmen. Die schier endlosen Wasserwege, das war vorherzusehen, würden nicht nur unsere Durchhaltekraft, sondern ebenso die des Motors und der Geräte auf eine harte Probe stellen.

Was mich zudem beschäftigte, war der Gedanke, eine so lange Fahrt mit vier Personen an Bord durchstehen zu müssen. Ich werde oft gefragt, ob es nicht schwierig gewesen sei, mit Angelika jahrelang in der Enge einer Yacht auszukommen. Dann antworte ich lächelnd: »Sie ist doch meine Frau! Wenn wir uns an Land gut verstehen und lieben, dann verstehen wir uns doch auch an Bord.«

Bei vier Personen aber, darunter einem völlig Fremden, konnte es doch eng werden. Angelika hatte dann drei Männer zu versorgen, eine schwierige Aufgabe. Trotzdem, die Crew konnte während der ganzen Reise nicht verkleinert werden. So oder so mussten wir zusammen bleiben. Meine Hoffnung ruhte auf Angelika und ihrem Geschick, Spannungen an Bord abzubauen und mir zu helfen, mich unerwarteten Situationen anzupassen.

Freund Volker Kirchgeorg, der uns schon auf der Donaufahrt durch Jugoslawien begleitet hatte, nutzte seine guten Beziehungen zu Konsulaten und Behörden, die er während einer früheren Tätigkeit erworben hatte, um uns bei der Beschaffung der nötigen Visa zu helfen. Ihm verdankten wir die wichtige Freundschaft zum Münchener Generalkonsul der Russischen Föderation, Dr. M. Logwinow. Dieser große Freund Deutschlands und Bayerns begeisterte sich schon nach der ersten Unterredung für unser Projekt und beriet uns nicht nur bezüglich der Visa-Anträge, sondern half uns auch mit Informationen über Land und Leute.

Ohne Schwierigkeiten erhielten wir unsere Visa – aber leider nur für drei Monate! Dadurch wurde meine Zeitplanung gefährlich eingeengt. Wir waren gezwungen, jeden Tag der Frist zu nutzen, konnten uns also weder eine Verschiebung bei der Anfahrt bis St.Petersburg leisten noch eine Verlängerung unseres Aufenthalts an besonders interessanten Orten. Ein strenger Fahrplan regierte das ganze Unternehmen.

Unsere Route über die Ostsee sollte uns so schnell wie möglich nach Helsinki führen. Keinesfalls durften wir auch nur einen Tag später in St. Petersburg eintreffen, als es das Visum erlaubte. Jeder Tag in Russland war kostbar, denn uns standen nur drei Monate zur Verfügung. Auf einen Besuch von Danzig und der interessanten Häfen des Baltikums mussten wir deshalb verzichten.

Die weiße Stadt des Nordens

Reichlich Zeit nahmen wir uns für den Beginn unserer Fahrt. In der neu erbauten Marina von Weener an der Ems hatte SOLVEIG den Winter verbracht, und dorthin kam vor dem Start auch der Werkstattwagen der Linssen-Werft aus Holland, um das Boot rundum zu überprüfen, ein neues Radargerät einzubauen und einen schwereren Anker zu montieren. Der neue Anker war ein spezieller Wunsch von mir gewesen, da ich auf den Flüssen mit häufigen Ankermanövern rechnete.

Über Bremerhaven, Cuxhaven und Hamburg erreichten wir in wenigen Tagen Lübeck und als letzten deutschen Hafen Travemünde. »Endlich ist die Binnenfahrt zu Ende, und wir haben offenes Wasser vor uns«, schrieb ich voller Unternehmungslust in unser Tagebuch, das von der Zeitschrift BOOTE regelmäßig im Internet veröffentlicht wurde. Nach heftigen Regenfällen und Starkwind schien wieder die Sonne, und wir konnten uns so recht an der romantischen Wasserfront am Ufer der Trave erfreuen. Der Lübecker Yachtklub spendierte uns einen idealen Liegeplatz gegenüber der PASSAT, dem prächtigen Windjammer, der uns ein Gefühl alter Seefahrtsromantik vermittelte. Ohne Mühe konnten wir unsere letzten Einkäufe im nahen Supermarkt tätigen, eine Bequemlichkeit, die es während der kommenden Monate nicht mehr geben sollte. Am 12. Mai, einem Samstag, nahmen wir Abschied von unseren deutschen Freunden. Erinnerungen wurden wach an den 26. Mai 1983, als wir an derselben Stelle unter den Klängen einer Blaskapelle zu unserer Weltumsegelung aufgebrochen waren.

Auch diesmal steuerten wir fernen Zielen und fremden Küsten zu. Ohne es auszusprechen, fragte ich mich, ob uns das Glück treu bleiben würde, das uns bisher so oft beigestanden hatte. Die Götter des Nordens jedenfalls meinten es gut mit uns. Der eisige Nordwind hatte sich zur Ruhe gelegt, nur kleine Wellen kräuselten die Oberfläche, und nach kurzer Zeit verschwanden achteraus im leichten Dunst des Frühlingsnachmittags die Masten der PASSAT, das Hochhaus des Hotels Maritim und der noch menschenleere

Strand von Travemünde. In nur vier Tagen wollten wir die Ostsee bis Helsinki durchqueren, denn es galt, Zeit aufzuholen, damit wir noch zwei oder drei Tage in Finnlands Hauptstadt bleiben konnten.

Tag und Nacht auf Kurs

Das Wetter war noch immer günstig, wir hatten weiterhin nur wenig Wind, und so konnten wir die gewaltige Strecke mit nur einer einzigen Unterbrechung in Visby auf Gotland bewältigen. Die kleine Hafenstadt lag noch im Winterschlaf, deshalb kostete es uns zwei Stunden, bis ein junger Mann bei der Bunkerstation erschien, der uns 270 l Diesel einfüllte. Danach mussten wir uns entscheiden, ob wir etwas Schlaf nachholen und im Hafen übernachten oder die Fahrt umgehend fortsetzen wollten. Obwohl der Wind jetzt mit kräftigen Böen übers Wasser fegte, entschlossen wir uns nach einer Stunde – und nachdem ich in den Motorraum geklettert war und die Propellerwelle nachgefettet hatte – gleich Kurs auf Helsinki zu nehmen. Es konnte ja in den nächsten Tagen stürmisch werden, dann musste jede Meile hart erkämpft werden. »Solange es geht, nur weiter!« meinte auch Angelika.

Doch wir hatten Glück und wurden für unseren Entschluss mit einer wunderbar ruhigen Nacht auf See belohnt. Wie verzaubert lag das Meer im fahlen Licht des Mondes und eines schon um zwei Uhr früh hell schimmernden Horizonts. Um vier Uhr stieg die Sonne feurig rot zwischen dichten Wolken in die Höhe. Ihr Licht war farbig, aber kalt. Noch eine Nacht auf See, dann sahen wir den Leuchtturm auf einer der vielen Schären, die vor der Einfahrt nach Helsinki ihren nackten Fels aus dem Wasser recken, und steuerten die bekannte Festungsinsel Suomenlinna an, die der Hauptstadt vorgelagert ist.

Wir umarmten uns vor Freude und Stolz, dass wir den ersten wichtigen Zielhafen erreicht hatten. Aber vier Nächte mit sehr wenig Schlaf und ständiger Konzentration auf den Schiffsverkehr vor, hinter und neben uns hatten uns ermüdet. Mehrere Fahrwasser kreuzten sich hier, deshalb war ich verunsichert, ob ich in meiner Übermüdung vielleicht einen Fehler gemacht hatte, als sich uns ein Polizeiboot näherte.

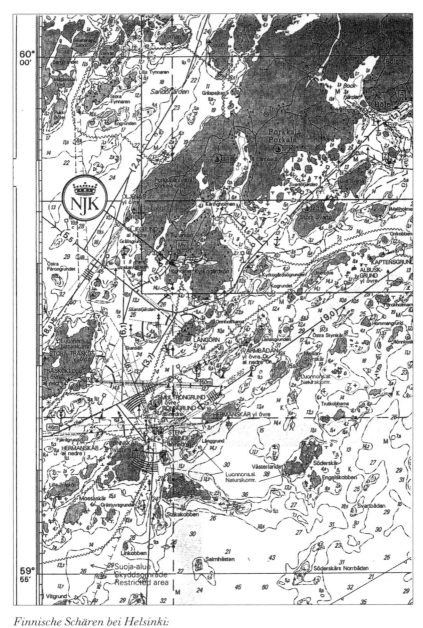

Finnische Schären bei Helsinki:
Kartenausschnitt aus einem Mitteilungsblatt des Nyländska Yacht Club Helsinki

»Wo kommen Sie her?« rief der Beamte auf Englisch, und als Angelika antwortete: »Aus Travemünde in Deutschland!«, meinte er ungläubig: »Direkt aus Deutschland?«

»Ja, direkt!« rief Angelika hinüber, und er rief lachend zurück: »Dann herzlich willkommen in Finnland!«

Einen solchen Empfang wünscht man sich. Bevor wir Ausschau hielten nach einem Liegeplatz, drehten wir eine Runde im malerischen Hafen der »weißen Stadt des Nordens«, denn es war noch früh am Tag. Seit meinem ersten Besuch in Finnland 1937 erinnerte ich mich an diesen Hafen besonders gern. Damals hieß die Stadt noch auf Schwedisch »Helsingfors«, und es wurde fast nur Schwedisch gesprochen, daneben allerdings auch sehr viel Deutsch.

Seit dem Zweiten Weltkrieg haben sich die Verhältnisse in Helsinki grundlegend verändert, aber der Nyländska Jacht Klubben, an dessen Bollwerk wir festmachten, hält die schwedische Tradition weiter aufrecht. Viele der Prachtbauten an der Wasserfront stammen sogar noch aus der Zeit der Zaren, die Finnland besonders liebten. So auch die orthodoxe Uspenski-Kathedrale von 1868, die mit ihrem gewaltigen Turm die meisten Geschäftshäuser überragt. Ebenso beherrschen die klassizistischen Bauten des Berliner Baumeisters Engel um den Senatsplatz im Zentrum das Stadtbild.

Sascha kommt an Bord

Ein paar Ruhetage waren angesagt und letzte »westliche« Einkäufe. Ausgerechnet jetzt stürzte ich abends auf dem Pflaster bei dem Versuch, eine Straßenbahn zu erreichen, und zog mir tiefe, schmerzende Wunden im Gesicht zu. Man wollte mich zum Arzt bringen, aber ich weigerte mich, um unsere Weiterfahrt nach St. Petersburg nicht durch eine Behandlung zu verzögern. Die Heilung ging denn auch rasch voran, und als unser Freund Andrey Alexander – wir nennen ihn Sascha – drei Tage später aus Moskau eintraf, sah ich zwar noch schlimm aus, unserem Aufbruch stand jedoch nichts mehr im Wege.

Sascha, ein Pantomime, Maler und Fotograf, nebenher auch als Journalist tätig, stand uns als guter Freund seit vielen Jahren nahe. Er kannte zudem das Boot, denn wir hatten schon gemeinsam die Küste der Krim besucht. Als Kameramann und Dolmetscher sollte er uns auch diesmal wieder begleiten. Mit ihm steuerten wir durch die zauberhafte Landschaft der finnischen Schären zwischen unzähligen kleinen Inseln hindurch nach Osten bis Kotka, der letzten finnischen Hafenstadt vor der Grenze zu Russland.

Je mehr wir uns dem Ausgangspunkt unserer Russland-Expedition St. Petersburg näherten, desto größer wurde die Spannung. Wir mussten den vollen Zeitraum, den uns das Visum gönnte, vom ersten Tag an nutzen. Noch einmal letzte und allerletzte Einkäufe in Kotka, dann ein kurzer Motor- und Getriebe-Check: alles in Ordnung! Wir überlegten, ob wir wegen des schlechten Wetters – der Wind heulte, die Luft trug Eishauch und Hagel heran – noch einen Tag warten sollten. Aber worauf? Die Vorhersage verhieß keine Besserung. »Da müssen wir durch«, meinte auch Angelika. Sascha hielt sich aus maritimen Gesprächen stets heraus. Er litt ohnehin bei jeder Überfahrt auf offenem Wasser.

An der Bunkerstation, der letzten mit garantiert sauberem Diesel, füllten wir die Tanks randvoll. Dann los! Wieder begann die aufregende Navigation zwischen Schären und Unterwasserfelsen. Ich hatte am Nachmittag noch geglaubt, dass wir in Kotka selbst ausklarieren könnten, doch der Grenzbeamte klärte mich auf: »Nicht hier in Kotka, nein, ganz am Rand der Inselkette, sozusagen auf der letzten Meile, bevor Sie die finnischen Gewässer verlassen, bei der Grenzschutzstation Haapassari müssen Sie zum Zoll. Die kleine Insel ist aber nur zwanzig Meilen entfernt.«

Ich überlegte. Bis wir eintreffen würden, musste es dunkel sein – und dann noch über die Grenze? Ruhig meinte der Beamte: »Sie können auch spät abends kommen, die Grenzer sind Tag und Nacht bereit.« Etwas spöttisch setzte er hinzu: »Oder haben Sie Angst, bei Dunkelheit in die russischen Gewässer einzufahren?«

Ich erschrak, denn vor fünf Jahren war mir dort ein großes russisches Wachboot sehr nahe gekommen.

»Nein, nein, keine Gefahr! Das war nur ein Scherz«, lachte der Finne und klopfte mir auf die Schulter.

Soviel hatte ich schon bemerkt: Stets erntete ich Mitgefühl, wenn ich unser Fahrtziel nannte. Jeder meinte, mir besonders helfen zu müssen...

Gegen 21.00 Uhr hatten wir uns durch das Inselgewirr geschlängelt. Meine Karte war ein paar Jahre alt, und die Tonnen lagen jetzt anders. Zweimal hatte ich einen falschen Kurs gesteuert und musste umkehren. Endlich erkannte ich Haapassari mit der Zollstation. Wir machten fest, und sogleich kam ein Beamter und fertigte uns in wenigen Minuten ab. Auch bei ihm glaubte ich, einen mitfühlenden Ton herauszuhören: »Ja, selbstverständlich dürfen Sie an unserem Kai liegen. Essen Sie in Ruhe zu Abend. Wenn Sie wollen, dürfen Sie auch die ganze Nacht bleiben.«

Wir genossen eine delikate Mahlzeit auf gut geschütztem Wasser: Lachs, Forellenkaviar, Salami und bestes Weißbrot. »Ab morgen wird sowieso alles anders«, meinte Sascha. Dann tat ich einen tiefen Atemzug und startete den Motor. Gehorsam schob sich die SOLVEIG zwischen den Felsen durch und auf die offene See hinaus. Nach einer Stunde befanden wir uns schon weit draußen im Finnischen Meerbusen.

Sonnenuntergang bei der Insel Gotland während unserer Überfahrt nach Finnland.

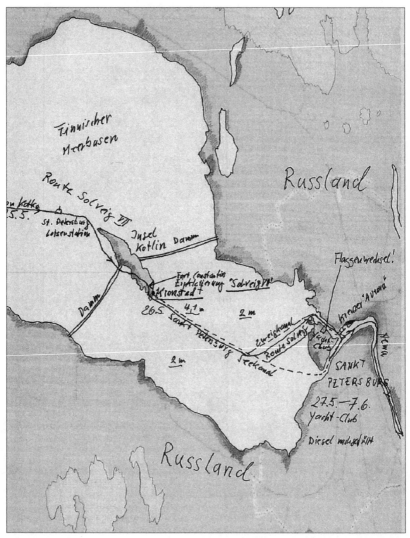

Die Einfahrt nach St. Petersburg ist gegen stürmische See durch große Dämme geschützt, die zu beiden Seiten der Insel Kotlin bis zum Festland verlaufen.

Ein Fenster zum Westen

»Wir könnten immerdar von Peters Größe schwärmen und doch die Fülle, den Glanz, den Wert seiner Leistungen nur unvollständig aufzeigen. Aber indem er schuf, zerstörte er. Allen, mit denen er zu tun hatte, fügte er Schmerzen zu.«
Pjotr Kowalewskij, russischer Philosoph

Es war nun vollends dunkel geworden. Kaum konnte ich die Wellen erkennen, die das Boot erbarmungslos rollen ließen, bis das Deck eintauchte. Drinnen hielt ich mich mit den Füßen am Steuersitz fest und sprang nur manchmal auf, um schnell auf der Karte eine Position einzutragen und den Kurs zu korrigieren. Es wurde eine der schlimmsten Überfahrten, die wir auf unseren Reisen mitgemacht hatten. Der Wind erreichte Stärke sieben, der Seegang gönnte uns keine Minute Schlaf oder auch nur Ruhe. Doch zuverlässig machte der Motor seine Umdrehungen, als wollte er sagen: »Regt euch nicht auf, ich halte durch und bringe euch bald in den Hafen!«

Bei Tagesanbruch rechnete ich aus, dass wir Kronstadt schon gegen zwölf Uhr erreichen konnten. Der von Zar Peter I. gegründete Flottenstützpunkt auf der Insel Kotlin ist St.Petersburg 17 Seemeilen vorgelagert und durch neue Dämme nach beiden Seiten so mit dem Festland verbunden, dass die Zarenstadt nur durch den Hafen von Kronstadt angesteuert werden kann. Die Einklarierung nach Russland erfolgte an einer großen schwimmenden Zoll- und Polizeistation. Hier erwartete uns Freundin Tatjana, die als Managerin des Yachtklubs den geheimnisvollen Ablauf SOLVEIGs bevorstehender Verwandlung von einer deutschen in eine russische Yacht vorbereitet hatte. Vorläufig wollten wir aber nur als deutsches Sportboot ganz normal einklarieren. Dennoch war es eine spannende Stunde für mich, hatte doch jetzt unsere »Expedition Wolga« endgültig begonnen. Im Gegensatz zu unserem ersten Besuch 1996, als wir bis Mitternacht stundenlang verzweifelt Zoll und Polizei gesucht hatten, geschah diesmal nichts Außergewöhnliches, es sei denn, man wollte die rasche und routinierte Abwicklung der Formalitäten als bemerkenswert einstufen.

Gegen 13.00 Uhr machten wir an dem mächtigen Ponton der Grenzstation fest. Zwei höfliche Beamte nahmen unsere Pässe und Papiere mit und brachten sie nach etwa einer Stunde gestempelt und unterschrieben wieder zurück. Fertig. Dann trat Tatjana aus der Tür des Polizeibüros. Hatte sie bei den Grenzern unsere Ankunft entsprechend vorbereitet? Sie war im Auto über den Damm zur Insel gefahren und kam nun sogleich an Bord, um uns durch das enge Fahrwasser, den St.Petersburger Seekanal, und weiter über die seichte Bucht zum Hafen ihres Klubs zu lotsen.

Die Crew ist komplett

Tatjana Bykowa ist eine attraktive junge Frau, wendig und geschickt, die sich überall durchsetzen kann und auf deren Versprechungen immer Verlass ist. Nicht einen Augenblick hatte ich daran gezweifelt, dass sie die schwierigen Vorbereitungen für unser gewagtes Unternehmen zuverlässig erledigen würde. Sie brachte Eduard mit, den sie für uns als Steuermann gewonnen hatte. Er sollte offiziell die Fahrt durch Russland begleiten und uns über Kanäle und Flüsse lotsen.

Während der mehrstündigen Überfahrt nach St.Petersburg erklärte sie uns, wie die SOLVEIG VII in ein russisches Boot verwandelt werden sollte. Gleichzeitig hatten wir Gelegenheit, uns mit Eduard ein wenig bekannt zu machen, der für die kommenden Monate laut Vertrag Teil unserer Crew werden sollte. Seine sympathische, sportliche Erscheinung, sein graues Haar und sein zurückhaltendes Auftreten waren vertrauenerweckend. Hochgewachsen, schlank und kräftig, machte er den Eindruck eines fähigen Seemanns. Leider waren wir beim Gespräch auf Tatjanas Übersetzung und ihre Erklärungen angewiesen, denn Eduard sprach kein Wort Englisch oder Deutsch. Also würden wir uns auch in Zukunft nur mit Saschas Hilfe verständigen können, was ich sehr bedauerte. Denn Eduards Wissen und seine Erfahrung

Die russischen Fahrwasser-Markierungen. Für mich waren diese Tonnen alle neu, aber ich fand mich sehr bald zurecht.

schienen mir von entscheidender Wichtigkeit zu sein. Er sollte mein engster Mitarbeiter bei der Navigation, mein Berater bei der Routenplanung werden und bei allen Behördenkontakten als »Kapitän« auftreten.

Zweimal verfuhren wir uns in den spärlich markierten, sehr schmalen Fahrwassern der Bucht, die zu den Nebenarmen der Newa führen. »Merkwürdig«, dachte ich, »das Fahrwasser zum Klubhafen müsste er doch im Schlaf finden?« Ich atmete auf, als wir am späten Nachmittag endlich in der Mündung der »kleinen Newa« angekommen waren und sogleich an der Schwimmbrücke des Segelklubs festmachen konnten. Schon nach wenigen Minuten sah ich, dass sich hier in den fünf Jahren seit unserem ersten Aufenthalt fast alles verändert hatte. Das ganze Gelände des ehemaligen Baltic Shipping Company Yachtklubs befand sich in einer Phase des Neuaufbaus und einer totalen, aufwändigen Modernisierung. Der Eingang zum Büro war mit Brettern verschlossen und das Gebäude eine einzige Baustelle. Gab es den Klub überhaupt noch? War das der Stil der »neuen Russen«, wie die Schicht der Wohlhabenden genannt wurde? Woher kam auf einmal das Geld? Hatte die Regierung Hilfe zugesagt? Der Klub war früher staatlich gewesen, aber jetzt offenbar privatisiert.

Doch schon bei unserem ersten Stadtgang bemerkten wir, dass die intensive Bautätigkeit keineswegs auf den Klub beschränkt war, sondern in ganz Petersburg eifrig geklopft, gehämmert und gepflastert wurde. Schaufenster wurden modernisiert, ganze Geschäfte völlig neu ausgestattet. Andere veraltete und verstaubte Läden waren bereits verschwunden. Die Zeit des Niedergangs schien vorüber zu sein, überall regte sich neues Leben, und die Gesichter der Menschen hatten einen frischen, gelösten Ausdruck. Endlich hatte wohl auch im Bereich der Wirtschaft eine Wende begonnen, und St.Petersburg war ein Fenster zum Westen geworden.

Das Fest der weißen Nächte

Für uns war St.Petersburg die erste Metropole auf unserer Expedition. Angelika und Sascha stellten sofort Überlegungen an, welche Themen sich für den Film anboten, während ich an die technische Ausrüstung des Bootes, an Verbesserungen und Reparaturen dachte, denn hier – und wohl nur hier – konnte noch dieses und jenes beschafft werden.

Die Jahreszeit war für St.Petersburg ideal. Es hatten die legendären »weißen Nächte« begonnen, die langen Tage, in denen die Nordsonne selbst nach Mitternacht noch den Himmel in ein mystisches Licht taucht, in dessen Schein die Konturen der Gebäude, aber auch die Wasseroberfläche zu unwirklichem Leben erwachen. Und wie bei unserem ersten Besuch in der Zarenstadt hatten wir auch diesmal wieder besonderes Glück: Schon am ersten Tag nach unserer Ankunft wurde auf der Newa ein großes Fest gefeiert, ein Hafenfest. Sogleich beschlossen wir, ohne besondere Genehmigung, nur mit einem Bootsführer des Klubs als »Schutz« und natürlich ohne deutsche Flagge die SOLVEIG in die Newa zu steuern, um das Fest mitzuerleben.

Schon die Anfahrt war eindrucksvoll. Unter niedrigen Holzbrücken hindurch und über romantische, von kleinen Palästen und grünen Parks gesäumte Kanäle erreichten wir das Zentrum der prächtigen Stadt. Nach einer halben Stunde kam der historische Panzerkreuzer AURORA in Sicht, dessen Geschütze 1917 das Signal zum Sturm auf den Winterpalast gegeben hatten. Minuten später wurde der riesige Palast selbst sichtbar und gleichzeitig das ganze überwältigende Panorama im Herzen der Zarenstadt. Viele Fassaden hatten einen frischen Anstrich erhalten, historische Schiffe und moderne Einheiten der russischen Marine kreuzten auf dem unruhigen Wasser. Auf dem kleinen Strand vor den Mauern der Festung Peter und Paul tummelten sich junge Menschen, und überfüllte Ausflugsschiffe fuhren mit fröhlichen Gästen von einem Ufer zum anderen.

Man erlebt das faszinierende Erscheinungsbild dieser Stadt nirgendwo so eindrucksvoll wie vom Wasser aus. Und wie beim ersten Besuch war ich vom Anblick der Paläste, der breiten Treppen zur Newa hinab und der hoch aufragenden Türme völlig überwältigt. Welch eine Vision musste Zar Peter erfüllt haben, als er den Bau dieser Metropole in der Einöde eines schlammigen Flussdeltas befahl! Vor seinem inneren Auge musste er bereits riesige Parkanlagen gesehen haben, stolze Monumente, breite, hochgeschwungene Brücken sowie prachtvolle Treppen und Landeplätze für seine Schiffe.

Jetzt hatten Repliken dieser Schiffe vor den klassischen Uferbauten festgemacht, Heißluftballons schwebten über uns, und ein Strom von Besuchern drängte sich auf den Brücken und Straßen. Als es nach zehn Uhr zögernd zu dämmern begann, tauchte das fahle, aber dennoch helle Licht die großartige Kulisse um den Winterpalast, die Türme und Mauern der Peter-und-Paul-Festung und die bizarren Konturen der roten Rostral-Säulen vor der ehemaligen Börse in unwirklichen Glanz. Wir sahen das Feuerwerk am noch immer hellen Nachthimmel eindrucksvoll verglühen und blieben bis in die frühen Morgenstunden, um den großen Augenblick zu erleben, wenn sich, wie von Geisterhand gezogen, die riesigen Brücken über den Fluten der Newa öffnen.

Langsam, kaum erkennbar, hoben sich die breiten Brückenteile und unterbrachen den Straßenverkehr zwischen den Stadtteilen für eine ganze Stunde. In dieser Zeit können die großen Fluss- und Hochseeschiffe ihre weite Fahrt von der Ostsee bis zur Wolga und weiter zum Schwarzen Meer und zu den Ölquellen am Kaspischen Meer mitten durch die Stadt fortsetzen. Gebannt sahen wir, wie die mächtigen Frachtschiffe und Tanker extrem vorsichtig zwischen Brückenpfeilern und Uferpromenaden stromaufwärts glitten. Mit diesen Schiffen also würden wir es in den nächsten Wochen zu tun bekommen, würden ihnen ausweichen müssen und neben oder hinter ihnen in die großen Schleusen einfahren!

Sascha hatten wir vor dem Winterpalast für eine Stunde aussteigen lassen. Er erzählte uns später auf der Rückfahrt, dass die Menschenmassen in den Straßen gesungen und getanzt hätten und immer wieder begeistert in den Ruf: »Peter! Peter!« ausgebrochen seien, wenn in den Festreden die Gründung der Stadt durch Peter den Großen vor 300 Jahren angesprochen wurde. Wahrscheinlich ist dieses Fest, die Verherrlichung des Zaren, für Sascha, der im Kommunismus erzogen und aufgewachsen ist, noch erstaunlicher und erregender als für uns.

Ein eigenes kleines Wasserwerk

Die zum Schlafen verbleibende Nachtzeit war kurz, denn am Morgen musste ich wieder mit meiner Arbeit am Boot beginnen. Zunächst brauchten wir Frischwasser. Noch schlaftrunken holte ich unsere Schläuche aus dem Stauraum im Vorschiff und zog sie über die lange Schwimmbrücke zur Treppe und zum Wasseranschluss. Doch als ich den Hahn öffnen wollte, rief mir einer der Bauarbeiter ein schallendes: »Njet!« entgegen. Tatsächlich lief kein Tropfen aus der Leitung. Von Tatjana erfuhr ich später, dass während der Bauarbeiten kein Wasser zur Verfügung stand, weil die Rohre beschädigt waren. Nur kurzzeitig, nach besonderer Absprache, konnte sie mir die Zuleitung öffnen. Dabei strömte dann an anderer Stelle eine große Menge Wasser über Weg und Wiese.

So wurden wir unerwartet und vorzeitig mit einem Problem konfrontiert, das uns noch während der ganzen Fahrt beschäftigen sollte: das Auffüllen unserer Tanks mit sauberem Trinkwasser zum Kochen und Waschen für die vierköpfige Crew. Jetzt konnte uns Tatjana noch helfen, aber später durften wir auf keine Wasserleitung mehr hoffen. Da in der Stalinzeit privater Bootsverkehr nicht stattfinden durfte, blieben beim Bau der Kanäle und Schleusen dessen Belange von vornherein unberücksichtigt. Es gab in Russland keine Sportboothäfen und Anlegestellen. Private Reisen, noch dazu mit eigenem Boot, waren während der Diktatur nicht erwünscht. Die Sportboote befanden sich im Staatsbesitz und dienten bei internationalen Regatten zur Erlangung sportlicher Siege, die ebenso wie in der DDR eine wichtige Komponente der nationalen Propaganda waren.

Gleiche Schwierigkeiten erwarteten uns bei der Versorgung mit Diesel. Tatjana erklärte mir in aller Deutlichkeit, dass Diesel, noch dazu sauberer, derzeit in Ufernähe der Flüsse kaum zu beschaffen sei; auch Trinkwasser gäbe es nur selten. »Das kann schwierig werden für dich. Ihr müsst versuchen, möglichst oft Wasser und Diesel in Kanistern zu holen. Du hast doch Kanister dabei?« Die hatte ich, allerdings nur zwei. Es gab aber noch eine andere Lösung. Bei der Wasserversorgung würde ich eben auf eine Einrichtung zurückgreifen müssen, die mir bisher eher als Luxus erschienen war und die ich nur selten benutzt hatte: unsere Entsalzungsanlage. Ihre Filter mussten bei dem schlammigen und sandigen Flusswasser leider häufig verstopfen, aber irgendwie würde es schon gehen.

Schon vor Jahren hatte ich in der SOLVEIG VII einen aufwändigen »Watermaker« installieren lassen, eine Seewasser-Entsalzungsanlage aus England, die auch nicht ganz einwandfreies oder verseuchtes Flusswasser in keimfreies Trinkwasser verwandeln konnte. Auf diese Anlage waren wir nun angewiesen, denn Tatjana machte mich darauf aufmerksam, dass wir auch das Leitungswasser der Städte nicht bedenkenlos trinken konnten. Leider stieß der Betrieb der Entsalzungsanlage speziell bei unserem Bootstyp auf ein großes Hindernis: Der schöne breite Bug, bestimmend für das gediegene Aussehen des Bootes und eine Voraussetzung für die Geräumigkeit der vorderen Kajüte, verursacht in Fahrt eine breite, weiß schäumende Welle, die sich mit Luftblasen unter dem Rumpf fortsetzt. Diese Luft wird von der Pumpe der Entsalzungsanlage angesogen und bringt, wenn sich zuviel davon angesammelt hat, das ganze System zum Stillstand. Dann müssen Filter und Leitungen entlüftet werden. Mir blieb also nichts anderes übrig, als die Anlage so weit umzubauen, dass ich sie auch während der Fahrt entlüften konnte. Das bedeutete drei Tage Arbeit, aber nur so konnten wir halbwegs sicher sein, über genügend sauberes Wasser aus eigener Produktion zu verfügen.

Was das Problem mit dem Diesel betraf, so erklärte sich Eduard bereit, zusätzliche Kanister von daheim zu holen und jeweils im Taxi Treibstoff von einer Tankstelle heran zu schaffen. Schon in St. Petersburg begann er mit dieser mühseligen Arbeit, indem er mit seinem eigenen Wagen öfter 100 Liter zum Klub brachte, die fünf schweren 20-Liter-Kanister zum Boot schleppte und den Diesel einfüllte. Ich machte mir Sorgen, dass er während der ganzen Reise jeden Liter auf diese Weise heranschaffen musste. War es denn in den größeren Städten nicht möglich, einen Tankwagen zu bestellen? Aber Ed winkte ab. Er wolle die Kanister gerne tragen, erklärte er, solange ich nur für das Wasser sorgte.

War nun alles geklärt? Keineswegs! Als Ed zum ersten Mal einen seiner Blechkanister in den Tank leerte, sah ich mit Sorge, dass seine Kanister auch innen angerostet waren und deshalb eine Menge Rostpartikel im Sieb des Trichters hängen blieben. Warnend zeigte ich darauf, und er verstand. »Gutt, gutt«, meinte er, zog einen Lappen aus der Tasche, wischte damit das Sieb aus und

Auch Schokolade-Packungen sind in Russland künstlerisch gestaltet.

drückte so den Rost erst recht durch die feinen Maschen in den Tank. Ich erschrak. Was dachte sich Ed dabei? Mir wurde klar: Ich würde ihn in Zukunft genauer beobachten müssen.

Die Wasserspiele von Peterhof

Am Boot gab es noch viel zu tun, aber wir wollten zunächst St. Petersburg erleben. Eine strahlende Frühjahrssonne begann, die winterliche Kälte zu vertreiben, als wir bei der Anlegestelle vor dem Winterpalast ein Luftkissenboot bestiegen, den berühmten KOMET, halb Schiff, halb Flugzeug. Schon bald brummten die Motoren, das Fahrzeug hob sich und glitt angenehm weich und sehr schnell übers Wasser: zuerst die Newa abwärts, vorbei an Werften und Fabrikanlagen, dann in Richtung See und über die weite Bucht zur Landebrücke von Peterhof. Diese berühmten Park- und Schlossanlagen hatte der Zar noch vor Gründung seiner Stadt bauen lassen, bevor es ihm gelang, seine große Vision vom Aufstieg Russlands zur Seemacht in die Tat umzusetzen. So ist es nicht erstaunlich, dass er seinen Regierungssitz in die neue Metropole an der Ostsee verlegte, die sehr bald ein Anziehungspunkt für Künstler und Wissenschaftler, Literaten und Baumeister aus dem Westen wurde.

Aber es war wohl Peters ganz persönliche Liebe zum Wasser, die ihn an die Mündung der Newa trieb. Als die künftige Hauptstadt noch mit Hilfe wackeliger Holzpfähle Meter um Meter dem Flussdelta abgerungen wurde, ließ er sich am Ufer des Finnischen Meerbusens eine kleine Hütte bauen. Bald folgte ein Park mit einem bescheidenen Schlösschen: Mon Plaisir, »mein Vergnügen«. Erste Brunnen und Wasserläufe wurden angelegt, die Bäume des Parks aus ganz Europa herangeschafft und ebenso die Baumeister, Maler und Handwerker. Es heißt, dass sie mit hohen Löhnen angeworben und dann nicht immer freiwillig zum Bleiben überredet wurden. So baute sich Zar Peter sein ganz eigenes Traumreich an der See, ein »Venedig des Ostens«.

Nach wenigen Schritten durch den in hellem Grün leuchtenden Park sahen wir die ersten Wasserspiele und standen bald an einem von Fontänen und Skulpturen gesäumten Kanalbett. Es endet unterhalb des Palasts in einem großen Becken, in dessen Mitte die goldene Figur des Samson steht. Welch ein Anblick: Wasser auf allen Seiten, von Sonnenstrahlen durchleuchtet! Es war eine Orgie von sprühendem Schaum und funkelndem Nass. Wahrhaft große Baumeister waren hier am Werk gewesen und hatten ohne Rücksicht auf die Kosten nach freier Lust gestaltet. Aber auch ohne Rücksicht auf Menschenleben, denn Peter kannte keine Gnade, wenn es um die Gründung »seiner« Stadt ging. Über hunderttausend der aus allen Teilen des Reiches und oft in Ketten angeschleppten Zwangsarbeiter fanden im sumpfigen, ungesunden Klima der Newamündung den Tod, ähnlich wie beim Bau des Panamakanals.

Lange vergessen sind diese Opfer, und die späteren Generationen sehen nur noch die Schönheit ihrer Werke. So ist auch Peterhof ein Kunstwerk, das zumindest in Bezug auf die Wasserspiele alles übertrifft, was man anderswo in Europa findet. Wir waren begeistert. Angelika und Sascha arbeiteten mit den Filmkameras bis in die Abendstunden. Am Ende stiegen wir völlig erschöpft die Stufen zum Palast hoch und hielten dann auf der Fernstraße einen Wagen an, der uns zur Stadt zurück brachte. Nur einen Teil der ungeheuer großen Anlagen hatten wir gesehen, aber doch genug, um unsere Eindrücke noch lange nachklingen zu lassen.

Das Liebesleben der Zarin

Prächtiger, größer und noch bedeutend aufwändiger ist das Prunkschloss von Katharina II. in Zarskoje Selo, dem »Zarendorf«. Die Kaiserin, eine deutsche Prinzessin, wollte offensichtlich alles übertreffen, was damals an den großen europäischen Höfen gebaut wurde. Ihre Paläste, ihre Parks, Brunnen und Seen besuchten wir zwei Tage später. Eine überschwängliche Lebensfreude, vielleicht auch Lebensgier, und ein unbezähmbarer Wille zur Macht sprechen aus diesen Bauten. Und wie bei allem in St. Petersburg sind auch ihre Dimensionen so riesig, dass der Aufwand nur dem Herrscher eines Riesenreichs wie Russland möglich war.

Bei der Betrachtung von Katharinas verschwenderischen Prunkbauten wurde ich an ein Kriegserlebnis in Russland erinnert. Ich war als Fotograf bei der Luftwaffe eingesetzt und erhielt im Frühjahr 1943 einen sonderbaren nächtlichen Auftrag. Unser Chef, ein Oberleutnant, zeigte einigen Offizieren sein privates Fotoalbum mit einer Serie ungewöhnlicher Fotos, entstanden im Auftrag von General Modl. Die Vergrößerungen, von denen ich nach Mitternacht jeweils fünf oder sechs anfertigen musste – mit dem strengen Befehl, keinesfalls zusätzliche Exemplare für mich selbst herzustellen –, zeigten Teile der Einrichtung von Katharinas Gemächern in eben jenem Landschloss, in dem wir Soldaten untergebracht waren. Die Möbel waren speziell angefertigte Kunstwerke und enthielten dreidimensionale Gegenstände, die für ausgefallene sexuelle Praktiken dienen sollten. Mir wurde schwindlig, als sich die Bilder in der Entwicklerlösung langsam konkretisierten. In der Sammlung befanden sich auch Kopien künstlerisch wertvoller Grafiken, zum Teil farbiger Stiche, welche die Kaiserin selbst beim Vollzug extremer Sexualpraktiken zeigten. Die Originale hatten offenbar als geschichtliche Dokumente die Revolution überlebt und befanden sich jetzt in geheimen Räumen, zu denen nur hohe Offiziere der Wehrmacht Zutritt hatten.

So erfuhr ich damals als junger Soldat etwas über die dunklere Seite von Katharinas Wesen. Später dachte ich manchmal, dass das unersättliche Verlangen der Zarin wohl eine Voraussetzung für ihre außergewöhnliche Präsenz und Ausstrahlung gewesen sein mochte. Ein glückliches Liebesleben hatte sie jedenfalls nie gekannt. Dennoch war die ehemalige Prinzessin von Anhalt-Zerbst zweifellos eine der herausragendsten Frauengestalten der europäischen Geschichte. Für mich ließ sich die Erinnerung an jene Bilder jedenfalls durchaus vereinbaren mit den üppigen Prunkbauten im Park von Zarskoje Selo.

Die SOLVEIG wird russisch

In der Innenstadt von St.Petersburg, die wir auf dem Rückweg durchfuhren, fiel mir immer wieder die rege Tätigkeit von Handwerkern auf, die mit Restaurierungs- und Reparaturarbeiten, aber auch mit Neubauten beschäftigt waren. Voll positiver Eindrücke kehrten wir am Abend auf die SOLVEIG zurück. Sorgen bereitete uns nur die schwindende Zeit, denn am Boot war noch so viel zu tun, dass wir unseren Aufenthalt um zwei Tage verlängern mussten. Zum Glück lagen wir sehr ruhig und gut geschützt im Segelklub, einem großen Hafen- und Gebäudekomplex, der anlässlich der Olympiade in Moskau für die Regatten errichtet worden war. Die Besitzer hatten gewechselt und waren offensichtlich bereit, große Summen zu investieren. Mit der noch herrschenden Gemütlichkeit musste es dann bald vorüber sein und die Preise für Liegeplätze auch für ausländische Besucher unerschwinglich werden. Nur wenige der einfachen russischen Yachten von früher erkannte ich wieder.

Neben uns schaukelte eine teure Motoryacht, und manchmal wurde mir ein wenig angst, wenn der Eigner und seine Begleiter nahten. Denn das waren vier bis fünf Männer in Schwarz, mit schwarzen Lederjacken und ohne jede Spur von Sportkleidung. Zwei der Typen betraten niemals das Boot, sondern gingen nur langsam, aber bestimmt, auf dem Schwimmsteg auf und ab – oder blieben vor der SOLVEIG stehen. Sie blickten rundum, keinen Augenblick entspannt, sondern immer aufmerksam beobachtend. Ihre intensive Untätigkeit, während der Chef im Boot saß, etwas trank oder mit Freunden diskutierte, war beklemmend, und ich fühlte mich in die Szenerie eines Kriminalfilms versetzt.

Nicht zuletzt wegen der Bauarbeiten stand Tatjana ebenfalls unter großem Zeitdruck und kam nur zu kurzen Gesprächen an Bord. Sie vervollständigte die Einzelheiten des Vertrags, um ihn der Schifffahrtsbehörde vorlegen zu können. Wir brauchten offizielle Dokumente für das Führen der russischen Flagge und die Registrierung der SOLVEIG VII als russisches Schiff. Wie die dafür nötigen Stempel und Unterschriften beschafft wurden, wusste ich nicht, wollte es auch gar nicht genau wissen. Das war Tatjanas Geheimnis. Zu unserer Freude durfte der Name SOLVEIG bleiben, nur die neue Registrierung mit kyrillischen Buchstaben wurde von Ed am Bug angebracht. Bemüht zu helfen und doch mit etwas bangen Gefühlen standen wir daneben, als er eines Abends kam und die großen Lettern anklebte. Jetzt, das war klar, begann eine neue Zeit für die SOLVEIG und ihre Crew! Von jetzt an gehörten wir zur Russischen Föderation, und Ed war der offizielle Schiffsführer.

Die tatsächliche Verantwortung samt allen finanziellen Belastungen lag jedoch laut Vertrag weiterhin bei mir. War das verständlich? Ganz klar war es jedenfalls nicht, aber nur so konnten wir unseren Weg über die Ströme und Seen Russlands fortsetzen. Ich wusste, dass ich für jeden Schaden, der am Boot auftrat oder vom Boot verursacht wurde, allein aufkommen musste, auch für mögliche Geldstrafen. Folglich konnte ich die Anweisungen von Ed nur als Ratschläge werten und durfte mich auch nicht darauf verlassen, dass er an alle Gefahren denken würde. Die letzte Entscheidung lag immer bei mir.

Tatjana brachte mir eine vom Segelmacher eigens genähte russische Flagge, und Ed erschien mit einem Geschäftsmann, der uns ein zusätzliches Seefunkgerät mit russischen Frequenzen anbot, die auf unserem fest eingebauten, weltweit zugelassenen Sender/Empfänger nicht vorhanden waren. In Rußland ist eben alles anders. Die Frequenzen stammten noch aus der sowjetischen Zeit und konnten mit westlichen Geräten angeblich nicht abgehört werden. Der Geschäftsmann bot uns ein stabiles, in Schweden gefertigtes Handgerät mit aufladbarem Akku an, das wir für den Sprechverkehr mit Schleusen und anderen Schiffen benötigen würden. Mir gefiel der Händler nicht. Der Preis schien mir zu hoch, auch war das Gerät nicht ganz neu. Aber wir hatten keine Wahl und mussten froh sein, dass Ed überhaupt ein Funkgerät gefunden hatte. Der Händler brachte zwar keinen Probebetrieb zustande, betonte jedoch immer wieder, dass die nötigen Frequenzen vorhanden seien und dass der Akku »very good, very good« sei. So blätterte ich die geforderte Summe in Dollar auf den Tisch und übergab Ed das Handgerät für den Funkverkehr.

Inzwischen fühlte er sich verpflichtet, bei den Vorbereitungen zu helfen, ohne deshalb schon an Bord zu wohnen. Denn sein Vertrag hatte am 6. Juni begonnen und damit auch sein Gehalt als Schiffsführer. Er schleppte jeden Tag ein paar Kanister Diesel herbei und fuhr uns auch bereitwillig mit seinem Wagen in das etliche Kilometer entfernte Stadtzentrum, um Besorgungen zu erledigen.

Ich brauchte dringend einen zusätzlichen Vorrat Motoröl, denn die Distanzen zwischen Ostsee und Schwarzem Meer waren größer, als anfangs errechnet, weil die Überquerung der großen Seen noch hinzukam. Außerdem wollten wir einen Abstecher nach Moskau versuchen. Also fuhr ich mit Ed wegen des Öls mehrmals in die Stadt und lernte so seine Fahrweise kennen. Die war, man kann es nicht anders nennen, brutal und lebensgefährlich. Er nützte jede Gelegenheit, um auf abenteuerliche Weise zu überholen, und vertraute dabei fest auf die Bereitschaft anderer Fahrer, ihm Platz zu machen. Rote Ampeln beachtete er grundsätzlich nicht, sondern fuhr weiter, sowie ihm die Kreuzung leer erschien. Ich versuchte, möglichst nicht hinzusehen, und sagte mir, dass auf dieser Reise ohnehin vieles Glückssache war.

Einen geradezu triebhaften Drang zur Schnelligkeit, auch beim Laufen, hatte ich bei Ed schon lange beobachtet. Laufschritt war seine normale Gangart, und seine Arbeiten vollbrachte er immer hastig. Obwohl er anfangs eine gründliche Einweisung in die Technik und Ausstattung der SOLVEIG dringend gewünscht hatte, ließ er mir dazu keine Zeit oder hörte kaum zu, wenn ich ihm mit Saschas Hilfe etwas erklären oder zeigen wollte. Er war ständig in Bewegung. Sah er mich zugreifen, packte er sofort mit an, und es war oft schwer, ihn zurückzuhalten, wenn er im Begriff stand, einen Fehler zu machen. Er fühlte sich für jede Art von Arbeit zuständig und betrachtete auch das Geschirrspülen nach den Mahlzeiten als seine selbstverständliche Pflicht. Noch bevor ich den Löffel aus der Hand gelegt hatte, landeten die ersten Teller schon im Spülbecken der Pantry. Für Angelika war das eine große Erleichterung, und auch Sascha und ich waren es zufrieden. Tatjana hatte uns erzählt, dass Ed in seinen jungen Jahren Regattasegler auf großen Yachten gewesen sei und oft an internationalen Wettbewerben teilgenommen habe.

Vorerst waren wir froh, uns voll auf unsere Arbeiten am Boot und für den Film konzentrieren zu können. Dabei interessierte uns besonders, was sich in St. Petersburg in den letzten Jahren verändert und wie sich das Leben zehn Jahre nach der Wende weiter entwickelt hatte. Sehr deutlich war zu spüren, dass die tiefe Bedrückung, die in der Jelzinzeit geherrscht hatte, neuer Hoffnung gewichen war. Auch wünschte sich kaum jemand die sowjetische Diktatur zurück. Eher versuchte man, an die Zarenzeit anzuknüpfen, aber ohne deren Missstände zu wiederholen. So entwickelte sich nicht nur eine rege Bautätigkeit, auch Handel und Wandel waren in deutlichem Aufschwung begriffen. Die Zahl der Autos und damit der Verkehr waren gewaltig angestiegen, die Märkte quollen über von Lebensmitteln und anderen Gütern des täglichen Bedarfs. Auch Luxusgegenstände waren keine Seltenheit mehr. Am Erscheinungsbild der Frauen, an ihrer Kleidung, ihrem Schmuck und ihren Frisuren war der rapide Zuwachs an Lebensqualität besonders deutlich zu erkennen.

Leider gibt es in dieser Zeit, die wahrscheinlich als die »zweite Periode der Wirrungen« in die Geschichte eingehen wird, nicht nur Gewinner. Insbesondere die alten Menschen, Rentner und Veteranen, haben durch die beängstigende Geldentwertung viel, wenn nicht alles verloren. Sie leiden Not, müssen den Zusammenbruch der Wirtschaft letztendlich bezahlen. Die Renten werden fast wertlos. Nur die außerordentliche Leidensfähigkeit des russischen Volkes und seine Gewöhnung an schlimmste Unterdrückung bewirken eine gewisse Akzeptanz des Unvermeidlichen und den Verzicht auf Gewalt.

Im Klub der U-Boot-Fahrer

Ein großer Schmerz für alle Russen, ein Rückschlag für ihren gerade neu gefassten Mut, war der Untergang der KURSK im Jahr 2000. Das U-Boot war 13 500 Tonnen groß, 1994 fertiggestellt und mit Marschflugkörpern ausgerüstet worden, eines der wenigen hochmodernen Atom-U-Boote Russlands. Wie hatte das Unglück geschehen können? War es ein technischer Defekt? War es Nachlässigkeit? Diese Fragen beschäftigten mich, und in St. Petersburg bekamen wir Gelegenheit, mehr über das Unglück zu erfahren. Angelika war, noch in München, Gast einer Fernseh-Talkshow gewesen und hatte dort einen russischen Offizier kennengelernt, der seinen Sohn beim Untergang des U-Boots verloren hatte. Im Gespräch stellte sich heraus, dass der Offizier in St. Petersburg wohnt, und Angelika bat ihn um ein Treffen. Nach unserer Ankunft hatte Sascha Verbindung mit ihm aufgenommen, und prompt erhielten wir eine Einladung in den »Klub der U-Boot-

Fahrer«. Wir waren neugierig: Wie sah es dort aus? War es ein vornehmes Offizierskasino? Würden wir viele Mitglieder antreffen?

Im ersten Stock eines alten, etwas baufälligen Gebäudes in der Stadtmitte hatte der Klub sein kleines, mit Bildern, Akten und Büchern vollgepacktes Büro. Die Sekretärin saß in einem engen Vorzimmer. Wladimir, der Offizier, machte uns sogleich mit dem Präsidenten des Klubs bekannt, der Kommandant eines großen, 140 Meter langen Atom-U-Boots gewesen war und vor etwa sieben Jahren, also nach der Perestroika, den Klub gegründet hatte. Mir ging es vor allem darum, mehr über die Ursachen der KURSK-Katastrophe zu erfahren. Wladimir meinte, es sei eher Zufall gewesen, eine Verkettung unglücklicher Umstände und keinesfalls die Schuld des Kommandanten, eines erfahrenen Marineoffiziers. »Wenn man unsere Verluste vergleicht mit denen anderer Länder, die U-Boote besitzen, dann schneiden wir noch gut ab«, sagte er. »Niemand wundert sich, dass Flugzeuge abstürzen und Züge zusammenstoßen, aber bei der Katastrophe der KURSK richtete

Mein Ausweis der KURSK-Hilfe-Vereinigung in Sankt Petersburg.
Das U-Boot KURSK lief 1994 in Severodvinsk von Stapel.
Wasserverdrängung: 14000 Tonnen, Länge 154 Meter.
Das Boot hatte 24 Mittelstrecken-Raketen SS-N-9 an Bord
und verfügte über 4 Torpedorohre.
Besatzung: 135 Mann

plötzlich die ganze Welt ihre Augen auf uns. Dabei gibt es kaum eine andere so komplizierte technische Konstruktion wie ein Atom-U-Boot. Nicht einmal eine Raumstation ist so anspruchsvoll.«

Inzwischen hat man nach der Hebung des Wracks die Ursache des Unglücks gerichtlich festgestellt: eine Explosion in einem der Torpedos. In einigen deutschen Presseorganen jedoch wurde die Schuld für die hohen Verluste unter der Besatzung der russischen Admiralität angelastet, weil sie die angebotene Hilfe der USA abgelehnt hatte. Aber Atom-U-Boote seien entscheidende Waffen in einem modernen Krieg, erklärte Wladimir, und bei einer Rettungsaktion durch US-Spezialisten wäre die Geheimhaltung nicht mehr gewährleistet gewesen. Deshalb die Ablehnung amerikanischer Hilfe. Zudem wäre es wohl mehr als fraglich gewesen, ob die Amerikaner Erfolg gehabt hätten. Um bedürftigen Angehörigen Hilfe zu leisten und um die Toten zu bergen, hat eine Gruppe von acht U-Boot-Fahrern eine Stiftung ins Leben gerufen, deren Aufgabe es ist, die Erinnerung an die Opfer wach zu halten.

Ich war bewegt und beeindruckt, spürte aber, dass eine weitere Diskussion der Unglücksursachen nicht erwünscht war. Die beiden Offiziere erzählten von ihrer Dienstzeit auf U-Booten, und der Präsident berichtete über die Gründung des Klubs und über dessen intensive Bemühungen um die Bergung der Toten aus dem Wrack. Aber erst zwei ihrer verunglückten Kameraden konnten bisher gefunden und begraben werden. Jetzt sammelte man Mittel für die Bergung weiterer Besatzungsmitglieder.

Wir erhielten eine Klubflagge und bewunderten eine Bronzefigur, die das Wappen des Vereins darstellt: einen Delfin, ein Marineschwert und eine Welle. Wladimir zeigte uns ein großes Album mit ausgezeichneten Fotos von russischen U-Booten, riesige Einheiten, die in getauchtem Zustand ganze Meere überqueren konnten. Höhepunkt beim Abschied: Wir wurden als Mitglieder in den Klub aufgenommen! Die Sekretärin fertigte mir einen Mitgliedsausweis an, als Beleg für meine freundschaftliche Beziehung zu den Besatzungen der russischen U-Boot-Flotte. Wenn ich diesen Ausweis zur Hand nehme und mich an die Stunden im Büro der U-Boot-Fahrer erinnere, dreht sich mir förmlich der Kopf. Nie hätte ich es für möglich gehalten, dass ich einmal eine solche Begegnung in Russland erleben könnte, in dem Russland, in das ich nach dem Krieg nie mehr zurückkehren wollte!

Kostbare Stromatlanten

Tatjana hatte irgendwie, irgendwo, die Atlanten der großen Wasserwege für uns besorgt und sie sogar berichtigen lassen – von Hand, aber alles in Farbe. Das war teuer, aber was nützt eine Karte, wenn Tonnen und veränderliche Wassertiefen nicht zuverlässig eingezeichnet sind? Diese sieben Stromatlanten betrachtete ich als einen Schatz. Sie zu studieren, war allein schon aufregend. Und es waren letztlich auch diese Karten, die mich später verlockten, unsere Fahrt über die geplanten Routen hinaus auszudehnen.

Es waren hervorragende Karten, farbig gedruckt, mit allen Wassertiefen und Details im großen Maßstab 1: 25 000. Fleißige Hände hatten jede noch so geringe Änderung seit 1989 in unendlicher Kleinarbeit eingezeichnet, fast auf jeder Seite, auf hunderten von Blättern. Bei uns in Deutschland wäre so viel Handarbeit kaum bezahlbar gewesen. Außerdem lieh mir Tatjana die Seekarten vom Ladoga- und vom Onegasee aus ihrem persönlichen Bestand. Interessant, dass es von den beiden großen Seen wie für die Meere Seekarten mit Gradnetz und den international gültigen Symbolen gab, während die Stromkarten nicht nach Norden ausgerichtet waren, auch kein Gradnetz aufwiesen, dafür aber auf jeder Seite die Entfernungen in Kilometern von Ort zu Ort, von Tonne zu Tonne.

Ich nahm die Atlanten ganz fest in meine Hände und hütete sie von da an wie einen Schatz. Mit ihnen, das wusste ich, konnte ich die Reise navigatorisch auch ohne Beratung selbstständig bewältigen – ein wunderbares Gefühl!

Am nächsten Abend befahl Tatjana den Flaggenwechsel, und wir machten daraus eine kleine Feier. Die deutschen Farben wurden eingeholt, und das russische Banner, weiß-blau-rot, wurde langsam entrollt. Am 7. Juni morgens trafen wir schließlich die allerletzten Vorbereitungen, und um sechs Uhr kam Ed an Bord. Es konnte losgehen! Seine Pünktlichkeit freute mich und gab mir die Hoffnung, dass wir in ihm ein zuverlässiges Crewmitglied gewonnen hatten. Ganz langsam nur ließ ich den Motor laufen. Ich wollte dem Boot und mir Zeit lassen, noch einmal tief Atem zu holen, bevor ich mich in das Abenteuer stürzte. Hatten wir auch wirklich an alles gedacht? Tausende Kilometer Russland lagen vor uns. Ich wusste: Alles würde ganz anders werden, als ich es von meinen bisherigen Reisen gewohnt war.

Wir spürten wohl alle einen Druck im Magen, auch Sascha. Er kannte zwar Russland, aber nicht seine großen Ströme. Auch für ihn würde deshalb alles neu sein. So hing jeder seinen Gedanken nach, während die SOLVEIG VII mit gedrosselter Fahrt fast lautlos durch den von Parkanlagen gesäumten Kanal glitt. Ich spähte nach allen Seiten, ob wir beobachtet wurden. Nur jetzt nicht auffallen! Wie schon mehrmals in den vergangenen Tagen passierten wir den geschichtsträchtigen Kreuzer AURORA, Symbol einer Revolution, die für immer die Welt verändert hatte. Was wäre aus diesem Land, was aus Europa geworden, wenn der Kanonenschuss damals nicht über die Wasser der Zarenstadt gedröhnt hätte?

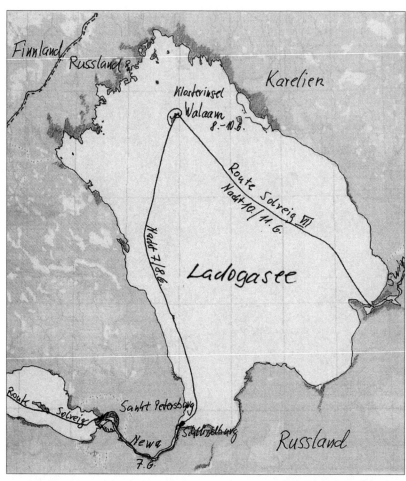

Ladogasee und Newa mit der Schlüsselburg bilden eine Einheit. Hoch im Norden des größten Sees von Europa liegt die Klosterinsel Walaam, weit entfernt vom Getriebe einer Stadt. Die Schlüsselburg am Ausfluss des Sees in die Newa schützt die Einfahrt nach St. Petersburg. Vor dem Zweiten Weltkrieg gehörte der westliche Teil des Sees noch zu Finnland.

Das Kloster im Wald

Auf der Newa steuerte ich diesmal nicht stromabwärts zu den Palästen St. Petersburgs, sondern schwenkte stromaufwärts in weitem Bogen auf die große Brücke zu, unter der hindurch es stadtauswärts in Richtung Ladogasee ging. Die Newa ist ein eigenartiges Gewässer. Nur kurz, kaum 80 Kilometer lang, sorgt sie für den Abfluss der Wassermassen aus dem See und kann besonders im Frühjahr eine starke Strömung aufweisen, wenn sein Wasserstand hoch ist. Mein Herz klopfte erregt, denn wir waren nun in russischen Binnengewässern. Würden wir überhaupt aus dem Hafen von St. Petersburg herauskommen? Meine Nerven waren zum Zerreißen gespannt. Da begegnete uns auch schon das erste Polizeiboot, aber die russische Flagge erwies sich als guter Schutz. Wir waren jetzt ein russisches Schiff auf dem Weg zum Ladogasee. Nichts Außergewöhnliches... Falls wir dennoch angehalten wurden, musste Ed reden, und wir durften kein deutsches Wort hören lassen. Das hatten wir im Vorhinein besprochen, als Vorsichtsmaßnahme für die ganze Reise.

Nachdem wir die ersten Brücken durchfahren hatten, die nachts für die großen Schiffe hochgeklappt werden, konnten wir endlich den Mast wieder stellen. Es gab von hier an keine Brücke mehr, die zu niedrig für uns gewesen wäre. Mit unserer Gesamthöhe von 7,5 bis 8 m lagen wir weit unter dem Maß der großen Fracht- und Passagierschiffe.

Ed stand neben mir. Ich ließ ihn steuern, bemerkte aber bald eine gewisse Unsicherheit bei ihm, denn er scheute sich, das Ruder zu führen, wenn eine Begegnung oder ein Überholmanöver fällig waren. Dann musste ich rasch übernehmen. Ich holte den Atlas mit der Stromkarte. Die Newa hat kaum eine Biegung, das Fahrwasser ist ausgebaggert, und die Ufer sind befestigt, oft sogar betoniert. Ein kurzer Blick genügte, denn die Kilometerangaben konnte ich lesen: 70 km Flusslauf lagen vor uns, dann gelangten wir in den größten See Europas. Die kyrillischen Namen, Bezeichnungen und Kommentare auf der Karte blieben für mich leider unverständlich. Aber leicht erkannte ich den großen roten Ziegelbau an Backbord, auf der rechten Seite des Flusses: das berüchtigte Staatsgefängnis, in dem zu Stalins Zeiten, aber auch später, häufig getötet und gefoltert wurde.

Man erzählt heute noch, das Wasser sei an manchen Tagen rot gewesen vom Blut der Gemarterten. Nach dem Ende der deutschen Belagerung, bei der 678 000 Bürger den Tod gefunden hatten, begann Stalin nämlich eine seiner berüchtigten Säuberungen, die »Leningrader Affäre«. 1949 ließ er ein Museum schließen, in dem Dokumente über die deutsche Belagerung gesammelt waren. Sein Bestand wurde abtransportiert, der Direktor verhaftet. Die Belagerung sollte möglichst schnell aus der Erinnerung der Menschen getilgt werden, als hätte es sie nie gegeben. Fast alle führenden Persönlichkeiten der leidgeprüften Stadt wurden verhaftet und später hingerichtet. Von Verrat war die Rede und von einer Verschwörung mit dem Ziel, Leningrad anstelle Moskaus zur Hauptstadt zu machen.

Viel Blut floss damals aus dem großen roten Gebäude in den Strom, aber jetzt war nichts mehr zu entdecken, das auf seine düstere Vergangenheit hingedeutet hätte. Im Gegenteil, gegenüber war ein modernes Luxushotel entstanden, von dessen Fenstern der Blick auf Newa und Gefängnis fiel. Danach kamen Arbeitersiedlungen und Industriebetriebe, die Vorstädte einer Weltstadt. Die Newa ist eine wichtige Verkehrsverbindung, das letzte Glied des 1100 km langen Wolga-Ostsee-Wasserwegs und das Hafengebiet für St. Petersburg.

Nach kurzer Zeit erreichten wir den »Wasserbahnhof«, den Liegeplatz der großen Wolga-Passagierdampfer. Die bis zu 150 m langen Schiffe mit fünf geschlossenen Decks und einer entsprechenden Zahl von Kabinen werden oft an ausländische Tourismusunternehmen verchartert, so auch an Hapag-Lloyd in Hamburg, wo Kreuzfahrten nach Moskau und auf der Wolga gebucht werden können. Seltener finden Fahrten bis zum Don statt. Es war noch früh im Jahr, deshalb lagen die leuchtend weißen Schiffe still an ihrem Platz und warteten auf Gäste, auf beschwingte Musik und fröhliche Veranstaltungen. Viele von ihnen waren auf der großen österreichischen Werft in Korneuburg bei Wien gebaut worden.

Dort verfügt man über so lange Tradition und Erfahrung in der Konstruktion von Flussschiffen wie kaum anderswo in Europa.

»Filter kapuuutt!«

Oberhalb von St.Petersburg stand uns eine beachtliche Strömung entgegen. Ich wollte ausrechnen, wann wir den Ladogasee erreichen würden, und verglich deshalb unsere Geschwindigkeit durchs Wasser, wie sie vom Log angezeigt wurde, mit der Geschwindigkeit über Grund, die sich auf dem GPS-Satellitengerät ablesen ließ. Danach hatten wir zwei Knoten Gegenstrom, also etwa 3,5 km/h, und würden erst abends gegen 18.00 Uhr in Schlüsselburg ankommen, dem letzten Hafen an der Newa vor dem großen See.

Nachdem Ed mich am Ruder abgelöst hatte, wollte ich die Filter der »Watermaker«-Anlage einholen, die er an Leinen übers Heck ausgehängt hatte, um sie im strömenden Wasser zu reinigen. Doch ich suchte die Leinen vergebens. Ed drehte sich um und sah nun ebenfalls, dass die beiden Filter verschwunden waren. Ich machte eine fragende Handbewegung, doch: »Filter kapuuutt!« war alles, was Ed herausbrachte. Sein Knoten, mit dem die Leine befestigt gewesen war, hatte sich gelöst, und die Filter waren verloren. Mein Gott, der Mann konnte ja nicht mal einen ordentlichen Seemannsknoten binden – und das als erfahrener Segler, als der er sich ausgab. Ratlos und wütend erklärte ich ihm, dass diese Spezialfilter über 100 Mark kosteten, und bat Sascha, ihm zu übersetzen, dass wir möglicherweise bald kein Frischwasser mehr herstellen konnten. Ed hörte sich die Vorwürfe schweigend an und machte eine Bewegung, die ich später noch oft bei ihm sehen sollte: Er breitete die Arme aus, drehte die Handflächen nach oben, hob die Schultern und blickte zum Himmel auf. Das sollte wohl soviel heißen wie: »Ich weiß nicht, was geschehen ist, ich kann es nicht ändern. Und ich kann auch nichts dafür!« Zu meiner Erleichterung fand sich nach ein paar Tagen noch ein neues Filterpaar, sodass wir wahrscheinlich genügend Ersatzfilter für die Reise hatten.

Düstere Schlüsselburg

Dort, wo die Newa den Ladogasee verlässt, liegt die kleine Insel Orech und auf ihr die mittelalterliche Burgruine Schlüsselburg. Peter I. hatte sie 1702 im Krieg gegen Schweden erobert und ihr den deutschen Namen gegeben, denn für ihn besaß die Burg eine Schlüsselstellung im Kampf um den Zugang zur Ostsee.

Pünktlich gegen 18.00 Uhr kamen die wenigen Häuser der Ortschaft und die mittelalterliche Burg in Sicht. Dahinter dehnte sich die weite Fläche des Sees. Wir näherten uns der kleinen Insel und fanden eine Pier, an der wir das Boot festmachen konnten. Bis auf ein paar Ruderboote schien die Anlegestelle verlassen zu sein. Niemand beobachtete uns. Wir machten die Kameras fertig, zogen uns Pullover und Jacken über, denn es war gegen Abend kühl geworden, und gingen durch das Burgtor in den großen Hof.

Hier herrschte eine bedrückende Atmosphäre. Diese Burg war ganz gewiss nicht der Ort für einen Urlaubstag. Schlüsselburg hatte in früherer Zeit als Gefängnis gedient, noch in der Zarenzeit hatten hier Hinrichtungen stattgefunden, und im Zweiten Weltkrieg hatten Bomben und Artilleriebeschuss schwere Zerstörungen angerichtet. Haben an solchen Orten die schrecklichen Ereignisse Angstspuren hinterlassen, oder entsteht das ungute Gefühl in einem selbst, weil man von den Qualen der Menschen weiß? Wir sahen verfallene Mauern, eine Kirchenruine und ein altes Geschütz aus den Kämpfen zwischen 1941 und 1944. Gedenktafeln erinnerten an die schlimmen Jahre und die hohen Verluste an Menschenleben. Der Burghof war um diese Zeit menschenleer, und wir wurden eingefangen von der düsteren Stimmung, die schwer in der Luft lag. Als die Dämmerung einbrach, gingen wir zum Boot zurück.

Es herrschte fast völlige Windstille, und die Oberfläche des Sees schimmerte spiegelglatt im Farbspiel der untergehenden Sonne. Ich sah den See – oder eigentlich das Binnenmeer – so ruhig vor mir liegen, dass ich Angelika vorschlug: »Wir sollten gleich weiterfahren, denn so ruhig ist der See bestimmt nicht oft.« Sie stimmte sofort zu, und wir beschlossen, die 70 Seemeilen bis zur Klosterinsel Walaam während der Nacht zurückzulegen.

Besser hätten wir es für unser kleines Boot nicht treffen können, denn der See steht in dem Ruf, dass schwere Stürme auf dem flachen Wasser gefährlichen Seegang aufwerfen. Die Insel Walaam liegt hoch im Norden auf 61°23'N, während der direkte Ostsee-Wolga-Wasserweg dicht an der Südküste entlang verläuft. Wir wollten aber auf unserer Expedition nicht den kürzesten Weg wählen, sondern durch den Besuch kulturell bedeutender Plätze wie der Insel Walaam unser Wissen über das fremde Land erweitern. Ed, Angelika und ich, so meinte ich, würden in der Nacht abwechselnd Ruderwache gehen. Mithilfe der Seekarten und dem GPS-Gerät würden wir auch bei Dunkelheit präzise navigieren können.

Doch jetzt sollten wir eine Überraschung erleben! Es stellte sich heraus, dass Ed, der uns ja als Lotse und Schiffsführer begleitete, Seekarten nicht lesen konnte. Er hatte nicht die leiseste Ahnung von Navigation und kannte als Regattasegler anscheinend nur die durch Tonnen markierten Rennstrecken. So übernahmen Angelika und ich die Nachtwachen allein, wechselten uns am Ruder ab und ließen Ed schlafen. Er sollte bei Tagesanbruch die Wache übernehmen, sobald Walaam in Sicht war. Dann wusste er hoffentlich die Richtung und war wohl in der Lage, die Insel anzusteuern.

Eduards Hilflosigkeit war deprimierend, denn es würde bestimmt noch öfter Situationen geben, denen er nicht gewachsen war. Ich konnte ihm wahrscheinlich das Boot nie allein überlassen: eine bittere Erkenntnis für mich, da ich bei den Dreharbeiten für unseren Film mitwirken wollte, während Ed mich in der Schiffsführung entlasten sollte. Damit durfte ich jetzt nicht mehr rechnen. Selbst Ed war bedrückt, denn er fühlte wohl, dass er auch bei Sascha, der meine Fragen übersetzte, an Ansehen verloren hatte.

Tückischer Ladogasee

Die Navigation auf dem Ladogasee war ausgesprochen schwierig, denn der See hat über 600 Inseln und ist in der südlichen Hälfte zudem flach mit zahlreichen Untiefen. Wir hatten während der ersten Stunden kaum mehr als drei Meter Wasser unter dem Kiel.

> Die Navigation auf dem Ladogasee war ausgesprochen schwierig, denn der See hat über 600 Inseln und ist in der südlichen Hälfte zudem flach mit zahlreichen Untiefen. Wir hatten während der ersten Stunden kaum mehr als drei Meter Wasser unter dem Kiel.

> Walaam liegt weit im Norden, auf 61°23'N, und wir erreichten das felsige Eiland erst nach 16 Stunden Fahrt gegen halb elf Uhr vormittags.

Das felsige Eiland erreichten wir erst nach 16 Stunden Fahrt gegen 10.30 Uhr am folgenden Tag. Schon lange vorher grüßten uns tiefgrüne Wälder an den Ufern, die uns an die Landschaft von Schweden und Finnland erinnerten. Die entlegene Insel, die vor dem Einmarsch der Sowjettruppen 1940 noch zu Finnland gehörte, hat ihre ganz eigene Geschichte.

Nicht erst seit dem 14. Jahrhundert flüchteten sich orthodoxe Mönche in die Waldeinsamkeit Kareliens. Die Sage berichtet sogar, dass bereits im ersten Jahrhundert nach Christus »Andreas der Erstgerufene«, ein Schüler Jesu, nach Walaam gekommen sei. Nach ihm ist denn auch die Kirche dieses Klosterstaats benannt, die bei der Ansteuerung als erstes zwischen dem Grün der Kiefern sichtbar wurde. Im 19. Jahrhundert waren es dann reiche Kaufleute, die hier für ihr Seelenheil investierten und die verwitterten Holzbauten durch steinerne Kirchen und Eremitenklausen ersetzen ließen. Weil die Pilgerreise nach Jerusalem für viele Russen zu weit und zu beschwerlich war, übertrug man die Namen der heiligen Stadt auf die Insel und benannte Hügel nach biblischen Bergen und Pfade nach heiligen Wegen. Schließlich setzte die Oktoberrevolution dem Klosterleben in der Einsamkeit Kareliens ein Ende.

Aber nicht nur die Mönche und Eremiten mussten fliehen. Eine halbe Million Karelier wurde binnen weniger Tage nach Finnland ausgewiesen, dafür ließ Stalin 200 000 Sowjetbürger, Bauern und Handwerker, auf den Inseln ansiedeln. Viele von ihnen kamen aus den asiatischen Republiken. Auf diese Weise wurde ein Land zu Grunde gerichtet, das einst die blühendste und reichste Region Finnlands gewesen war. Heute erinnern in Finnland nur noch Sammlungen in Museen an die einstigen Lebensverhältnisse in Karelien.

Nach der Wende änderten sich die Verhältnisse auf Walaam nochmals grundlegend. Die Mönche kehrten aus den verschiedensten Teilen Europas und sogar aus Afrika in ihr altes Heiligtum zurück. Die enteigneten Klosterbauten und Kirchen wurden ihnen wieder übertragen, und sie versuchten nun ihrerseits, die unter dem kommunistischen Regime zugezogenen Bewohner der Insel umzusiedeln. Dies war zur Zeit unseres Besuchs erst teilweise gelungen, denn es war schwierig, den Menschen anderswo neuen Wohnraum und Existenzmöglichkeiten zu schaffen. Bei uns kennt man die aufgrund rücksichtsloser Vertreibungspolitik entstandenen Probleme nur zu gut.

Ich machte zunächst versuchsweise hinter der Pier für die großen Passagierschiffe fest. Es gab aber noch einen kleinen natürlichen Hafen auf der anderen Seite, und dort, so erfuhr Sascha von einem Einheimischen, befand sich auch das Dorf und der größte Teil der Klosteranlagen. Beim Umrunden der Insel erlebten wir eine beschauliche Fahrt auf ruhigem Wasser, mit Blick auf die wilde Felsküste und ihre dunklen Wälder. Im kurzen, hellen nordischen Sommer hatten wir einen der schönsten Tage getroffen.

Vor Anker im Paradies

Zu der schmalen Bucht, an der das Dorf lag, gelangte man nur durch eine sehr enge Einfahrt zwischen gefährlichen Felsriffen. Aber gerade diese Strecke war natürlich landschaftlich besonders schön: zu beiden Seiten steile Felswände und im Fahrwasser mehrere Inseln mit hohen Fichten und Kiefern. Am Eingang zum Dorf entdeckten wir eine Kapelle und dahinter die alte Klause eines Eremiten. Ich steuerte auf den Anlegeplatz der Verkehrsboote zu, und wir machten für kurze Zeit fest. Aber dort konnten wir nicht bleiben, denn die Fahrgäste für das nächste Boot warteten bereits. Männer, Kinder und alte Frauen saßen mit ihren Bündeln und Köfferchen geduldig auf Baumstämmen und Steinen. Alle betrachteten interessiert das fremde Boot, aber niemand wies uns ab oder forderte uns zum Verlassen des Platzes auf. Einer der Dörfler, an den Sascha sich wandte, erklärte ihm, dass wir weiter hinten in der Bucht, bei einer Bootshütte, festmachen und an Land gehen konnten.

Es war traumhaft schön in diesem nach allen Seiten geschützten Winkel. Wir blickten auf eine noch tiefere, waldreiche Bucht und hatten hinter uns mit hohen Fichten und Birken bestandene Hügel. In der Nähe befand sich ein Holzverladeplatz, aber die Frachtkähne, die das Holz abholten, konnten hier nur langsam manövrieren, sodass wir von ihrem Schwell nichts zu fürchten hatten. Waren wir im Paradies? Vielleicht, wenn man bedenkt, wieviel ringsum in Kirchen und Kapellen täglich gebetet wurde.

Sascha, der sogleich nach der Ankunft Kontakt zu den Mönchen suchte, hatte erfahren, dass am übernächsten Tag das größte Ereignis des Jahres gefeiert wurde, das Fest »Alle Heiligen«. Es war eine Art russisches Fronleichnamsfest am ersten Sonntag nach Pfingsten und sollte mit einer großen Prozession über die ganze Insel begangen werden. Saschas Verhandlungskunst, ohne die wir kaum die Hälfte von dem gesehen und erlebt hätten, was uns interessierte, verschaffte uns nicht nur die Bekanntschaft mit einigen Mönchen, sondern für den nächsten Abend auch einen Empfang beim Prior des Klosters.

Ed hatte unterdessen einen Lieferanten für 200 Liter Diesel gefunden. Ein Lkw-Fahrer schaffte den Treibstoff heimlich spät abends heran, und wir füllten die Kanister in den Tank. Das war eine ermüdende Arbeit für Ed, denn er musste sie von der Straße etwa 50 m weit durch den Busch zur Bootshütte tragen und dann vom Brettersteg an Deck hieven.

Gleich danach verschwand ich in der Koje und schlief rasch ein. Das leise Plätschern des Wassers, das Bewusstsein, an einem gut geschützten Platz auf ruhigem Wasser zu liegen, tat ein Übriges. Als ich am Vormittag erwachte, stand die Sonne schon hoch am Himmel. Halb träumend richtete ich mich auf und stieg leise an Deck, um Angelika nicht zu wecken, die in der Nacht noch lange vor dem Monitor gesessen und Filmszenen geordnet hatte. Die SOLVEIG lag still und zufrieden an der morschen, mit hellem Moos überwachsenen Holzbrücke, dicht neben dem alten Bootshaus. Ein Vogel piepste aufgeregt. Das musste die Bachstelze sein, die unter dem Vordach der Hütte mit dem Bau ihres Nests beschäftigt war. Leises Knistern war aus dem dichten Unterholz des Waldes zu hören, wenn ein Windhauch die Blätter der Birken sanft bewegte. Keine Brandung, kein Wellenschlag störte den tiefen Frieden. Die felsige Bucht, in der wir lagen, war von dichtem, dunklem Wald umgeben, ernst und schweigend standen die hohen Fichten und Kiefern bis ans Ufer: eine nordische Landschaft, wie ich sie von den finnischen Seen her kannte. Träumte ich noch? Alles kam mir so unwirklich, ja märchenhaft vor. Nur langsam wurde ich wach und erinnerte mich, wie und wo wir das Boot am Tag zuvor festgemacht hatten. Wir waren schon mitten drin in unserem Russlandabenteuer.

Neben uns lag das Wrack eines Stahlschiffs, jetzt Benzintank oder Container für Öl und anderes. Der rostende Stahl erinnerte an die schlimme wirtschaftliche Situation. Der Verkauf von Holz schien hier einziger Erwerbszweig zu sein, denn Holz wuchs reichlich, die nordische Kiefer vor allem. Aber der Transport mit Lastwagen und dann weiter per Schiff war aufwändig. Als zweite Einnahmequelle mochte der Tourismus etwas Geld ins Land bringen. Wir hatten an unserem ersten Tag drei große Passagierschiffe gesehen, deren Gäste nicht nur die Klöster und Kirchen der Insel besichtigten, sondern auch einige Andenken in Form von Katalogen, Postkarten, Holzschnitzereien und bemalten Steinen kauften. Doch nur wenige Wochen lang läuft dieses Geschäft. Außerdem erlaubt der extrem kurze Sommer nur einen sehr eingeschränkten Obst- und Gemüseanbau zur eigenen Versorgung. Und der Winter ist lang, sehr lang. Er dauert neun Monate. Viel Zeit also für die Mönche, über Gott und eine sich ständig verändernde Welt nachzudenken, viel Zeit auch, um strengste Askese zu üben.

Mit Sascha wanderten wir an diesem ersten Tag über die Insel und in das kleine Dorf. Sascha unterhielt sich mit den Einheimischen und erfuhr, dass nur ein Teil der Bevölkerung das ganze Jahr über auf Walaam bleibt. Der Winter ist einfach zu lang und zu hart. Neben Geldmangel mochte dies der Grund sein für die noch sehr unvollkommenen Aufbauarbeiten an den brutal beschädigten Kirchenbauten. Einer der Mönche besuchte uns auf dem Boot, was ich als große Ehre empfand. Er interessierte sich für alle Einzelheiten unserer Ausrüstung und Einrichtung. Sascha, obwohl ehemals sowjetischer Offizier, zeigte sich dabei als gläubiger Anhänger der russisch-orthodoxen Kirche, während Ed von alldem nichts wissen wollte und sich gegenüber unserem Besucher ostentativ zurückhielt.

Zu Gast bei den Mönchen

Gegen Abend wurden wir mit einem Jeep abgeholt und in den Hof des Klosters gebracht. Stufe um Stufe stiegen wir dem Mönch nach bis in den untersten Keller, wo offenbar die einzigen bewohnbaren Räume lagen. Der schwer beschädigte Wohnkomplex des Klosters, während der kommunistischen Herrschaft für andere Aufgaben bestimmt, hatte noch nicht wieder hergestellt werden können.

Wir tappten die nur schwach beleuchteten Stufen hinunter und durch einen finsteren Gang. Da öffnete plötzlich eine junge Frau, Nonne oder Haushälterin, eine Seitentür, und wir blickten in einen engen Raum mit einem Tisch in der Mitte. Er diente als Büro, denn Computer und Telefon standen auf einem Schreibtisch in der Ecke. Ein halbes Dutzend Mönche in langen Kutten saß zu beiden Seiten eines Holztisches. So hätte die Filmszene einer geheimen

Gerichtsverhandlung aussehen können, wäre da nicht die reich gedeckte Tafel gewesen.

Uns verschlug es schier den Atem: Man hatte in verschwenderischer Fülle alles aufgetischt, was die Insel zu bieten hatte: Salate, Tomaten, Gurken, Krabben, verschiedene Sorten Fisch, warm und geräuchert, dazu mehrere Teller mit Obst. Womit hatten wir das verdient, wir, die wir – heimlich und ohne zu fragen – an einem verbotenen Platz unser Boot festgemacht hatten? Wir waren doch gewiss keine offiziellen Gäste! Der Prior – intelligentes Gesicht, schlank und sehr ernst, um die 60 Jahre alt – trat ein, begrüßte uns und bot die Plätze an. Eine Minute herrschte Schweigen, dann übersetzte Sascha: Ich möge doch bitte ein Gebet sprechen. Nie werde ich diesen Augenblick vergessen. Ich glaubte, in den Boden versinken zu müssen. Etwa zehn Mönche in ihren langen schwarzen Kutten hielten die Augen fest auf mich gerichtet und schienen mich aufzufordern: »Sag uns, was du denkst, sag uns, was du glaubst!«

Hätte ich nur fünf Minuten Zeit gehabt, mich ein wenig zu besinnen, mir wären bestimmt ein paar passende Worte eingefallen. Aber so? Ich entschuldigte mich, sah hilfesuchend Angelika an. »Könntest du nicht...« Um die Peinlichkeit nicht weiter zu steigern, begann sie tapfer: »Komm, Herr Jesus...« Sascha übersetzte ebenso tapfer, doch der Prior war nicht zufrieden. Er gab den Mönchen Anweisung, und sie murmelten das Vaterunser auf Russisch. Danach wollte es der Prior aber genau wissen und nahm mich regelrecht in ein Kreuzverhör. Oder besser: Er führte einen anspruchsvollen philosophischen Dialog mit mir. Er sprach etwas Englisch und fragte mich sehr eingehend nach meinem Glauben und meinen Erkenntnissen auf den Weltumseglungen. »Haben Sie gebetet?« und: »*Wann* haben Sie gebetet? Hatten Ihre Gebete Erfolg, wurden sie erhört?« Danach wollte er wissen: Waren es christliche Motive, weshalb wir ihre Insel angesteuert hatten? Wie hatten wir überhaupt von ihrem Kloster, ihrem Leben hier erfahren? »Was wussten Sie von dieser Insel?«

Ich kam mir vor wie ein verirrter Gralssucher. Dass ich evangelisch war, störte ihn offenbar nicht, aber er wollte genau wissen, wie ich zu Gott stand. »Ich kann an den Gott meiner Kirche nicht glauben«, erwiderte ich wahrheitsgemäß, »aber es gibt einen Gott.« Daraufhin erhielt ich lange, ausführliche Belehrungen des Priors und war tief bewegt: Das Versagen beim Gebet, die peinlichen Fragen, andererseits die echte Menschenliebe und der unbeirrbare Glaube dieser Mönche stimmten mich nachdenklich. Wo war ich hingeraten? Was war geschehen? Hatte ich diese Fragen während meines bisherigen Lebens zu leicht genommen? Ausgerechnet ich, der ich schon als kleines Kind von Vater und Mutter zu täglichen Gebeten angehalten worden war? Wann immer wir mit meinem Vater zusammenkamen, wurden Glaubensfragen diskutiert, denn er lehrte indische Philosophie. Aber eine solche Kraft und Inbrunst des Glaubens, wie die Mönche der Insel sie ausstrahlten, hatte ich noch nie im Leben kennengelernt. Bei einer Reise nach Tibet hätte ich vielleicht nichts anderes erwartet, aber hier, im ehemals sowjetischen Machtbereich, beeindruckte mich die echte Frömmigkeit der zum Teil noch sehr jungen Männer zutiefst. Eine große Kraft ging von ihnen aus.

Der Tisch war überladen mit Speisen, vor allem mit Fischgerichten und kalten Platten. Später wurde Suppe serviert, und zum Schluss brachte eine Nonne die üppige Nachspeise mit Kuchen, Schlagsahne und einer Eisbombe. Wir glaubten, geträumt zu haben, als wir am späten Abend über die verfallene Kellertreppe hinauf in den Klosterhof stiegen, wo die leeren Fensterhöhlen noch den Eindruck des Märchenhaften verstärkten. Ich war sehr nachdenklich geworden. Würde der orthodoxe Glaube am Ende wieder ganz Russland erobern? Oder konnte er nur noch an Plätzen wie diesem von kleinen Gruppen gepflegt werden?

Abschied von Walaam

Erst ziemlich spät am nächsten Morgen erwachten wir aus tiefem Schlaf. So vieles hatten wir erlebt, hatten Eindrücke gewonnen, die uns lange beschäftigen würden. »Hier könnten wir noch wochenlang bleiben!« rief Angelika begeistert aus, als wir gegen 10.00 Uhr an Deck kamen. Beim Frühstück teilten wir voll Arbeitseifer unsere Tätigkeiten für den Tag ein: Angelika und Sascha würden mit der Filmkamera das Kloster, seine Bewohner und die herrliche

Landschaft festhalten, während ich mich einer seit langem anstehenden Arbeit an Bord widmen wollte. Schon in Hamburg und Travemünde hatte ich Schläuche, Wasserhähne, Rohre und anderes Installationsmaterial besorgt, um die Entsalzungsanlage grundlegend neu einzubauen, und in St. Petersburg hatte ich die dazu nötigen Pläne gezeichnet. Unser besonders ruhiger Liegeplatz bot die beste Gelegenheit für diese diffizile Aufgabe.

Aber der Umbau war schwieriger und mühsamer als erwartet und dauerte viel länger als die geplanten sechs Stunden. Ed war mir bei der Bastelei behilflich und versuchte eifrig, mir schweres Heben zu ersparen. Sascha als Dolmetscher brauchten wir nicht, da Ed die handwerklichen Griffe durchaus verstand. Dennoch war unsere Zusammenarbeit etwas schwierig, weil er immer wieder Werkzeug verlegte oder wegräumte und dann nicht wusste, wo wir es suchen sollten. Sein Gedächtnis ließ ihn allzu oft im Stich. Wortlos, aber vergnügt montierten wir Schläuche und Ventile und bohrten Löcher für die neu verlegten Kabel. Ich hoffte inständig, dass die komplizierte Technik funktionieren würde, was sich erst bei der Weiterfahrt über den See zeigen konnte.

Auch die folgende Nacht war wieder kurz, denn Angelika und Sascha mussten schon um fünf Uhr aufstehen, um die große Insel-Prozession filmen zu können. Weil es kaum noch dunkel wurde, hatten die Festlichkeiten für »Alle Heiligen« bereits um Mitternacht begonnen und würden bis zum Nachmittag dauern. Ich blieb an Bord, um die kommende Fahrt ausgeruht beginnen zu können. Außerdem wussten wir noch immer nicht, wem unser Liegeplatz gehörte und ob wir vielleicht auf einen Ankerplatz ausweichen mussten. Dann hätte Ed das Boot nicht allein verlegen können. Tatsächlich erschien mittags ein Beauftragter der Hafenverwaltung, wie er sich nannte, um eine Gebühr zu kassieren. Ed verhandelte mit ihm, schrieb mir den Betrag auf einen Zettel, und ich legte das Geld bereit. Es schien mir durchaus angemessen, einen kleinen Beitrag zum Unterhalt der Menschen auf dieser entlegenen Insel zu leisten.

Um 17.30 Uhr hieß es: »Leinen los!« Angelika löste die Knoten, Ed half ihr, und ich bediente Ruder und Motor. Sascha, von der Filmarbeit angestrengt, hatte sich schlafen gelegt. Mit Konzentration und mithilfe der Seekarte lavierte ich das Boot zwischen den Felsen hindurch auf den See hinaus. Angelika, unermüdlich, stand neben mir, machte mich auf Gefahren aufmerksam und bremste meinen Drang, das Tempo in der Ausfahrt zu erhöhen. Auf freiem Wasser startete ich den »Watermaker« und war glücklich, als das Messgerät einen halben Liter gereinigtes Wasser pro Minute anzeigte. Das war nicht sehr viel, aber bei einer Wassertemperatur von gerade mal vier Grad über Null durfte ich nicht mehr erwarten. Schon bald, in den Kanälen, würde es wärmer werden. Mein Umbau der Anlage war fehlerlos gewesen. Mir fiel eine Zentnerlast von der Seele, denn die Versorgung mit Trinkwasser, das wurde immer deutlicher, war Voraussetzung für einen erfolgreichen Verlauf der weiteren Fahrt.

Wieder wollten wir die Nacht hindurchfahren. Auf diese Weise sparten wir einen ganzen Tag der kostbaren Zeit bis zum Ablauf unserer Visa. Später, in den Kanälen, würde das Steuern in der Dunkelheit zu riskant werden. Bei weiterhin gutem Wetter überquerten wir die gesamte Weite des Sees, etwa 120 km, und konnten schon um fünf Uhr früh mit der Ansteuerung des Swir-Kanals beginnen.

Dieser Kanal dient der Verbindung zum benachbarten Onegasee, wobei ein Höhenunterschied von 25 m zu überwinden ist. Da die Wassertiefe in dieser letzten Ecke des Sees nur einen bis zwei Meter beträgt, wurde eine Fahrrinne bis zur Einmündung des Flusses Wytegra gebaggert, der als Kanal ausgebaut ist und den See mit dem nächsten großen Gewässer, dem Weißen See, verbindet. Daneben führt ebenso wie im Ladogasee ein kleiner Kanal für Schiffe mit wenig Tiefgang parallel zum südlichen Ufer in die Wytegra. Diese schmalen, für die heutige Schifffahrt nicht mehr nutzbaren Kanäle gehen noch auf Zar Peter I. zurück und wurden seinerzeit angelegt, um auch kleineren Booten bei stürmischem Wetter eine sichere Fahrt zu ermöglichen.

Im Logbuch vermerkte ich um sechs Uhr: »Die Ausfahrt aus dem See ist erreicht, wir sind in der Mündung des Flusses. Ich wecke Ed und lege mich schlafen.« Mithilfe der Stromkarten konnte Ed sich zurechtfinden, denn an diese war er gewöhnt. Die Tonnen zu beiden Seiten des Fahrwassers waren zahlreich und mit

Nummern gekennzeichnet. Anhand dieser Nummern fand er das Fahrwasser und konnte jede Nummer mit der Karte vergleichen. So bot die Fahrt im kanalisierten Fluss keine Schwierigkeit, auch begegneten uns nur selten Schiffe.

Als ich mir am späten Vormittag den Schlaf aus den Augen rieb, begrüßte mich wieder schönstes Wetter. Die Sonne schien vom wolkenlosen Himmel und spendete zum ersten Mal auch etwas Wärme im Bootsinneren, obwohl das Wasser von unten weiterhin für kühle Nachtstunden sorgte. Es war eben noch Juni, und das ist so hoch im Norden keineswegs Sommer. Neugierig schauten wir zu den Ufern hinüber, wo nur ab und zu ein kleines Dorf auftauchte. Beherrschend waren die unendlichen Wälder zu beiden Seiten. Kein Weg, keine Straße führte am Fluss entlang, der seine Schleifen durch die von Fichten, Kiefern und Birken bestandenen Hügel zog. Ich war erstaunt über die ausgezeichnete Markierung des Fahrwassers. Sowohl die seitliche Begrenzung durch Tonnen und Spieren als auch die Uferzeichen in Form von Richtbaken waren stets klar zu erkennen und in gutem Zustand. Eine Vernachlässigung, wie ich sie von den ehemaligen Ostblockländern an der Donau kannte, duldete man offenbar in Russland nicht. Auch Wracks oder andere Hindernisse neben der Fahrrinne fielen mir nicht auf.

Die erste Schleuse

Gegen 14.00 Uhr näherten wir uns der ersten Schleuse. Die Stunde der Wahrheit war gekommen! Hier konnte man uns die Durchfahrt verweigern, die Dokumente von St.Petersburg aus irgendwelchen Gründen nicht anerkennen. Entsprechend nervös waren wir alle. Ed gab uns Verhaltensregeln, die Sascha übersetzte: Kein Deutsch sprechen, das in der Nähe gehört werden könnte, auch nicht zwischen Angelika und mir. Möglichst wenig an Deck herumgehen. Kein Radio mit deutschem Sender einschalten oder einen Film laufen lassen. Keine Schriftstücke mit deutscher Schrift an Deck liegen lassen.

Wir waren auf alles gefasst, nur nicht auf das, was wirklich geschah. Es stellte sich nämlich heraus, dass Ed vergessen hatte, das Funkgerät aufzuladen und bereit zu halten! Er fing an zu suchen und bemerkte erst, als er das Gerät gefunden hatte, dass die Batterie leer war. Ein Gespräch oder das Hören von Anweisungen des Schleusenpersonals waren nicht möglich. Zuvor hatte er noch den großen Kapitän gespielt und im Gefühl der Überlegenheit eine Zeichnung angefertigt, wie wir das Boot in der Schleuse mit Leinen zu befestigen hätten. Er schien völlig vergessen zu haben, dass wir auf unseren Reisen schon hunderte von Schleusen passiert hatten.

Die Stimmung wurde gereizt. Tatjana hatte uns ausdrücklich vor Kontrollen und möglichen Behinderungen an den Schleusen gewarnt und uns geraten, dem jeweiligen Schleusenmeister kleine Geschenke anzubieten. Ed wusste um die befürchteten Schwierigkeiten und hatte deshalb in St.Petersburg einen enormen Vorrat an kleinen Wodkaflaschen und Schokoladentafeln besorgt. In seinem vorschnellen Aktionismus – er gab Anweisungen für das Anlegemanöver und für das Festmachen der Leinen – erinnerte er sich aber erst beim Anblick des Schleusentors, dass er ja das Sprechfunkgerät zur Hand nehmen musste. Sascha brachte es ihm, und obwohl erst ein paar Minuten nachgeladen, funktionierte das Gerät.

Ed schrie nun ins Mikrofon, als ob er die Entfernung mit seiner Lautstärke überbrücken müsste. Es waren diese Szenen, mit denen er sich bei Sascha ausgesprochen unbeliebt machte. Sein Ton dem Schleusenpersonal gegenüber, den ich ja akustisch miterlebte, gefiel auch mir nicht, aber da ich die Sprache nicht verstand, konnte ich mir kein Urteil erlauben. Ed wies uns an, längs einer hohen Mauer anzulegen, und machte sich dann mit Pralinen auf den Weg zum Büro der Schleusenmeisterin. Wir warteten eine Weile, bis er zurückkam und etwas verlegen die Pralinen wieder mitbrachte. »Njet«, übersetzte uns Sascha erstaunt, »ein Geschenk oder Geld wollte die Frau nicht annehmen.« Hatte Ed die kleine Aufmerksamkeit so ungeschickt angeboten, oder hatte sich die Moral der Beamten unter Putin geändert? Wir durften auf jeden Fall ohne Verzögerung hinter dem nächsten Schiff in die Schleusenkammer einfahren.

Mit besonderer Vorsicht und sehr langsam steuerte ich an den zugewiesenen Platz und legte das Boot dicht an die Mauer. Keinesfalls wollte ich den Unmut der Schleusenmeisterin erregen und damit vielleicht eine strengere Kontrolle provozieren. Nur zu gut erinnerte ich mich an lautstarke Mahnungen und Drohungen deutscher Schleusenmeister wegen der kleinsten Fehler.

Im Gegensatz zu den oft verwahrlosten Industrieanlagen befand sich die Schleuse in gutem Zustand. Und was uns noch mehr erstaunte, sie verfügte über moderne Technik: einwandfrei funktionierende Schwimmpoller und schnell einströmendes Wasser! Schwimmpoller sind auf Luftkästen montierte große Haken, die in Schienen laufen und sich schwimmend mit dem jeweiligen Wasserstand heben oder senken. Auf diese Weise müssen die Leinen beim Auf- oder Abschleusen nicht mehrmals umgesteckt werden. Zur Zeit unserer Reise waren in Deutschland und Frankreich erst wenige Schleusen mit diesem Komfort ausgestattet gewesen.

Ed gab uns ständig Anweisungen durch Handzeichen und Zurufe, die sich, wie ich im Logbuch vermerkte, »nur teilweise umsetzen ließen«. Es waren Befehle, die bei ihrer Ausführung das Boot gefährdet hätten und für mich ein weiterer Beweis dafür waren, dass ich Ed in einer heiklen Situation keinesfalls das Ruder überlassen durfte. In seiner unvermeidlichen Hast sprang er denn auch vor und zurück und versuchte, das Boot mit mehreren Leinen zu befestigen, statt ruhig abzuwarten, welches Ende etwas mehr Spannung benötigte, um den Rumpf parallel zur Mauer zu halten. Angelika hatte viel Übung in Schleusenmanövern und betrachtete verwirrt, aber manchmal auch lächelnd, das aufgeregte Gehabe unseres »Schiffsführers«.

Eine halbe Stunde nach unserer Ankunft war die Kammer gefüllt, das Tor öffnete sich, und ich ließ die SOLVEIG langsam ins Freie gleiten. Wir waren durch! Die erste Stufe mit 12 m Höhenunterschied hatten wir geschafft. Keine misstrauischen Fragen, keine besonderen Meldungen und Formalitäten oder andere Hindernisse hatten wir überwinden müssen. Fröhlich winkte uns die Schleusenwärterin nach.

Mit leisem Brummen glitten wir weiter durch die endlosen Wälder. Der Motor lief wunderbar ruhig. Ab und zu sahen wir ein Dorf, entdeckten ein paar Häuser zwischen den Bäumen. Überall wurde uns vom Ufer her zugewinkt. Erstaunt sahen wir viele Baustellen, und an den neuen Häusern wurde eifrig gearbeitet. Nur ein kleinerer Teil der Dörfer bestand noch aus alten Holzhäusern. Dagegen befanden sich die wenigen Industrieanlagen, die wir erkennen konnten, in meist sehr traurigem Zustand.

Am Abend standen wir vor der zweiten Schleuse. Diesmal war es ein Schleusenmeister, mit dem Ed telefonierte und der etwas genauer wissen wollte, wohin und weshalb dieses schöne Motorboot seinen Weg durch russische Kanäle nahm. Ich glaube, er verlangte sogar ein Telefonat mit St.Petersburg. Wie Ed mit dem Beamten redete, ob sein Ton angemessen war, konnte ich nicht beurteilen, aber ich hörte wieder seine überlaute Stimme. Sascha stand mit kritischer Miene daneben, übersetzte aber nicht. Hier bauten sich Spannungen auf, die später den Bootsfrieden gefährden konnten. In der Schleuse gab Ed wieder »überflüssige Handzeichen«, wie ich im Logbuch vermerkte. Dazu notierte ich: »Das braucht er einfach. Im Übrigen ist er extrem fleißig, packt jede Arbeit an, manchmal sogar zuviel.«

Ab ein Uhr nachts, als sich für kurze Zeit Dunkelheit über den Kanal und die Wälder senkte, ankerten wir in einer hübschen Bucht. Doch schon um halb sechs stand ich auf, kontrollierte Kühlwasser und Ölstand und stellte zufrieden fest, dass der Motor in den ersten hundert Stunden nach dem letzten Wechsel kaum Öl verbraucht hatte. Die Maschine war in der holländischen Werft gründlich überholt und offenbar in neuwertigen Zustand gebracht worden. Das gab mir ein gutes Gefühl, denn bei den enormen Entfernungen, die wir zu bewältigen hatten, waren wir von unserem Volvo-Motor völlig abhängig. Deshalb war mir keine Arbeit, keine Pflege zuviel, die dazu beitragen konnte, uns den einzigen Antrieb zu erhalten.

Nur ein kleiner Teil der Dörfer bestand noch aus alten Holzbauten. Alle aber standen ein gutes Stück oberhalb des Stroms, um vor Hochwasser geschützt zu sein.

Über Ladogasee, Onegasee und Weißen See verläuft ein Teil des gigantischen Wasserweges, der Ostsee, Wolga und Don mit dem Atlantik und über das Schwarze Meer mit dem Mittelmeer verbindet. Hochseetüchtige Schiffe können den Kanal in seiner ganzen Länge befahren. Im Rybinsker Stausee (unten rechts) mussten wir uns entscheiden, ob wir das große Wagnis auf uns nehmen sollten, Moskau anzusteuern, obwohl wir für den Besuch der Innenstadt keine Erlaubnis erhalten hatten.

Ein Wunderwerk aus Holz

*»Ein Rätsel inmitten eines Geheimnisses
im Herzen eines Mysteriums.«*
                              Winston Churchill über Russland

Nachdem ich um sechs Uhr früh den Anker gelichtet hatte, war Ed sofort zur Stelle und übernahm das Ruder. Daran sah ich seinen guten Willen und war ihm besonders dankbar, hatte ich doch in der Nacht nur vier Stunden geschlafen. Aber bald darauf enttäuschte er mich wieder. Nach dem Frühstück bat ich ihn, die Karten für den Onegasee, den wir in wenigen Stunden erreichen würden, bereit zu legen. Nach einiger Zeit kam er zurück und erklärte, die Karten seien nicht da, ich müsse sie weggeräumt haben. Ich versicherte, dass ich sie nicht hätte, begann aber dennoch eine intensive zweistündige Suche im ganzen Boot. Ohne Erfolg. Es wäre völlig gegen meine Natur gewesen, wenn ich ausgerechnet diese wichtigen Karten verlegt hätte. Ed sah dann noch einmal unter seiner Matratze nach. Nein, da seien sie nicht, er habe sie wohl bei Tatjana in St. Petersburg vergessen. Das war ein Schlag!

Auch Sascha war sauer, denn die Überquerung des Onegasees war so geplant, dass wir gegen Abend in der Provinzhauptstadt Petrosavodsk eintreffen wollten, um dort eine Nacht in Ruhe schlafen zu können. Damit war es nun vorbei. Wir mussten noch vor dem See die Fahrt unterbrechen, um irgendwie, vielleicht von einem Schiff, eine Karte aufzutreiben. Ohne Karte über diesen großen See Europas zu steuern, noch dazu bei Nacht, hielt ich für unklug. Aber Ed versprach, im letzten Hafen vor dem See eine Karte zu besorgen.

Mittags machten wir vor dem Gebäude der Verwaltungsstation fest. Dort hatte man zwar Karten, aber nicht zum Verkauf. So begab sich Ed auf den Weg in die Stadt. Es hatte heftig zu regnen begonnen, was ihn aber nicht daran hinderte, tapfer loszumarschieren. Der Arme fühlte sich wohl schuldig. Wie immer lief er schnell, dennoch dauerte es zwei Stunden, bis wir seine hohe Gestalt mit einer Rolle unter dem Arm zurückkehren sahen. Stolz zog er aus der Plastiktüte eine wohlverpackte Karte des Sees. Leider hatte er nur eine Übersichtskarte, einen so genannten »Übersegler«, ergattern können, dennoch konnten wir jetzt weiterfahren, auch wenn die einzelnen Tonnen der Fahrrinne nicht eingezeichnet waren.

Vorsichtig navigierte ich zwei Stunden lang aus der flachen Flussmündung hinaus, bis die Wassertiefen für uns nicht mehr kritisch waren. Die Entfernung nach Petrosavodsk betrug etwa 70 Seemeilen, also rund 130 km, und ich hoffte, gegen vier Uhr früh anzukommen. Es regnete unaufhörlich, und der Wind frischte bis Stärke fünf auf. Drei Meter hohe Wellen waren uns vom Wetterdienst, den Sascha angerufen hatte, vorhergesagt. So schlimm kam es zwar nicht, aber einige Gegenstände flogen doch durch die Kajüte. Schnell mussten wir den Tisch anschrauben. Sehnsüchtig dachte ich an unseren stillen Liegeplatz auf Walaam. Aber wenn wir auf das Wetter Rücksicht nehmen wollten, hätten wir unseren Zeitplan niemals einhalten können.

Trotz des Regenwetters wurde es abends nicht dunkel, es war aber geisterhaft neblig. Brav schob sich das Boot durch die Wellen und hielt seinen Kurs. Wir machten bis zu sieben Knoten Fahrt, und ich rechnete immer wieder aus, wann wir in Petrosavodsk ankommen würden. Die Müdigkeit wurde für uns alle quälend. Der Wind hatte weiter aufgefrischt, und das Boot rollte heftig, weil die Wellen kurz und steil waren und genau von der Seite kamen. Gegen 22.00 Uhr waren wir aus dem Gebiet des Flachwassers heraus und fanden Wassertiefen von mehr als 50 m vor. Von daher drohte also keine Gefahr mehr. Allmählich wurde es doch dunkel, Nebel und Regen nahmen uns zusätzlich die Sicht.

Nach Mitternacht näherten wir uns der Küste, und schon um zwei Uhr konnten wir an der inneren Mole von Petrosavodsk unsere Leinen festmachen. Ed und Sascha hatten über Funk die Hafenverwaltung informiert. Mal sprach der eine, mal der andere ins Mikrofon, und ich verstand beide nicht, war nur müde. Am Vormittag sollten wir uns bei der Verwaltung melden, hörten wir, aber erst mal konnten wir schlafen...

Am Vormittag rechnete der Hafenmeister aus, dass wir für elf Stunden 300 Rubel, rund 14 Euro, hinlegen mussten. Für 24 Stun-

1 Abschied von Papenburg. Vor dem Anleger der Firma »Hennings Yacht-Vertrieb«.

2 Unser Kameramann und Dolmetscher, der russische Pantomime Andrey Alexander.

3 SOLVEIG VII im Yachtklub von Helsinki

4

4 Panzerkreuzer
 AURORA im Hafen
 von Sankt Peters-
 burg. Sein Kano-
 nenschuss gab das
 Signal für den
 Beginn der Oktober-
 revolution.

5 Kosaken spielen
 »Alte Kameraden«
 für den Skipper.

6 + 7 Wasserspiele
 in Peterhof.

8 Das Tor zum
 Katharinen-Palast
 in Zarskoje Selo.

9 Schlösschen im
 Park des Kathari-
 nen-Palastes.

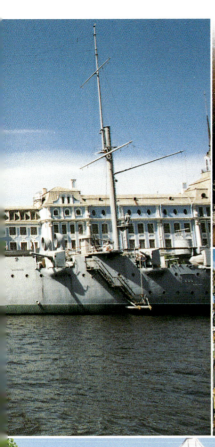

10 Zahlreiche, meist gut sichtbare Richtbaken zeigen an gefährlichen Stellen den zu steuernden Kurs an. Alle Seezeichen sind in den Karten eingetragen und zuverlässig angebracht.

11 Die ALEXANDER SUWOROW, das Schiff, dem in der falschen Durchfahrt unter der Brücke das gesamte Oberdeck abgeschnitten wurde.

12 Die Eisenbahnbrücke, von deren Stahlkante das Oberdeck der ALEXANDER SUWOROW weggerissen und alle 170 Passagiere, die im Kino waren, getötet wurden.

13 Uferanlagen für Fahrgastschiffe in Nischnij-Nowgorod.

14 Das Wunderwerk aus Holz, die berühmte Kirche von Kischi, gezimmert ohne einen einzigen Nagel.

15 Die Schlüsselburg im Ladoga-See.

16 Der Nachbau eines altrussischen Wolga-Schiffes nach Wikinger-Art im Museum des Dorfes Winnikowo.

15

16

17

18

19

17 Verrostet und vergessen. Gelegentlich sieht man ein Wrack am Ufer.

18 Eine der großen Schleusen im Moskau-Kanal.

19 Befestigen der Leinen am Schwimmpoller: Ed und Angelika in der Schleuse.

den wären es über 25 Euro geworden. Das war sehr viel und mehr, als wir in St.Petersburg bezahlt hatten!

Nachdem wir wieder an Bord geklettert waren, gestand Ed, dass er die Karten des Onegasees doch bei sich entdeckt hatte. Er hätte sie nur zwischen den Karten des Ladogasees nicht erkannt. War der Mann wirklich so unwissend und zerstreut? Hatte er die fett gedruckten russischen Überschriften nicht lesen können? Es waren doch nur jeweils vier Karten von den beiden Seen! Ich war verärgert wegen der unnötigen Sucherei, hielt mich aber zurück, denn ich wollte mein gutes Verhältnis zu Ed nicht zerstören. Wir brauchten ihn, waren auf ihn angewiesen. Aber er war unberechenbar, konnte jederzeit mit einer Überraschung aufwarten. Deutlich war auch die Spannung zwischen Sascha und ihm zu spüren, weil sie in der engen Kabine im Vorschiff zusammenwohnten. Sie sprachen kaum mehr miteinander. Dennoch war beiden deutlich anzumerken, dass sie unsere Expedition, auf die jeder auf seine Weise stolz war, mit aller Kraft unterstützten.

In Anbetracht des schlechten Wetters – Regen, Wind, Kälte – fühlten wir keinen besonderen Drang, an Land zu gehen. Petrosavodsk ist eine Industriestadt, auf Befehl von Peter dem Großen als

Alte Bauernstube in Kischi

Waffenschmiede für den Nordischen Krieg gegen Schweden gegründet. Bis heute ist sie ein Zentrum der Eisenverarbeitung geblieben, aber besondere Sehenswürdigkeiten waren nicht zu erwarten. So entschlossen wir uns zur Weiterfahrt, denn schließlich winkte ein großes Ziel: die kleine Insel Kischi hoch im Norden des Sees. Dort steht in völliger Abgeschiedenheit die wohl schönste Holzkirche von ganz Russland, ja der Welt.

Unter 22 Kuppeln

Nach kurzem Mittagsimbiss machten wir die Leinen los, und ich nahm sofort Kurs auf Kischi. Mit seinen 248 km Länge und 80 km Breite ist der Onegasee der zweitgrößte See Europas. An seinem Nordende stellt er über den Weißmeerkanal die Verbindung zu den arktischen Gewässern her. Somit ist er Teil eines gigantischen Wasserwegs, der vom Atlantik um das Nordkap nach Murmansk, weiter durch den Onegasee in die Wolga, dann über Don, Schwarzes Meer und Mittelmeer zum Suezkanal und in den Indischen Ozean führt.

So nahe am Weißen Meer fühlten wir deutlich die sinkenden Temperaturen, und ich konnte sie auch ganz objektiv auf den Instrumenten ablesen: Das Wasser hatte gerade mal vier Grad, das Außenthermometer zeigte zehn Grad, und der Seegang war noch immer ungemütlich. Von unten kroch die Kälte durch die Matratzen. Aber das Ende der Überquerung war absehbar.

Schon nach 20 Seemeilen konnten wir in eine weite Bucht einlaufen, die etwas Schutz bot. Hier wurden die Wellen flacher, und allmählich begann auch der Regen nachzulassen. Eine Stunde später steuerte ich in die engen Fahrwasser der Inselgruppe mit ihren vielen verstreuten Untiefen. Unser Kurs verlief im Zickzack, Tonnen waren nur wenige ausgelegt, und die Richtbaken ließen sich zwischen den Bäumen schwer erkennen. Manchmal konnte ich erst im letzten Augenblick den Kurs auf das nächste Seezeichen zu ändern. Erschwerend kam hinzu, dass ich die kyrillischen Texte und Hinweise auf der Karte nicht lesen konnte. Ed wiederum konnte mir die Texte nicht übersetzen und kannte außerdem die

Zeichen nicht. Deshalb musste ich ständig auf den Kurs achten und alle Entscheidungen allein treffen.

Am späten Nachmittag näherten wir uns voller Spannung der Insel Kischi. Schon von weitem erkannte ich die berühmten Türme der Holzbauten. Mit ihren 22 (!) kugelförmig emporstrebenden Kuppeln bot die Christi-Verklärungs-Kirche einen einmaligen Anblick, zumal die Konturen gegen das Licht der sinkenden Sonne geradezu märchenhaft wirkten. Weit zum Dorf konnte es nun nicht mehr sein. Aber wo eine Anlegestelle suchen? Auf der Karte waren solche »Kleinigkeiten« nicht eingezeichnet. Irgendwie hatte ich gedacht, dass es an einem so berühmten Ort gewiss Landungsbrücken geben würde, aber da hatte ich mich gründlich getäuscht. Nahe der Kirche entdeckte ich zwar eine Holzbrücke, aber die war nur für kleine Ausflugsboote gedacht und stand in flachem Wasser ohne jeden Schutz gegen den anrollenden Schwell. Wir aber brauchten bei dem windigen Wetter einen gut geschützten Liegeplatz.

Eine kleine Bucht oder auch nur eine Landzunge waren nirgendwo zu sehen. Jetzt konnte es schwierig werden. Auch Ankern war bei dem herrschenden Wind kaum möglich, denn wir wären nicht zur Ruhe gekommen. Ich musste suchen, notfalls unseren Besuch auf der Insel verschieben. Zunächst fuhr ich langsam in Richtung der drei großen Passagierdampfer, die nebeneinander an einer Landungsbrücke festgemacht hatten. Selbst für die großen Schiffe war also kein zweiter Anleger vorhanden. Ich umrundete die weißen Luxusschiffe. Ihr Anleger war über eine Brücke mit der Station, einem Wohnschiff, verbunden. Gegenüber an Land befanden sich die Abfertigung für Passagiere und wohl auch die Direktion und Verwaltung des Museums, zu dem die Kirche gehörte. Wenn man da längsseits gehen könnte...

Ich drehte noch einmal einen Kreis, dann meinte Sascha, ich solle ihn auf ein kleines Motorboot springen lassen, das an der Längsseite des Wohnschiffs festgemacht hatte. Er könne von dort an Land gehen und sich erkundigen. Sascha sprang – und ich begann, mit der SOLVEIG weiter Kreise zu ziehen. Ed beobachtete unser Manöver, und in seinem Gesicht glaubte ich lesen zu können: »Ihr Ahnungslosen! An einem solchen Platz mit internatio-

Die Urkunde, die es mir erlaubte, zu jeder Zeit, ohne Eintritt zu zahlen, in Kischi an Land zu gehen und das Museum zu besuchen.

nalem Publikum kann doch kein Sportboot festmachen!« Aber er kannte Sascha noch nicht, der uns schon in den Häfen am Schwarzen Meer mit seinem diplomatischen Geschick mehr als einmal einen guten Liegeplatz verschafft hatte. Sascha besitzt, obwohl oder gerade weil er von Schiffen wenig versteht, eine besondere Gabe, die Wichtigkeit unseres Besuchs zu unterstreichen. Hier freilich standen die Aussichten schlecht.

Endlich winkte er von der Plattform der Station herüber. »Du kannst anlegen, wo du willst«, rief er mir zu, »am besten gleich hier vorn. Wir dürfen bleiben!« Ich konnte es kaum fassen. Geschickt hatte Sascha unsere Aufgabe ins Spiel gebracht, unsere weite Fahrt, meine drei Weltumsegelungen, die Filmpläne... Ich drehte noch eine kleine Runde, um im richtigen Winkel am Ponton längsseits zu gehen, dann warf Angelika die Leinen, Sascha nahm sie vom »Balkon« des Wohnschiffs aus an, und wir hatten es wieder einmal geschafft. Hier lagen wir herrlich geschützt bei jeder Windrichtung. Aus meinem Logbuch: »Es ist wie ein Traum. Am Abend kommt der Verwalter selbst an Bord. Wir erhalten Stromanschluss und Wasser und für jeden von uns einen Ausweis der Sicherheitsbehörde, dass wir an Land dürfen und überall freien Zugang haben.«

Die ganze Insel und ihre Kunstschätze sind wegen der Feuergefahr Tag und Nacht militärisch bewacht. Nach 18.00 Uhr dürfen keine Besucher mehr an Land bleiben, auch die großen Kreuzfahrtschiffe müssen die Brücke verlassen. Wir aber durften jederzeit, Tag und Nacht, über Wege und Wiesen zu den Kirchen und Holzhäusern wandern. Wir durften – ohne Eintritt zu zahlen – alles besichtigen, fotografieren und filmen. Sascha hatte ein Meisterstück vollbracht. Und wir erlebten wieder einmal ein Beispiel russischer Gastfreundschaft, das ich nie vergessen werde.

Noch in der hellen Nacht wanderten wir zum Kirchenbau und bewunderten seine kühnen, harmonischen Formen im letzten Licht einer Sonne, die schon lange hinter dem Horizont verschwunden war. Drei Bauwerke sind es, eng verbunden und doch reizvoll verteilt, die einen so überwältigenden Eindruck hinterlassen. Die Christi-Verklärungs-Kirche, die Mariä-Schutz-Kirche sowie ein hoher Glockenturm bilden die Gruppe, die aus jeder Blickrichtung ein völlig neues Bild bietet. Die Legende berichtet, der Baumeister habe nach der Vollendung des Werks seine Axt mit den Worten: »So etwas gab es noch nie, gibt es sonst nicht und wird es nicht noch einmal geben«, in den See geworfen.

Die Landschaft und die nächtliche Stimmung trugen ihren Teil bei zu dem Gefühl der Weltentrücktheit, das wir vor diesen dunkel getönten Holzbauten zwischen den einsamen Hügeln empfanden. Ist das Licht an einem Ort, der nur so wenige Wochen im Jahr den hellen Tag erlebt, von besonderem Glanz?

Zu Gast bei Pater Nikolai

Die beiden Kirchen waren vormals das sakrale Zentrum einer Region gewesen, zu der alle Dörfer und Höfe um den Onegasee gehörten. Spuren der Zivilisation lassen sich bis ins 11. Jahrhundert zurück verfolgen. Doch niemand hätte wohl von der Existenz dieses nur sechs Kilometer langen und zwei Kilometer breiten Inselchens erfahren, wenn nicht verzweifelte Menschen auf der Flucht vor den Tataren vor langer Zeit, seit Beginn des 15. Jahrhunderts, in dieser unwirtlichen, von endlosen Wintern und Dunkelheit geplagten Landschaft gesiedelt hätten.

Wir genossen die Stunde, betrachteten staunend das hölzerne Kunstwerk und schliefen danach für den Rest der Nacht tief und fest. Keine Welle, kein Laut störte unsere Ruhe, denn nur wenige Menschen, angeblich knapp 40, lebten im Dorfbereich.

Am Morgen trafen sich Angelika und Sascha mit Elvira, der Direktorin des Museums, und drehten fesselnde Szenen für unseren Film. Ich begann unterdessen, gereinigtes Wasser in die Batterien nachzufüllen, und entdeckte dabei, dass bei zweien davon fast drei Liter Wasser fehlten. Später kamen Elvira, eine hochgebildete Frau aus Petrosavodsk, und Anatoli, der Leiter der Sicherheit, für eine Teestunde zu uns an Bord. In der Sowjetzeit, so erzählte Elvira, war sie als junge Studentin von einem deutschen Studenten nach München eingeladen worden. Da sie unter der Aufsicht sowjetischer Geheimpolizei stand, wagte sie es aber nicht, die Einladung anzunehmen. Ihr schien das im Nachhinein noch sehr leid zu tun, denn sie erinnerte sich an viele Einzelheiten, und der junge Mann schrieb ihr liebevolle Briefe. Sie hatte nichts vergessen – nach so vielen Jahren!

Später gesellte sich auch ein orthodoxer Pater zu uns, der uns persönlich zu seinem Heim lotsen wollte. »Ein historisches Holzhaus«, erzählte er stolz. Der Pater war ganz offensichtlich begeistert, ein halbes Stündchen mitfahren zu dürfen. Es muss toll ausgesehen haben, wie er in seinem langen braunen Talar neben mir am Ruder stand. Er wies den Weg, ich steuerte, und bald näherten wir uns einer Brücke, die der Holzverladung diente. Ich war etwas verunsichert und fragte unseren Gast: »Kann ich dort festmachen? Ist das Wasser auch tief genug?« Darauf antwortete er lächelnd und zum Vergnügen von Sascha und Angelika: »Don't ask me, I am the priest, you are the Captain!«

Pater Nikolai war lange Zeit als Geistlicher in den USA gewesen und sprach fließend Englisch und Französisch. Deshalb konnten wir ausnahmsweise unsere Gespräche ohne Dolmetscher führen. Wir machten an der Brücke fest, und der Pater, ein gut aussehender Mann von etwa 40, voller Lebensfreude und Unternehmungslust, führte uns zu seinem hundert Jahre alten Heim. Das schöne alte Holzhaus war Teil des Museums und diente gleichzeitig ihm und seiner Familie als Wohnung. Der ganze Bezirk wird von Feuerwehr und Polizei streng bewacht, weil alle diese unersetzlichen Kunstwerke aus altem trockenem Holz bestehen. Er durfte deshalb nichts verändern oder modernisieren, aber das wollte er wohl auch nicht.

Im Wohnzimmer war die fünfköpfige Familie um einen langen, sorgfältig gedeckten Holztisch versammelt. Gesang wurde angestimmt, mehrstimmig, klar und rein, dann ein Gebet gesprochen. Ich setzte mich neben den Pater und unterhielt mich mit ihm auf Englisch. Seine sehr attraktive und gut gekleidete Frau teilte die traditionelle russische Borschtschsuppe aus, zu meiner Freude ohne Fleisch, denn es war Fastenzeit. Gekochte Kartoffeln, eingelegte Auberginen und Salat vervollständigten die Mahlzeit.

Danach zeigte Pater Nikolai uns das Haus, auch sein Arbeitszimmer. Dabei warf ich einen Seitenblick auf seinen Terminkalender und sah, dass alle Eintragungen auf Französisch notiert waren. Lag ihm das Französische näher als das Russische? Oder wollte er, dass seine Notizen nicht gelesen wurden? Wie dem auch sein mochte, er hatte jedenfalls sein sicherlich angenehmes Leben in Frankreich verlassen, um in der von Armut geplagten Heimat am Neuaufbau mitzuwirken. Ich bewunderte ihn. Unkonventionell und mit voller Kraft diente er seinem Glauben.

Ähnlich wie die Mönche auf Walaam waren die Gläubigen einst, um der Tatarenherrschaft zu entkommen, bis hierher geflohen. Es entwickelten sich blühende Gemeinden, bis die kommunistische Revolution 1917 der Idylle ein Ende setzte. Die Kirchen – es gibt auf Kischi außer der berühmten Kathedrale noch mehrere Kirchen und Kapellen – wurden geplündert oder anderen Zwecken zugeführt. Eine davon beherbergt noch immer ein Kino, eine andere die Disco.

Wenn der Samowar raucht...

Am Nachmittag lud uns Pater Nikolai zu einer Teezeremonie ein, die er mit seinem antiquarisch erstandenen Samowar zelebrieren wollte. Ich freute mich darauf, endlich einmal einen echten russischen Samowar in Betrieb zu sehen, traute dann aber meinen Augen nicht, als er anfing, auf der Wiese vor dem Haus in seiner langen Kutte mit der Axt Holz zu spalten. Wollte er wirklich den Tee auf einem Holzfeuer bereiten? Hier, wo es verboten war, auch nur eine Zigarette anzuzünden? Tatsächlich schob er die dünnen Scheite ins Luftrohr des Samowars, und mit einiger Mühe und sehr viel Rauch gelang es, sie mit Zündhölzern ein wenig zu entflammen. Vorher hatte er in den äußeren Mantel des Geräts Wasser eingefüllt. Kaum sichtbar schmorte das Feuer vor sich hin. Als er aber ein verrostetes altes Ofenrohr mit bloßen Händen über die Luftöffnung des Samowars hielt, schlugen sofort die Flammen hoch. Nun knisterte es, Rauch stieg auf, Funken stoben, und strahlend beobachtete der Priester, wie das Wasser zu kochen begann. Feierlich, den Samowar in Händen, schritt Pater Nikolai auf sein Haus zu, stieg Stufe für Stufe die Treppe hinauf in die Diele und ins Wohnzimmer. In dichten Wolken stieg der Rauch zur Decke, verteilte sich in den anderen Räumen und zog schließlich zum Fenster hinaus. Wenn das die Feuerwehr gesehen hätte! Eine große Teekanne stand bereit, das duftende Getränk wurde aufgebrüht und dann in die Tassen verteilt. Mit kochendem Wasser konnte sich jeder seinen Tee nach Geschmack verdünnen. Das Wasser blieb noch stundenlang heiß, denn der Pater legte immer wieder Holz nach.

Später wanderten wir über die Wiesen der Insel, die gegen Abend noch mehr Einsamkeit spüren ließen als am Tag, wenn immer neue Gruppen von Touristen über die Fußwege ziehen. Der Pater lockte uns auf die Kuppe eines Hügels, wo eine winzige Kapelle stand. »Diese kleine Kirche liebe ich besonders«, bekannte er mit einem glücklichen Lächeln. »Hier habe ich einen freien Blick über die Inseln und den See.« Hatte er Heimweh nach Frankreich?

Pater Nikolai war nachdenklich geworden und bemühte sich

jetzt, meine Frage nach der Verbreitung des Glaubens und den Problemen der Gegenwart zu beantworten. »Wir hatten gehofft, dass sich die Menschen nach dem Zusammenbruch des Kommunismus' der Kirche rasch wieder zuwenden würden«, sagte er. »Aber leider war das nicht der Fall. Ich muss mich um jeden einzelnen Gläubigen bemühen, und die Gottesdienste in der Kathedrale sind nur selten gut besucht. Zwar kommt eine große Zahl von Touristen aus aller Welt, nicht nur aus Amerika, auch aus Asien, um sich die berühmte Holzkirche anzusehen, aber der damit verbundene Kommerz interessiert die Menschen mehr als Gott. Dennoch hat in ganz Russland eine gewisse Rückwendung zum orthodoxen Glauben stattgefunden. Denn viele Menschen leben in großer Not, und weder die Politik noch die Wirtschaft kann ihnen Erfüllung geben.«

Von anderer Seite erfuhren wir, dass es auch auf dieser kleinen Insel erhebliche Spannungen zwischen den Vertretern der Kirche, die ihr früheres Eigentum zurück erhielt, und den Bauern und Arbeitern gibt, die vom bankrotten Staat nicht mehr bezahlt werden.

Es war später Abend geworden, einer jener herrlich leuchtenden nordischen Abende, deren Licht keine Dunkelheit zulässt, auch wenn die Sonne nicht mehr über dem Horizont steht. Dieses Licht tauchte die Landschaft in ein undefinierbares Grün-Blau, wodurch die Konturen der Bäume und Sträucher scharf hervortraten, während der Horizont in der Ferne nur noch undeutlich erkennbar war. Pater Nikolai ließ es sich nicht nehmen, uns zur SOLVEIG zu begleiten und mit uns über den Sund zum Passagier-Terminal zurück zu fahren. Ihm machte unser Boot offensichtlich Freude, vielleicht war es auch eine Erinnerung an Frankreich. Sportlich geschickt sprang er, nachdem wir wieder an unserem Platz festgemacht hatten, in seiner langen Kutte an Land, denn er wollte noch Kerzen für die wöchentliche Andacht besorgen. Wir winkten ihm lange nach.

»Vergessen Sie uns nicht!«

Nur schwer konnten wir uns von Kischi trennen und beschlossen deshalb, vor der Weiterfahrt noch die Andacht mit Pater Nikolai zu besuchen. Nach dem Frühstück wanderten wir gemächlich am Ufer entlang zur Christi-Verklärungs-Kirche. Nur wenige Menschen standen im Eingang, und es zeigte sich bald, dass auch sie nicht wegen des Gottesdienstes gekommen waren. Lediglich ein junger Mann blieb stehen, als der Gesang des Chors einsetzte, der nur aus der sechsköpfigen Familie des Paters bestand. Seine Familie stellte denn auch die einzigen Teilnehmer am Gottesdienst. Ich erschrak: Der Priester war praktisch mit seinen Angehörigen allein! Sicherlich gehörte viel Kraft dazu, unter diesen Voraussetzungen Woche für Woche eine Messe zu lesen. Aber sein Glaube war wohl stark genug, um solche Demütigungen zu ertragen.

Die Peinlichkeit wurde noch gesteigert, als etwa 50 Touristen samt ihrem Führer eintraten und sich die Ikonen im Altarraum ausführlich erklären ließen. Der Gottesdienst musste abgebrochen und später fortgesetzt werden. Pater Nikolai kam vom Altar aus kurz auf mich zu und berührte meine Hand. »Vergessen Sie uns nicht!« flüsterte er. – Ich werde ihn nie vergessen.

Sascha warf den Festmacher am Heck los und blickte noch einmal zurück zum Anleger. Angelika befreite die mittlere Leine, indem sie die wirren Knoten löste, die Ed bei der Ankunft mehrfach um den Poller geschlungen hatte. Er selbst stand hoch aufgerichtet da, mit dem höchst überflüssigen Bootshaken in der Hand, legte diesen dann beiseite und machte schließlich die Vorleine los. Er blickte nicht zurück, zeigte weder Freude noch Bedauern. An unseren Besichtigungen, Gesprächen und Wanderungen hatte er niemals teilgenommen, denn er war offensichtlich ein Feind der Kirche.

Ich ließ die SOLVEIG einige Sekunden treiben, bis sie sich von der Wand des Pontons gelöst hatte, und schob dann den Hebel auf Vorwärts. Noch einmal glitten wir am Ufer der Insel entlang, vorbei an den beiden Kirchen und dem alles überragenden Glockenturm. Die Wiese leuchtete hellgrün in der Sonne, und soeben verließ eine Schar Besucher den schlichten Eingang des Holzbaus. So nahmen wir Abschied von Kischi, wo man uns mit so viel Freundschaft und Wohlwollen empfangen hatte. Wie würde es damit in Zukunft aussehen? Auf Walaam und Kischi hatten wir es mit den Bewohnern kleiner Inseln zu tun gehabt, wo jeder jeden kannte. Unangenehme Überraschungen waren dort kaum zu erwarten gewesen. Aber würde es immer so sein? Worauf mussten wir uns von jetzt an gefasst machen?

Es war gegen 18.00 Uhr, als Kischi außer Sicht geriet. Ich hatte die Überquerung des Onegasees so gelegt, dass wir wieder die Nacht über fahren würden, um einen Tag zu gewinnen und beim ersten Licht in den Kanal zur Wolga einzubiegen. Vorsichtig umfuhr ich die vielen Inseln und Untiefen, die Kischi wie ein Schutzwall vorgelagert sind, doch mehrere Leuchttürme halfen mir bei der Orientierung. Ed wollte ich etwas Ruhe gönnen, da er mich in den frühen Morgenstunden ablösen sollte. Aber er weigerte sich standhaft, unter Deck zu gehen. Wie schon vorher blieb er neben mir am Ruder stehen und beobachtete jeden Handgriff, jeden meiner Blicke auf die Karte. Glaubte er, den Punkt meiner Aufmerksamkeit erkannt zu haben, so legte er den Finger auf die Stelle des Kartenblatts oder blätterte weiter. Wie sollte ich das verstehen?

Schmerzlich fühlte ich das Unverständnis, das sich zwischen uns aufzubauen begann, weil eine klärende Aussprache unmöglich war und weil er aus meinen Bewegungen und Zeichen meist falsche Schlüsse zog. Sein ständiges Eingreifen war für mich eher ablenkend als hilfreich. Außerdem führte es dazu, dass er zu wenig Schlaf bekam und ihm dann, wenn er wachen sollte, die Augen zufielen.

Draußen auf dem See lagen nur wenige Markierungen aus, aber die Navigation mit dem GPS war verlässlich, auch wenn ich enge Durchfahrten ansteuerte. Mit sechs Grad war die Luft zwar noch immer kühl, doch die beißende Kälte der letzten Tage hatte sich verabschiedet, und ich konnte längere Zeit im Cockpit stehen, ohne in den dicken Handschuhen steife Finger zu bekommen. Da wir zudem nach Süden steuerten, konnte es nur noch wärmer werden.

Angelika und Sascha saßen unten in der Kabine vor einem kleinen Monitor und betrachteten gebannt die Filmszenen, die sie in der Kirche und im Dorf aufgenommen hatten. Ihre Freude war groß, wenn eine Reihe besonders gelungener Einstellungen über den Bildschirm flimmerte. Keine der Aufnahmen konnte jemals wiederholt werden. Und da wir uns auf einem Weg befanden, dem kaum ein anderer Kameramann folgen konnte und den gewiss noch kein deutsches Filmteam zuvor befahren hatte, wurden wir uns der Bedeutung unserer Arbeit und jeder einzelnen Szene immer deutlicher bewusst.

Sascha hatte gehört, dass das Wasser im Onegasee sauber sei, so sauber, dass es als Trinkwasser unbedenklich war. Wenn auch unser »Watermaker« recht gut funktionierte, so wollte ich ihn doch möglichst schonen, denn das Wasser der Flüsse, auf das wir in Zukunft angewiesen waren, enthielt mit Sicherheit große Mengen Schlamm, der die Filter schnell verstopfen konnte. Also nutzte ich die Gelegenheit, nachts weit draußen auf dem See Wasser in die Tanks zu pumpen. Die Wassertiefe betrug hier zwischen 8 und 35 m. Zwar taugte das etwas gelblich gefärbte Süßwasser mit seinem deutlichen Beigeschmack nicht für Tee oder Kaffee, aber für die Körperwäsche, zum Geschirrspülen und Duschen war es allemal gut genug. Als ein Geschenk des Himmels empfand ich es, dass die für ihren Seegang berüchtigte weite Wasserfläche in den Morgenstunden völlig still vor uns lag. Ich schrieb ins Logbuch: »Wir fahren wie auf einem Teich, keine Wellenbewegung«.

Gigantische Schleusen

Um fünf Uhr früh näherten wir uns der Einmündung des großen Kanalsystems. Die eher unauffällige Mündung des kleinen kanalisierten Flusses Vitigra bietet die Einfahrt in das immerhin 100 km lange Teilstück der großen Wolga-Ostsee-Wasserstraße, die bis Wolgograd und weiter führt. Sechs Schleusen sind schon am Anfang zu überwinden, bis der Wasserspiegel die Hochebene 112 m über dem Meer erreicht, wo dann die Schifffahrt in Kanälen über flaches Land und durch den Weißen See geleitet wird.

Nach der kurzen Nacht übermüdet, ließ ich mich von Ed am Ruder ablösen. Irgendwelche Schwierigkeiten waren in dem sehr gut ausgebauten und betonnten Kanalstück nicht zu befürchten. Erst nach 14 km, nach gut einer Stunde, wartete die erste Schleuse auf uns. Davor allerdings musste ich rechtzeitig das Ruder übernehmen, denn schon die Einsteuerung in den Hafen der gewaltigen Anlage erforderte größte Aufmerksamkeit.

Dort lagen in einem Becken vor den Türmen der Schleuse zwei der ganz großen »Wolgabalt«-Frachtschiffe. »Balt« war die Abkürzung für »Baltisches Meer«. Diese Riesen der Binnenschifffahrt tragen dreistellige Nummern statt Namen auf dem Bug und verkehren zwischen der Ostsee und dem Schwarzen Meer. Die kleine SOLVEIG musste sich in eine Ecke verkriechen und an einer Betonmauer ohne Poller oder Haken liegen. Daran sahen wir wieder deutlich, dass der Kanal für die großen, hochseetüchtigen Einheiten bestimmt war und keinesfalls für Sportboote.

In diesem Vorhafen mussten wir mit genaueren Kontrollen rechnen, Kontrollen aller Dokumente und der Ausstattung. Entsprach unser Boot den Vorschriften? Aber welchen Vorschriften? Diesmal waren wir besonders aufgeregt und nervös, allen voran Ed, der sein Funkgerät zwar nachgeladen hatte, es nun aber erst suchen musste und dann mit dem gelben Kästchen in der Hand hastig an Deck sprang. Und wieder schrie er seine Anmeldung, bei der ich nur »Yachte Solviig« verstand, mit hoher Stimme ins Mikrofon. Das wäre unangenehm gewesen für den Beamten auf der anderen Seite, aber ich beobachtete belustigt, dass Ed das kleine Mikrofon gar nicht erkannt hatte, sondern in den Lautsprecher schrie.

Der Schleusenmeister war freundlich, und auch er lehnte den von Ed angebotenen Wodka ab. Allerdings mussten wir eine Weile warten, weil umfangreiche Reparaturarbeiten an der Schleusentechnik im Gange waren. Ich konnte es nicht fassen, als sich die gewaltigen Tore vor uns öffneten und wir die ganze Kammer – 135 m lang – für uns allein hatten. Wo waren die großen Schiffe geblieben? Und wo sollte ich festmachen? Ich hatte die ganze Länge der Schleuse zur Auswahl.

Etwa zwanzig Minuten dauerte das Schließen der Tore, das Einströmen der Wassermassen und zuletzt das Öffnen des Tores im Oberwasser. Langsam steuerte ich aus dem monumentalen, mit Statuen und großen Leuchtern geschmückten Prunkbau hinaus, glücklich, dass unserer Weiterfahrt nichts im Wege stand. Nur eine kurze Strecke glitten wir zwischen gemauerten Ufern dahin, dann tauchten die riesigen Türme des nächsten Schleusengiganten vor uns auf. Das Spiel mit der Anmeldung wiederholte sich, nur war es diesmal eine Frau, die sich mit »Yachte Solviig« zu befassen hatte.

Frauen sind im Allgemeinen genauer, wenn ihr Misstrauen erst mal geweckt ist, deshalb wurde ich wieder nervös, als Ed erklärte, die Schleusenmeisterin habe über Funk verlangt, dass er alle Dokumente vorlegte. Sie konnte offenbar nicht glauben, dass dieses kleine Boot, von der Ostsee kommend, wirklich ganz legal unter russischer Flagge unterwegs war. Ed sollte sich erst im Büro der Kanalverwaltung und dann bei ihr melden. Dazu musste er irgendwie auf die Mauer klettern, denn es gab darin keine Treppe oder auch nur eine Stufe, und unser Deck lag für die hohe Mauer viel zu niedrig. Ich bewunderte Ed, wie er es schaffte, sich an der glatten Betonwand hoch zu ziehen. Jetzt zeigte sich, dass er viel Sport getrieben hatte. Sascha reichte ihm die Tasche mit den Dokumenten, er trabte eilig davon, und ich sah ihm lange nach, wie er auf der Mauer davonlief und in einer kleinen Tür verschwand. Was war er für ein Mensch? Ich vermutete, dass er eine wichtige Funktion in der Partei innegehabt und in seiner Gründlichkeit jeden Schritt seiner Segelkameraden genau beobachtet hatte.

Wir warteten und verrichteten kleinere Arbeiten, um unsere Unruhe zu verdrängen. Ich überlegte, was wir tun sollten, falls uns die Weiterfahrt tatsächlich verboten würde, kam jedoch zu keinem Ergebnis. Angst stieg in mir auf, aber ich sagte mir, dass wir doch gewiss gute Papiere hatten. Außer der russischen Registrierungsurkunde des Bootes hatte Ed noch ein persönliches Empfehlungsschreiben des russischen Generalkonsuls in München und einen ins Russische übersetzten Brief des bayerischen Ministerpräsidenten Edmund Stoiber bei seinen Unterlagen. Ob und in welcher Weise er diese Papiere einsetzte, habe ich nie erfahren, er sprach nicht darüber. Das Empfehlungsschreiben des Konsuls barg allerdings auch ein Risiko: Es stellte uns als Deutsche vor und erwähnte unsere Aufgabe, Filme für das deutsche Fernsehen zu drehen. Das konnte gefährlich werden.

Nach zwanzig bangen Minuten kam Ed zurück, sprang mit elegantem Satz an Bord und berichtete nicht ohne Stolz, dass auch hier ein Anruf nach St.Petersburg Klarheit gebracht hatte. Wir atmeten auf. Mit wem war da telefoniert worden, mit Tatjana? Diese kluge Frau hatte gewiss eine glaubhafte Erklärung parat. Die SOLVEIG, das wurde uns immer wieder bewusst, war eine absolute Exotin unter den großen und kleinen Schiffen, die auf den Kanälen verkehrten. Was für uns im Westen ganz normale Urlaubsfreude ist, eine weite Reise mit Segel- oder Motorboot über Tage und Wochen, das kannte man in der ehemaligen Sowjetunion nicht. Dabei bietet gerade Russland mit seinen Flüssen, Seen und Meeren so unendlich viele Möglichkeiten für den Wassersport, dass unter anderen Voraussetzungen eines der schönsten Reviere Europas erschlossen werden könnte. Noch aber gab es hier keine Landungsstege, keine Tankstellen, keine Stromversorgung und vor den Schleusen keinen Warteplatz für kleine Boote. Alle Anlagen waren ausschließlich für die Bedürfnisse der Berufsschifffahrt zugeschnitten.

Das wusste ich zwar schon seit Beginn unser Unternehmung – Tatjana hatte es mir gesagt, und wir hatten es an den Küsten des Schwarzen Meeres erlebt –, aber wie erschwerend es sich für uns auf die Dauer auswirken würde, das hatte ich mir doch nicht klargemacht. Unsere Liegeplätze vor den Schleusentoren waren manchmal geradezu grotesk. Wenn irgendwo aus der Mauer ein Eisenstück oder eine große Schraube ragte, dann mussten Sascha oder Ed versuchen, daran wenigstens ein Ende fest zu knoten. Ed war dabei entschieden ungeschickter als Sascha. Wie konnte er als Regattasegler so wenig Kenntnisse in Seemannschaft und Navigation besitzen? Dafür gab es eine Erklärung. Ed erzählte, dass Rennyachten zu internationalen Wettfahrten früher grundsätzlich mit der Bahn befördert wurden. Die Sportler segelten nicht wie bei uns über weite Strecken in fremde Länder, denn sie sollten offenbar keine Gelegenheit erhalten, sich im Ausland frei zu bewegen und Kontakte zu knüpfen. So hatte Ed nur die Regattastrecken kennengelernt und das Umrunden der Tonnen.

Die Schleusenmeisterinnen oder ihre männlichen Kollegen verließen oft ihr Büro, kamen zum Boot und unterhielten sich mit Sascha. Regelmäßig überzeugten sie sich, ob wir in der Kammer sicher festgemacht hatten. Wenn ich einmal einen Fahrfehler machte, dann wurde nicht wild gedroht oder geschrien wie in anderen europäischen Ländern, sondern sie nahmen das Versehen ohne Kommentar hin.

Nach kurzem Aufenthalt, denn auch hier waren Handwerker mit Instandhaltungsarbeiten beschäftigt, wurden wir in der letzten der großen Schleusen angehoben und konnten aufatmen. Offensichtlich waren unsere Papiere in Ordnung, und der weiteren Fahrt stand nun nichts mehr im Weg. Auch von Gebühren war nicht die Rede. Als wir auf der höchsten Stufe auf die Freigabe der Ausfahrt warteten, beeindruckte mich die herrliche Aussicht über das weite Land unter uns. Zwischen grünen Hügeln sahen wir verstreut Dörfer und Wege liegen, was ein wenig an die Heimat erinnerte, etwa an eine Voralpenlandschaft im Allgäu.

Das folgende Kanalstück führte über die Hochebene und durch dichten nordischen Wald. Ruhig glitt die SOLVEIG auf dem schmaler werdenden Wasserweg dahin. Die ausgezeichneten Markierungen, Kilometertafeln und Warnungen machten das Steuern leicht, ja zum Vergnügen. In den stillen Seitenwassern verlockten Ankerplätze zu geruhsamem Aufenthalt. Herrliche Birken, Buchen, Eichen und vor allem Fichten und Kiefern standen zu beiden Seiten des Kanals. Häufig sahen wir Holzverladeplätze, ab und zu begegneten uns Frachtschiffe, die bis an die Grenze des Möglichen mit Baumstämmen beladen waren. Die Holzproduktion ist der bedeutendste Wirtschaftszweig in dieser Region.

Nur selten entdeckten wir Menschen an den Ufern. Es gab keine Straßen, keine Zelte, keine Campingplätze, nur gelegentlich ein kleines Dorf: Einsamkeit pur und eine ruhige Fahrt unter automatischer Steuerung. Gelegentlich setzten sich Nebelkrähen oder Bachstelzen auf unsere Reling. Wild sahen wir nicht, aber in den ausgedehnten Waldgebieten hausten gewiss viele Arten. Zum ersten Mal in diesem Jahr bemerkten wir Insekten, dicke Brummer von einer Größe, wie ich sie bisher nur in Alaska gesehen hatte. Sascha warnte uns: »Die stechen sehr schmerzhaft!«

Ein Unglückstag

Für die kommende Nacht brauchten wir einen ruhigen Platz. Häfen gab es keine, auch keine Anlegestellen. Es wäre kein Problem gewesen, in einem der vielen Nebenarme zu ankern, aber ich beging einen folgenreichen Fehler: Um nur ja keine Zeit zu verlieren, fuhr ich bis Mitternacht weiter, und als es dann richtig dunkel wurde, fand ich keinen Ankerplatz mehr mit genügend tiefem Wasser. So blieb mir nur, bis zum Weißen See durchzuhalten. Als wir sein Ufer gegen ein Uhr erreichten, war ich völlig übermüdet und schaffte es nicht, einen geschützten Platz zu finden. Ich ankerte auf offenem Wasser, etwa hundert Meter vom Ufer entfernt, wo wir völlig ungeschützt vor jeder Art von Schwell lagen.

Nach einer Stunde begann tatsächlich eine grobe, erbarmungslose Dünung über den 40 km langen See zu laufen, die das Boot unausgesetzt rollen und stampfen ließ. An Schlaf war nun trotz unserer Müdigkeit nicht mehr zu denken. Wir krochen am frühen Morgen völlig verstört, übermüdet und mit wackeligen Beinen aus den Kojen. Sascha und Ed, die in der vorderen Kajüte den lauten Wellenschlag und den Lärm der Ankerkette hatten ertragen müssen, hätten mich an diesem Morgen verfluchen dürfen, ich hätte Verständnis dafür gehabt. Sie schwiegen aber und dachten sich wohl, dass ich ja achtern genauso gelitten hatte. Dort nämlich schlug das Badebrett am Heck unaufhörlich mit lautem Knall ins Wasser.

Dieser 18. Juni hatte schlecht begonnen, und er brachte weiteren Ärger. Bei der Überquerung des Sees ließ ich Ed steuern, um ein wenig auszuruhen. Aber irgendwo versagte eine Lampe, und ich suchte meine Messbrücke, ein Gerät zur Kontrolle von Stromstärke und Spannung. Das Kästchen war unentbehrlich bei allen Reparaturen an elektrischen Anlagen. Ich fand es in einem Wandschrank, aber zu meinem Schrecken total durchnässt und mit ausgelaufener Batteriesäure. Irgendwie war im Onegasee Regenwasser in das Schapp getropft. Eine gründliche Reinigung und Trocknung mit dem Föhn half nichts. Verdrossen warf ich das gute Stück nach zwei Stunden vergeblicher Bemühung in den Abfall und suchte ein kleines Ersatzgerät, das ich aber nicht finden konnte. So vergingen vier frustrierende Stunden, wir hatten inzwischen das andere Ufer des Sees erreicht und befanden uns wieder auf einer Kanalstrecke. Ich begann den täglichen Motorcheck, fand dort alles in Ordnung, aber ein Ölwechsel war überfällig. Also mußte ich noch am selben Tag unterbrechen, um diese unaufschiebbare Arbeit zu erledigen.

Dafür brauchten wir einen geschützten Platz mit ruhigem Wasser. Auf der Karte, die ich lange studierte, entdeckte ich keine Bucht in der Nähe, aber immerhin einen Fähranleger. Gegen Mittag konnten wir dort sein, das passte. Der Kanal war in diesem Teil eigentlich ein Stausee, breit und flach, mit nur einer schmalen, ausgebaggerten Fahrrinne und endlos weiten Wasserflächen zu beiden Seiten, mit weniger als einem Meter Tiefe. Eigentlich war es ein riesiges überschwemmtes Waldgebiet, in dem noch unzählige Wurzeln und Baumstümpfe aus dem Wasser ragten oder unter der Oberfläche lauerten. Wo kleine Hügel gewesen waren, hoben sich ringsum dicht bewaldete Inseln aus der im Sonnenlicht glitzernden Fläche.

Wir diskutierten, ob für den Bau der riesigen Schleusen und Kanäle nicht ein zu hoher Preis gezahlt worden war. War das imponierende Kanalsystem wirklich so viel Naturzerstörung, so viele überflutete Wälder und Dörfer wert? Und war es nicht ein unglaubliches Verbrechen gewesen, für die ohne Zweifel großartige Wasserstraße zehntausende von Menschen zu opfern, die hier in der Stalinzeit elend zugrunde gingen? Die meisten waren wohl politische Gefangene gewesen. Aber es kann kaum genügend Gefangene für den gewaltigen Bedarf gegeben haben, weshalb das NKWD von der Regierung beauftragt wurde, auch eine gigantische Zahl Unbelasteter für den Kanalbau zur Verfügung zu stellen. Welch schreckliche Qualen hatten die Zwangsarbeiter vor ihrem Tod in diesen undurchdringlichen Wäldern gelitten! Als ich mir vorzustellen versuchte, was hier geschehen war, verloren die künstlichen Seen für mich ihren Zauber. Die Wälder erschienen mir trüber und dunkler als anderswo.

Auf dem hohen Achterdeck am Ruder stehend, konnte ich rechtzeitig den Fähranleger ausmachen und steuerte von dort in einem Seitenfahrwasser zum Anleger des Dorfes gegenüber. Daneben fand ich eine alte Schute, und dort machten wir fest. Während ich mit der Vorbereitung des Ölwechsels begann und die nötigen Kanister, Schläuche, Pumpen und Schlüssel bereitlegte, nahm Sascha über Funk Verbindung mit dem Kapitän eines Fährschiffs auf und erfuhr, dass das schlichte Dorf mit seinen schmucken Holzhäusern für einen bekannten russischen Spielfilm als Kulisse gedient hatte. Es lag deshalb nahe, dass auch er und Angelika einige Szenen an Land drehen und dazu Gespräche mit Fischern, Frauen und Kindern aufzeichnen wollten.

Damit blieb ich mit Ed allein an Bord und machte mich sogleich an die anstrengende Arbeit. Anstrengend deshalb, weil die Enge im Motorraum jeden Handgriff erschwerte. Ed half fleißig, hob die Bodenbretter auf und trug sie an Deck, reichte mir Werkzeug, Lappen und Filterschlüssel. Bald sammelte sich eine Schar Kinder und Erwachsene am Ufer, um das fremdartige, attraktive Boot zu begutachten. Vier Jungen, die mit der Angel gefischt hatten, näherten sich in ihrem Kahn und boten uns für wenige Rubel ihren Fang an. Auf Eds Bitte hin putzten sie die Fische sogar bratfertig für unser Abendessen.

Nach vollendetem Ölwechsel lösten Sascha und Angelika die Leinen von der rostigen Schute, und ich kehrte wieder ins Fahrwasser zurück. Fast wäre es ein schöner Tag geworden, wenn ich nicht müde und zerstreut kurz die Übersicht verloren und auf die falsche Seite einer weißen Tonne gesteuert hätte. Ins Logbuch schrieb ich später: »Als wir von dem Dorf fortfuhren, begegnete uns ein Tanker, dazu ein großer Passagierdampfer aus Moskau und dann noch ein Frachtschiff. Ich übersah eine weiße Tonne und geriet nur einen Meter neben dem Fahrwasser auf Grund. Allerdings bei sehr langsamer Fahrt, deshalb kamen wir schnell mit eigener Kraft wieder frei und mit dem Schrecken davon.«

Noch etwas verstört nach diesem recht ärgerlichen Versehen, hatten wir kurz darauf ein wirklich unangenehmes Erlebnis. Ich hielt zwar die Mitte des Fahrwassers ein, geriet aber für kurze Zeit ein wenig an die Seite, wobei das Boot plötzlich leicht angehoben wurde. Ich spürte einen Druck von unten, als ob ich über eine weiche Masse glitte. Ohne dass wir ein Geräusch hörten oder einen Stoß spürten, ließ sich die SOLVEIG auf einmal nicht mehr steuern!

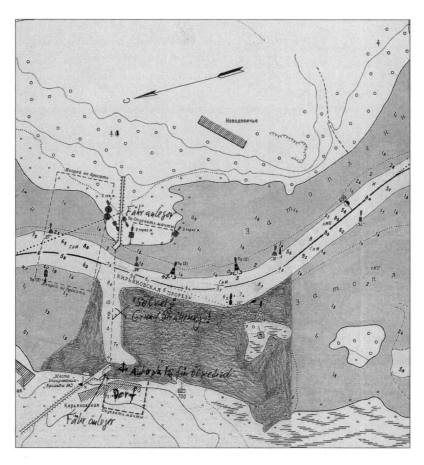

Meine Stromkarten waren durchwegs sehr sorgfältig von Hand korrigiert wie hier die Flachstelle neben den Fähranlegern. Wir ankerten für einige Stunden vor dem Dorf, und ich geriet bei der Rückkehr zum Kanalbett auf Grund. Dieser Kartenausschnitt zeigt den Anlegeplatz, an dem ich einen Ölwechsel durchgeführt habe. Ich befand mich weit außerhalb des Fahrwassers, deshalb die Grundberührung.
Deutlich sind die von Hand gezeichneten Schraffierungen zu sehen, die bei der Korrektur der Karten eingefügt wurden.
Ein Gradnetz ist nicht vorhanden, das die Verwendung eines GPS- Gerätes ermöglicht hätte, da sich die Nordrichtung auf jedem Kartenblatt der Stromrichtung zufolge ändert.

Als hingen schwere Lasten am Boot, konnte ich weder Kurs noch Geschwindigkeit halten. Ganz langsam schob ich das Boot unter Motor an der nächsten Tonne vorbei und bat dann Angelika, den Anker fallen zu lassen, dicht neben dem Fahrwasser. Meine Nerven lagen blank. Was war los? Etwas stimmte hier nicht! Wir diskutierten den Vorgang, und schließlich erbot sich Ed zu tauchen. Wir hatten einen Tauchanzug an Bord, aber keine Flasche, so konnte er nur kurz unters Boot gehen. Das Wasser war trübe, und die Sonne stand schon tief. Er sah nicht viel, wahrscheinlich gar nichts. Aber er tastete mit den Füßen unter den Rumpf und meinte, etwas Weiches zu spüren. Was konnte das sein?

Ed schwamm noch einmal ums Boot herum, fand aber nichts, was auf ein verklemmtes Holz oder ein Gewebe hingedeutet hätte. Auch Propeller und Ruder waren frei. Sascha, selbst aufgeregt, übersetzte alle Aussagen Eds. Ich wartete, bis unser Taucher wieder an Bord war, und startete dann den Motor. Vorsichtig schob ich den Hebel der Kupplung auf »Vorwärts«. Dann glaubte ich zu träumen: Das Boot war frei, ließ sich ganz normal steuern! Wir konnten die Fahrt fortsetzen. Aber was war geschehen? Hatte Ed etwas bewegt? War das Hindernis von selbst abgerutscht? Ich werde es nie erfahren.

Wir standen alle unter einem gewissen Schock. Ich war mir aber sicher, dass am Boot kein Schaden eingetreten war. Irgendetwas musste dort zwischen den versunkenen Bäumen im Wasser getrieben sein, das sich an der SOLVEIG festgehakt hatte.

Doch die Waldlandschaft und der stille See wirkten beruhigend, und bald fanden wir andere Themen, über die zu reden sich lohnte. Ich konzentrierte mich mit ganzer Kraft auf das Fahrwasser. Was geschehen war, mussten wir vergessen.

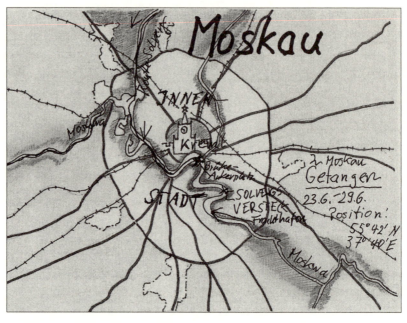

Moskau und die Moskwa
Unser »Gefängnis« ein Stück unterhalb des Stadtzentrums, in der Nähe des Handelshafens. Wir konnten das Boot nicht mehr bewegen, da es auf Grund saß und der Weg zum Fahrwasser zusätzlich durch den rostigen Ponton einer Reparaturwerkstatt versperrt war. In der Nähe befand sich der Handelshafen.
Unsere Position habe ich genau nach der GPS-Messung eingetragen. Die »Gefangenschaft« ermöglichte uns andererseits eine Woche Aufenthalt in der Metropole Russlands. Doch würden wir den Platz später wieder verlassen dürfen?

Das große Wagnis

Dorthin will ich; und ich traue / mir fortan und meinem Griff.
Offen liegt das Meer, ins Blaue / treibt mein Genueser Schiff.
Alles glänzt mir neu und neuer, / Mittag schläft auf Raum und Zeit:
Nur dein Auge – ungeheuer / blickt's mich an – Unendlichkeit.

Friedrich Nietzsche

Noch vor Einbruch der Dunkelheit ankerten wir in einer kleinen Flussmündung auf ziemlich flachem Wasser. Es war ein sehr ruhiger Platz: nirgends ein Dorf oder eine Fabrik, auch kein Anleger in der Nähe. Ein paar Kühe grasten auf der Weide, nach den großen Wäldern ein ungewohnter Anblick. Am Morgen freuten wir uns über herrliches Wetter. Sanft, nur mit leichtem Glucksen berührten Wellen die Bordwand. Wo war ich? Wie war ich hierher gekommen? Auch das war Russland. Das Gestern war unwichtig geworden, die kleinen Pannen des vergangenen Tages hatten sich in der Erinnerung aufgelöst.

Strahlend schien die Sonne, aber die Luft war angenehm kühl, und das Wasser hatte schon die fast sommerliche Temperatur von 18 °C erreicht. Wir waren alle bis acht Uhr in den Kojen geblieben und krochen nur langsam aus unseren Decken. Ich bereitete das Frühstück, während Ed bereits wieder aktiv war und das Steuer übernommen hatte. Um zehn Uhr machten wir vor der Schleuse Nr. 7 fest. Aber diesmal hieß es warten, denn Bauarbeiten waren zu Gange. Es würde mindestens zwei Stunden dauern, meldete die Schleusenwärterin über Funk.

Für uns gab es Beschäftigung genug, dringende Reinigungsarbeiten standen an. Ed hatte sich seit den ersten Tagen mit dem Haushalt beschäftigt: Staubsaugen, Tischdecken und Geschirrspülen hatte er fast vollständig übernommen. Leider machten Zerstreutheit und schwaches Gedächtnis den Nutzen seiner Bemühungen oft wieder zunichte. Angelika gewöhnte sich langsam daran, dass Töpfe und Teller, Tassen und Schüsseln jeden Tag an anderer Stelle standen. Auch vergaß Ed regelmäßig, den Akku des

Staubsaugers nachzuladen oder das Funkgerät. So erfuhr er auch nicht, dass die Schleuse schon gegen 11.30 Uhr geöffnet wurde und wir hinter einem großen Schiff einlaufen sollten. Da sie keine Verbindung erhielt, kam die freundliche Schleusenmeisterin zu Fuß gelaufen, um uns die Nachricht zu überbringen, und wartete neben dem Boot, bis wir fahrbereit waren. Ich war dankbar für so viel selbstverständliche Hilfsbereitschaft. Gab es dies auch anderswo? Vielleicht. Ich erinnerte mich: Als wir kurz nach der Wende zuerst auf der Elbe, dann auf den Kanälen der Mark Brandenburg unterwegs gewesen waren, hatten wir viel Hilfsbereitschaft erlebt. Es ist wohl die Not, der Mangel an den nötigsten Dingen des Lebens, der die Menschen zusammenführt und ein hohes Maß an Kameradschaft zur Lebensgrundlage macht.

Nach der Schleuse Scheksna führte unsere Route nochmals über breit aufgestaute Gewässer und danach über kleine Seen; dazwischen stellten immer wieder Kanäle die Verbindung her. Es war ein leichtes Fahren, denn die gesamte Strecke war auf mindestens fünf Meter ausgebaggert, teilweise sogar bis neun Meter. Wir waren auf der großen Wasserstraße von St.Petersburg nach Moskau und zur Wolga. An den Ufern belebten Dörfer, grüne Wälder und Hügel die Landschaft, aber je näher wir der Großstadt kamen, desto häufiger sahen wir Industrieanlagen, Hochhäuser und Arbeitersiedlungen, meist in traurigem Zustand. Häufig trafen wir auf Freizeitfischer, denen ich rechtzeitig ausweichen musste, um ihre kleinen Boote nicht zu gefährden. Still saßen sie auf ihrem Bänkchen und hielten die Angelroute ins Wasser. Hofften sie wirklich auf Beute zur Bereicherung der Abendmahlzeit?

Magnet an der Uferpromenade

Sascha war nervös und unruhig, denn wir näherten uns jetzt Tscherepovez, seiner einstigen Garnisonsstadt, wo er als junger Mann zum Offizier der Sowjetarmee ausgebildet worden war. Um uns dies zu verdeutlichen, begann er zu unserem Vergnügen und schauspielerisch perfekt, Befehle zu brüllen und das einstige Exerzieren auf dem Kasernenhof pantomimisch darzustellen. So erlebten wir ein Stück Drill der russischen Armee an Bord, während unsere Erwartungen auf Tscherepovez entsprechend stiegen.

Sascha versuchte, sich zu orientieren, seine Erinnerungen aufzufrischen, aber das Hafengebiet gab ihm keinen Anhaltspunkt. Es war ihm schon seinerzeit fremd geblieben, denn mit Schiffen hatte er sich nie befasst. Jetzt war er eifrig bemüht, Leute anzusprechen und zu fragen, wo wir uns hinwenden und einen Liegeplatz finden konnten. Man wies uns Richtung Innenstadt, und dort fanden wir tatsächlich nach längerem Suchen an der Uferpromenade eine Möglichkeit zum Festmachen.

Ich steuerte nahe an die Mauer und manövrierte so lange, bis wir die Leinen einfach am Geländer der Uferpromenade festmachen konnten. Das war gewiss nicht erlaubt, aber ich hatte zunächst keine andere Wahl. Ich dachte an Häfen in Deutschland oder Frankreich, wo so etwas keinesfalls geduldet wurde, es wäre einfach undenkbar gewesen.

Hässliche Blocks mit sowjetischen Arbeiterwohnungen standen auf der anderen Seite der Straße hinter einem dürftigen Grünstreifen. Am Ufer promenierten junge und alte Männer, vor allem aber auffällig gepflegte, hübsch herausgeputzte Mädchen. An Kosmetika schien es hier nicht zu mangeln. Ich betrachtete die Vorgänge an Land, die sich nur wenige Meter vor meinen Augen abspielten, mit einer gewissen Faszination. Die jungen Leute ließen sich in jeder Richtung, quer oder längs, auf den Bänken nieder, tranken Bier und Wodka aus der Flasche, und gelegentlich wurden junge Frauen rüde von den Burschen angemacht.

Etwas nervös beobachtete ich die das Treiben von Deck aus, während Angelika mit Sascha zuerst Lebensmittel kaufen ging und sich dann mit der großen Kamera zu Saschas ehemaliger Kaserne aufmachte. Ich blieb an Bord, um mein Boot in dieser etwas zweifelhaften Gegend zu bewachen und Ed beim Einfüllen von Kraftstoff behilflich zu sein. Solange er mit an Bord war, hatte ich keine Sorgen, aber wir brauchten 500 Liter Diesel, die er im Auto oder Taxi heranschaffen wollte.

Außerdem musste ich die Sauberkeit des Kraftstoffs überwachen und nach jeder Fuhre die nötigen Rubel bereithalten. Tatsächlich kam Ed nach einer Stunde zurück und rannte sogleich mit zwei schweren Kanistern die Böschung von der Straße zum Boot herunter. Was für eine Schlepperei! Er hob die Kanister an Bord, ich setzte den Trichter in die Tanköffnung und hielt ihn fest, während Ed das Dieselöl mit zitternden Händen eingoss. Das waren jedesmal 40 Liter. Ich rechnete: Noch zwölfmal musste er diesen Kraftakt wiederholen, bis etwa 500 Liter eingefüllt waren. Jetzt verstand ich, weshalb Ed so begeistert gewesen war, dass ich sauberes Frischwasser an Bord herstellen konnte.

Allein saß ich an Deck und wartete auf die zweite Fuhre. Langsam begann es zu dämmern. Zwei Männer auf der Promenade, die der Wodka aggressiv gemacht hatte, schrien zu mir herüber, aber auf Russisch vermochte ich ihnen nicht zu antworten. Schließlich versuchten sie, an Bord zu steigen. Mit Mühe und deutlichen Gesten konnte ich die angetrunkenen Typen daran hindern.

Je später es wurde, desto mehr junge Leute kamen einzeln oder in Gruppen mit Taschen voller Getränke, Keksen und Schokolade zur Wasserfront. Bier und Wein tranken die Mädchen ebenso wie die Burschen aus der Flasche. Die Uferpromenade war aber auch Treffpunkt für Männer verschiedenen Alters, die in Gruppen zusammenstanden und meist Lederkleidung und Motorradhelm trugen. Ich beobachtete jeden Typ, der sich auffällig benahm oder auch nur neu auf der Promenade erschien.

Zwei Jungen sprangen dann doch an Bord. Ich erschrak. Was sollte, was konnte ich tun? Doch gerade rechtzeitig kam Ed wieder zurück und vertrieb die ungebetenen Gäste mit deutlichen Worten. Diese zweite Fuhre Diesel brachte er mit einem Lastwagen. Wenn man ein Auto brauchte, war es üblich, am Straßenrand zu warten und nur den Arm zu heben, wenn sich ein geeignetes Fahrzeug näherte. So hatte es auch Sascha in St.Petersburg gemacht. Fast jeder Autobesitzer war froh, ein paar Rubel zusätzlich zu verdienen. Diesmal hatte Ed nicht nur einen Lkw-Fahrer überredet, sondern auch an der Tankstelle ein 200-Liter-Fass ausgeliehen. Daraus füllte er jetzt die Kanister mit einem Schlauch und lief fünfmal mit der schweren Last über die Böschung zum Boot hinunter.

Als es auf den Rest im Fass zuging, musste Ed den Diesel mit dem Mund ansaugen. Ich sah ihn verzweifelt neben der Ladeklappe des Lkw hantieren, den Schlauch zwischen den Zähnen, und mit den Händen das Fass anheben. Nach jedem Gang holte er bei mir Geld, weil er sich nicht merken konnte, wie viele Kanister er schon eingefüllt hatte. Ich beschloss, in Zukunft dafür zu sorgen, dass zumindest das Einfüllen in unseren Tank mit einer Motorpumpe geschah, damit Ed die schweren Kanister nicht mit der Hand über die Öffnung im Deck halten musste. Außerdem war dabei schon viel Diesel auf das Teakdeck geflossen, und Ed musste nach dem Schleppen der Kanister auch noch das Holz reinigen.

Rätselhafter Eduard

Gegen Mitternacht kamen Angelika und Sascha zurück, und ich sah Sascha sofort an: Er war zutiefst enttäuscht. Die Vorfreude auf das Wiedersehen mit seiner alten Heimat, dem Standort seines Regiments, war trauriger Resignation gewichen. Seine Kaserne hatte er als Ruine vorgefunden. Verfall und Vergessen also auch hier, denn der Gang der Geschichte hatte die russische Armee nicht verschont. Die Zeiten hatten sich geändert, man brauchte weniger Soldaten.

Im Dunkeln, Mitternacht war schon vorbei, schob sich ein grauer Koloss heran. Das russische Schiff machte neben uns fest, und Ed reagierte sofort: Er nahm Verbindung auf zu seinen Landsleuten, und siehe da, wir durften hundert Liter Diesel abzapfen, noch dazu für einen günstigen Preis. Darin war Ed großartig! Bald war der Treibstoff in die Kanister gepumpt, aber es wurde spät, sehr spät. Erschöpft sank ich auf meine Kissen, nur Angelika arbeitete noch weiter an den neu aufgenommenen Filmszenen.

Ein wenig Schlaf am Morgen hätte uns allen gut getan. Doch Ed stand auch diesmal wieder um fünf Uhr auf und riss mich aus meinen Träumen... Ich war müde und ärgerlich. Was war los mit diesem Mann? Er hatte doch bis tief in die Nacht Kanister geschleppt – und schon wieder war er aktiv! Sein Fleiß war erstaunlich, er half Angelika, wo immer er konnte, er stand am Ruder, wann immer ich ihn bat, aber eben auch dann, wenn ich es nicht wollte. Sein unruhiger Geist suchte ständig nach einer Tätigkeit. Leider verstand er sich mit Sascha nicht allzu gut, und darunter litt die Kommunikation. Ich fragte mich oft, ob sich Ed wohl anders verhalten würde, hätte er mit mir direkt sprechen können, und grübelte, was in seinem Kopf vorging. Durfte ich diesem Mann böse sein?

Fahren wollte ich so früh noch nicht, dann hätte ich auch Angelika geweckt. So machte ich mich an eine gründliche Kontrolle des Motors. Ed half mir, soweit er verstand, was zu tun war. Ich reinigte die Bilge, fettete die Welle, sah nach dem Ölstand und dem Kühlwasser. Ed, der sich inzwischen in der Pantry eingearbeitet hatte, bereitete das Frühstück, und um 06.30 Uhr drehte ich den Startschlüssel. Nach einer Stunde ruhigen Dahingleitens weitete sich vor uns das Tal, und wir gelangten in den Rybinsker Stausee, das Ende des über tausend Kilometer langen Ostsee-Wolga-Wasserwegs. Damit hatten wir die Zufahrt zur Wolga, dem größten Strom Europas, erreicht. Mir war seltsam feierlich zumute. Ein neuer Abschnitt unserer Fahrt hatte begonnen.

Von den Waldai-Höhen kommend, fließt die Wolga durch die Provinzstadt Rschew und von dort in weitem Bogen um Moskau herum in den großen Stausee. Er hat zahlreiche Buchten und Untiefen mit weniger als drei Meter Wassertiefe. Nur in der Mitte des Fahrwassers zeigte das Echolot bis zu elf Meter. An den Ufern sahen wir viel flaches Land ohne markante Erhebungen und nur ab und zu ein paar Häuser.

Während der Überfahrt stand Ed am Ruder und hielt den Kurs, indem er exakt den nummerierten Tonnen folgte. Darin war er geübt und zuverlässig, wenn ihn nicht ähnliche Tonnen eines Nebenarms verwirrten. Sonst aber verlor er leicht die Übersicht. So hatte er am Morgen den Atlas für den See nicht gefunden, alle Polster umgedreht, alle Schubladen und Schapps geöffnet, obwohl ich ihm den Atlas auf den Tisch gelegt und kurz zuvor noch gezeigt hatte. Als ich ihm den Band reichte, führte er wie schon so oft einen Finger an die Stirn und hob entschuldigend die Schultern. Damit wollte er wohl sagen, dass er selbst keine Erklärung für sein Verhalten wusste.

Ein tollkühner Plan

Der See begrüßte uns mit günstigem Wetter, wenig Wind, guter Sicht und der angenehmen Wassertemperatur von 22°. Damit hatten wir wieder einmal großes Glück, denn aus Berichten von Einheimischen wussten wir, dass auch dieser See bei Starkwind recht ungemütlich werden konnte. Während Ed steuerte, besprach ich mit Angelika und Sascha die weitere Route. Noch auf dem See mussten wir entscheiden, ob wir wie geplant die Fahrt wolgaabwärts fortsetzen oder unsere Route radikal ändern sollten, um

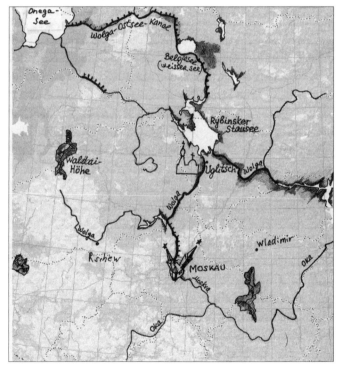

Der riesige künstliche Wasserweg stellt eine Verbindung der Metropole Moskau zur Ostsee und zum Schwarzen Meer her. Ebenso reicht die Verbindung über den Onega-See auch zum Weißen Meer und nach Murmansk sowie über die Wolga zum Kaspischen Meer.

Moskau zu besuchen. Allerdings waren das 400 km hin und ebenso viele zurück, denn nur vom See aus konnten wir das Tal der Wolga wieder erreichen. Schon bei den ersten Überlegungen zu unserer Russlandfahrt hatte ich an die Variante Moskau gedacht, später aber die Idee als zu riskant verworfen, vor allem, nachdem die Zeitspanne für unsere Visa auf drei Monate beschränkt worden war.

Nun war es Angelika, die an diesem Morgen fragte:»Meinst du, du könntest es zeitlich schaffen?« Ich war zunächst sprachlos und dann erneut begeistert von der Idee. Aber war jemals ein Sportboot ins Herz dieser Metropole vorgestoßen? Die Innenstadt, das wussten wir inzwischen, war ohnehin für Boote gesperrt. Beim Generalkonsul in München hatten wir versucht, eine Sondergenehmigung für die Durchquerung zu erhalten, und Freund Logwinow hatte mit dem Ministerium telefoniert. Ohne Erfolg.

Bei längerem Nachdenken schien mir der Plan doch ziemlich riskant. Reichte denn die Zeit wirklich? Wir hätten vier bis fünf Tage in Moskau bleiben müssen, um die Stadt zu erleben. Hinzu kam noch ein ganzer Tag, den ich für die vielen Schleusen kalkulieren musste, die wir in beiden Richtungen zu durchfahren hatten. Aufgeregt holte ich meinen Kalender und rechnete. Es würde knapp werden, ja – aber von der Zeit her konnten wir es schaffen. Und wir wollten es so gern! Der Plan war tollkühn, denn es drohte eine Beschlagnahme des Bootes, eine saftige Geldstrafe oder gar Gefängnis. Bisher war unsere Unternehmung ohne ernste Zwischenfälle verlaufen, unsere zweifelhaften Dokumente waren nicht beanstandet worden. Sollten wir jetzt die so lange und sorgfältig vorbereitete Expedition aufs Spiel setzen? Die Vorstellung aber, dass es gelingen konnte, versetzte uns in einen wahren Rausch!

Uns lockte ein gänzlich neues Abenteuer: mit dem Boot mitten durch die Weltstadt zu fahren, am Kreml vorbei und unter den berühmten Brücken hindurch! Angelika und Sascha waren begeistert und durchaus bereit, das Wagnis einzugehen. Sascha, der in Moskau eine Wohnung hat und sich als Moskauer fühlt, freute sich darauf, uns »seine« Stadt zu zeigen. So wurde der Wahnsinn beschlossen. Dass ich jemals im Leben nach Moskau kommen würde, noch dazu mit dem eigenen Boot, das konnte ich noch gar nicht fassen. Doch jeder Kilometer, den wir von nun an zurücklegten, brachte uns diesem Ziel näher. Schon hier, im Rybinsker Stausee, musste ich den Kurs ändern, denn der See hat in seinem Südteil zwei Ausfahrten: Die eine führt nach Rybinsk und weiter flussabwärts nach Nishnij Nowgorod und Wolgograd. Diese Route hatten wir ursprünglich geplant. Die andere Ausfahrt, für die wir uns am Morgen dieses 20. Juni entschieden, folgte dem Oberlauf der Wolga.

Ich atmete einmal tief durch und steuerte dann nach Westen, Richtung Moskau. Es war ein überwältigendes Gefühl, auf der Wolga zu sein. Ein Traum war Wirklichkeit geworden. Wunderbar grüne Ufer, Dörfer zu beiden Seiten und ab und zu eine verfallene Kirche belebten das Bild, das sich uns bot. Um die Landschaft und unsere Pläne voll in mich aufnehmen zu können, löste ich Ed am Ruder ab, der aber dafür kein Verständnis zeigte und das Steuerrad nicht loslassen wollte. Er fühlte sich persönlich beleidigt, als Steuermann unterschätzt. Wäre er erfreut gewesen, wenn er meine Gefühle gekannt hätte? Mit etwas Nachdenken hätte er mich vielleicht auch ohne Worte verstanden, so aber baute das Fehlen einer gemeinsamen Sprache Missverständnisse zwischen uns auf.

Etwa 100 km steuerte ich durch die frühlingshafte Landschaft, dann näherten wir uns der ersten Schleuse bei Uglitsch. Gegen 21.00 Uhr fand ich einen Ankerplatz am Rand des Fahrwassers. Während der Nacht glitten große Einheiten dicht an uns vorbei, wir hörten die Motoren und spürten den Schwell der Dickschiffe. Nervös sprangen wir jedesmal auf, sahen den großen Schatten vorüberziehen und legten uns wieder hin. So wurde es eine unruhige Nacht, nach der wir die Fahrt fortsetzten, die letzten 40 km bis Uglitsch und zur Schleuse.

Wir fuhren am Steilufer unterhalb der Stadt entlang und suchten nach einem Anleger oder einem Schiff, an dem wir festmachen konnten, als uns eines der großen Passagierschiffe, die MICHAIL SCHOLOCHOW, aus Richtung Moskau entgegen kam. Der Anblick dieser prächtigen weißen Flussschiffe war immer begeisternd, doch diesmal glaubte ich, deutsche Laute übers Wasser schallen zu hören. Und richtig: An der Reling hing ein Transparent mit der Aufschrift: »Hapag-Lloyd-Kreuzfahrten Hamburg«. Diese Reederei chartert nämlich russische Luxusschiffe für große Flussfahrten auf Wolga und Don und hat eigene deutsche Reiseleitung an Bord. Kapitän und Besatzung sind Russen, die aber zum Teil auch Deutsch sprechen. Französische, englische und amerikanische Reiseveranstalter arbeiten ähnlich.

Sofort änderte ich den Kurs, hielt auf das schmucke weiße Schiff zu, und wir riefen und winkten zu den Passagieren hinauf, die vor dem Anlegen an der Reling standen. Ich bat Sascha um einen Funkkontakt mit dem Kapitän und dem deutschen Kreuzfahrtdirektor. Wir wurden eingeladen, uns mit ihm zu treffen, sobald das Schiff festgemacht hatte und die Passagiere an Land gingen. Erstaunlicherweise fand ich einen kleinen Anleger in der Nähe, über den wir das Ufer erreichen konnten. Dort trafen wir uns mit Kreuzfahrtdirektor Wolfram Götz, den wir von unseren großen Seereisen auf der HANSEATIC kannten. Er lud uns ein zu einem Gang durch die Stadt und zu ihren Sehenswürdigkeiten.

Boris Godunows Glocke

Uglitsch ist eine kleine Industriestadt mit reicher Geschichte wegen ihrer Kirchen und ihres Kremls aus der zweiten Hälfte des 15. Jahrhunderts. Außerdem ist es ein Zentrum der russischen Uhrenindustrie.

Vor einem Pavillon im Park bewunderte ich zwei junge Ballettschüler, etwa 14 und 15 Jahre alt, die zur Musik aus einem Kofferradio klassische Tänze in Kostümen des 17. Jahrhunderts vorführten. Auf einem Teller sammelte das Pärchen Kleingeld für das Studium an der Ballettschule. Ich sah ihnen lange zu, denn ihre Musikalität sprach aus jeder ihrer eleganten Bewegungen und war ein Kunstgenuss, wie man ihn wohl nur in Russland erleben kann.

Anschließend betraten wir eine der schönen alten Kirchen, bewunderten die Sammlung altehrwürdiger Ikonen und durften nochmals hohe Kunst erleben: Fünf Mönche bildeten ein perfektes Gesangsquintett und boten eine Folge von liturgischen Gesängen und Chorälen von so unglaublichem Wohlklang, dass ich an meine Kindheit erinnert wurde, als ich mit meiner Mutter ein

Konzert der berühmten Donkosaken unter Serge Jaroff besucht hatte. Die Kosaken hatten damals neben den bekannten Reiterliedern und den »Abendglocken« eine Reihe kirchlicher Gesänge vorgetragen. Auch die Mönche ließen sich die »Abendglocken« nicht entgehen und boten, ganz auf der Höhe der Zeit, eine CD als Erinnerung an.

Mit einem ganz anderen Aspekt russischer Mentalität wurden wir konfrontiert, als wir – ebenfalls in der Kirche – vor einer mächtigen Glocke standen, die vorläufig in einem großen schweren Holzgestell aufgehängt war. »Mit dieser Glocke«, so erklärte die Führerin, »hat es eine besondere geschichtliche Bewandtnis. Sie stammt aus dem 16. Jahrhundert, der so genannten ›Zeit der Wirren‹, und wurde auf Befehl des Regenten Boris Godunow nach Sibirien gebracht, um dort den Tod des 14-jährigen Zarewitsch Dimitri zu verkünden, der 1591 unter ungeklärten Umständen in Uglitsch ermordet worden war – vermutlich auf Geheiß von Boris Godunow selbst.«

Denn erst nach Dimitris Tod konnte Boris Godunow Zar werden. Tatsächlich gelangte er 1598 auf den Zarenthron, aber schon 1601 wurde er durch das Gerücht erschreckt, dass ein polnischer Mönch aufgetaucht sei, der behauptete, Dimitri zu sein, und Anspruch auf den Thron erhob. Als Beweis diente ihm eine Warze auf der Nase, die der Pole genau wie der echte Dimitri aufzuweisen hatte.

Der »neue« Dimitri sammelte schließlich mit Hilfe der katholischen Kirche und des Königs Sigismund von Polen eine Armee von 15 000 Mann und begann 1604 seinen Sturm auf Moskau. Die Armee des Zaren, die im Zweifel war, ob dieser Dimitri nicht doch der rechtmäßige Herrscher sei, wurde vernichtend geschlagen. Boris Godunow erlitt einen Schock und starb noch vor dem Einmarsch des Siegers in Moskau an einem Blutsturz. Später wurde die Glocke mit großem Aufwand nach Uglitsch zurück transportiert.

Diese wilde Geschichte lieferte den Stoff für eine Novelle von Puschkin und danach für die Oper von Mussorgski. Sie wirft ein Licht auf sehr bewegte Epochen russischer Geschichte, die uns im Westen kaum bekannt sind und die sich bis in die Zeit der Sowjetunion in der einen oder anderen Weise fortgesetzt haben.

Im Wodkamuseum

Nach dem Rundgang wurde ich auf der MICHAIL SCHOLOCHOW zu einem Vortrag über unsere bisherigen Erlebnisse in Russland eingeladen. Kaum hatten wir danach das Schiff verlassen, als die Leinen losgeworfen wurden, der weiße Luxusliner sich langsam und majestätisch von seinem Liegeplatz löste und zur Weiterfahrt auf den Strom hinaus glitt. Nachdem wir unserem Freund und den deutschen Urlaubern zum Abschied kräftig zugewinkt hatten, unternahmen wir noch eine Erkundung auf eigene Faust.

Wir besuchten das am Rand des Stadtparks gelegene Wodkamuseum, das einzige der Welt. Dort hatten tüchtige Organisatoren hunderte verschiedener Wodkaflaschen von ebenso vielen Herstellern gesammelt. Gezeigt wurden auch die in verschiedenen Epochen gebrauchten Geräte, mit deren Hilfe früher (oft illegal) der hochprozentige Schnaps gebrannt wurde. Staunend lernten wir, dass Wodka schon im 14. und 15. Jahrhundert hergestellt wurde, zunächst aber als Medikament diente und in Apotheken verkauft wurde. Doch sein Weg zum Genussmittel war bald nicht mehr aufzuhalten, ebenso seine Akzeptanz in allen Gesellschaftsschichten. Es gibt allein in Russland an die 800 Marken des beliebten Getränks. Beliebt auch an Bord der SOLVEIG – mit Ausnahme des Kapitäns, der sich mit Alkohol leider zurückhalten musste.

Es gibt eine Anekdote über den Wodka: Laut den Chroniken aus dem 10. Jahrhundert lehnte Fürst Wladimir, der einen neuen Glauben für sich und seine Untertanen suchte, den Vorschlag ab, zum Islam überzutreten, weil dieser den Genuss von Alkohol untersagte. Dieses Verbot konnte der Fürst unter keinen Umständen akzeptieren, da er meinte, dass in Russland »das Trinken ein Vergnügen ist«. Auch Sascha erklärte uns begeistert, dass die richtige Portion Wodka durchaus Krankheiten heilen könne und dass das Getränk – in Maßen, aber täglich genossen – ganz allgemein gesund sei. Ich hatte mich oft gewundert, dass westliche Geschäftsleute oder Diplomaten darüber klagten, sie hätten bei Empfängen in Russland mehr Wodka getrunken als ihnen lieb war. Nun wurde mir klar, warum in Russland ein geselliges Zusammensein ohne Wodka kaum denkbar ist. Dass wir zum

Schluss eine besonders dekorative Flasche Uglitsch-Wodka als Souvenir mitnahmen, versteht sich von selbst.

Gegen Abend ließ ich Ed über Funk bei der Schleuse anrufen und steuerte dann, nachdem wir die Genehmigung zur Einfahrt erhalten hatten, auf den gewaltigen Bau zu. Jedesmal war es wieder aufregend, wenn sich die zwei riesigen Tore langsam, fast feierlich, öffneten und wir mit unserem vergleichsweise winzigen Schiffchen in die große leere Kammer einfahren durften. Gebannt beobachtete ich dann das umgekehrte Schauspiel, wenn sich die Tore wieder schlossen und das Wasser wild schäumend und mit ungeheurer Wucht in das Becken schoss. Dabei bildeten sich am Austritt der Rohre weiße Strudel, und langsam, kaum merkbar, begann der Wasserspiegel zu steigen.

Die russischen Schleusen besitzen beinahe Panama-Kanal-Ausmaße, sie sind bis zu 300 m lang und 30 m breit. In einem so riesigen Becken fühlte ich mich mit meinem Boot schon sehr klein und hilflos. Aber im Gegensatz zu Deutschland, wo mit dem Öffnen der Tore grundsätzlich auf ein Berufsschiff gewartet wird, was manchmal Stunden dauern kann, wurden wir hier ohne langes Warten eingelassen, angehoben und oft schon nach einer halben Stunde aus der Kammer ins Freie entlassen. Die Schleusenmanöver vollzogen sich leider nie ohne die lästigen Anweisungen und Handzeichen von Ed, die er in krankhafter Selbstüberschätzung glaubte geben zu müssen und die ich grundsätzlich nicht befolgte. Diesmal bemerkte er nicht, dass sich der Schwimmpoller verklemmt hatte und das Boot von der Leine nach unten gezogen wurde. Sein primitiver Knoten ließ sich unter dem starken Zug nicht lösen, deshalb wurde das Boot immer mehr gegen die Schleusenwand gedrückt und geriet in Gefahr. Nur ein von mir rasch gegriffenes Messer, mit dem er die Leine kappen konnte, rettete die SOLVEIG vor schwerem Schaden.

Versunkene Kirchen

Nach der Schleusung war es noch so hell, dass wir weiter stromauf fuhren, denn von jetzt an zählte jede Stunde, damit wir genügend Zeit für Moskau übrig hatten. Deshalb legten wir an diesem Tag noch gut 50 km zurück. Nach Mitternacht endlich siegte bei mir die Müdigkeit, und ich suchte auf der Karte einen geeigneten Ankerplatz. Das war nicht einfach, denn in diesem Abschnitt der kanalisierten Wolga wurde es zum Ufer hin sehr schnell flach. Ich musste die Einmündung eines kleinen Flusses finden und vorsichtig ansteuern, damit wir in Ruhe übernachten konnten.

Am folgenden Morgen tauchte im Dunst der Turm einer vom Wasser halb überfluteten Kirche auf. Es sah gespenstisch aus, wie der schlanke und hohe, etwas verfallene Turm aus der träge dahinströmenden Flut ragte, vom fahlen Sonnenlicht nur spärlich erhellt. Diese Kirche ist zu einem Mahnmal für Schäden geworden, die viele Dörfer und Städte an der Wolga in den fünfziger Jahren erlitten haben, als der große Strom ohne Rücksicht auf wertvolle Bauten und Uferformationen aufgestaut wurde. Wir fuhren einen Kreis um das traurige Denkmal und setzten nachdenklich unsere Fahrt fort. Ähnliche Zerstörungen waren noch an vielen weiteren Stellen zu erkennen. Das Bett, das sich der Strom in einer Million Jahren durch Eis und Schmelzwasser geschaffen hatte, wurde durch die Aufstauung rücksichtslos beschädigt.

Gewiss hatte und hat der Wolga-Ostsee-Wasserweg für die damalige Sowjetunion und ebenso für das heutige Russland eine ganz entscheidende wirtschaftliche Bedeutung. Einige Zahlen belegen dies: Das russische Fluss- und Kanalnetz hat eine Gesamtlänge von 17000 km, und auf diesem Weg werden jährlich 105 Millionen Tonnen Güter befördert. Das Kanalsystem ist also neben den Öl-Pipelines, die es zur Zeit des Kanalbaus noch nicht gab, der wichtigste Transportweg sowohl für das »schwarze Gold« als auch für Gas und Bodenschätze von den Küsten des Kaspischen und Schwarzen Meeres in den Raum Moskau und weiter in den Norden des Landes, zum Weißen Meer und nicht zuletzt in das Eismeer nach Archangelsk und Murmansk. Die uns begegnenden großen Frachtschiffe erinnerten immer wieder an das wahrhaft gigantische Ausmaß der russischen Binnenflotte.

So bat ich Sascha einmal, mit dem Kapitän eines Schiffes, das mir besonders groß erschien, Funkkontakt aufzunehmen und ihn nach der Länge seines Fahrzeugs zu fragen. Die Antwort lautete schlicht: »135 Meter!«. Solche Schiffe fahren natürlich nicht auf dem Rhein oder auf irgend einem anderen westeuropäischen Strom. Dennoch meine ich, man hätte beim Bau der Schleusen und Kanäle Möglichkeiten finden können, ja müssen, Natur und Kunstwerke mehr zu schonen. Beim Bau des Assuan-Staudamms in Ägypten, übrigens von russischen Ingenieuren geleitet, sind die riesigen Statuen der Pharaonen vor der Überflutung in ein höheres Gebiet versetzt worden und so erhalten geblieben. Freilich war den kommunistischen Machthabern an einer kostspieligen Rettung von Kirchen nicht gelegen.

Noch am selben Tag – es war der 22. Juni, der längste Tag des Jahres und der Tag des Einmarsches der Deutschen Wehrmacht in die Sowjetunion – steuerten wir weiter stromaufwärts in Richtung Moskau. Kilometer für Kilometer windet sich der Fluss durch ein vom Stauwasser in seiner ganzen Breite gefülltes Tal. Die Fahrrinne hält sich an das in Schlangenlinien verlaufende alte Flussbett und ist mit 130 schwarzen und weißen Tonnen an Backbord und Steuerbord sehr gut markiert. Auf den Hügeln zu beiden Seiten sahen wir noch einige alte Dörfer mit ihren kunstvoll verzierten Holzhäusern. Mehrere teilweise erhaltene Kirchtürme beherrschten das Bild der Landschaft und erinnerten daran, dass Kirche und Glaube vor der Revolution einmal die führende Rolle im Leben der russischen Familien gespielt haben.

Neun gigantische Schleusen

Gegen 14.00 Uhr gingen wir durch die erste der großen Schleusen zwischen Wolga und Moskwa. Im Ganzen sind es neun dieser Giganten, Teile des 160 km langen Kanals, der die Hauptstadt mit der Wolga verbindet. Schon diese erste Schleuse fiel durch ihre monumentale Bauweise auf. Hohe Türme, die eher an eine Burg oder Festung erinnerten als an ein technisches Bauwerk, ragten weit über das Land, und in diesen Türmen befanden sich auch die Büros und Kommandoräume für die Bedienung der umfangreichen Technik. Auffällig waren eine Reihe von Statuen im bekannten »Zuckerbäckerstil«: überlebensgroße steinerne Arbeitergestalten, die wie Riesen in kämpferischer Pose das Werk bewachen oder krönen sollten.

Nachdem wir ein gigantisches Lenin-Denkmal passiert hatten, das seinerzeit wohl zur Vollendung des Kanals errichtet wurde, blickte ich vom Oberdeck aus wieder weit auf die Fläche eines großen, blau leuchtenden Sees, den wir nur auf einer kurzen Strecke berührten, um danach sofort in den eigentlichen Moskau-Kanal abzubiegen, der schnurgerade, als rein künstlicher Wasserweg, die Verbindung von der Wolga zur Moskwa herstellt. Überquert man den See in nördlicher Richtung, so gelangt man auf der Wolga nach Westen bis Rschew.

Ich steuerte in den Kanal, der so schmal ist, dass er die großen Frachtschiffe gerade eben aufnehmen kann. Deshalb hielt ich das Rad ständig mit größter Anspannung und suchte mit den Augen ununterbrochen die Ufer ab, denn auch kleine Hindernisse musste ich sorgfältig umfahren. Entgegenkommenden Schiffen konnte ich meist nur mit gefährlicher Annäherung an die Ufermauer genügend Raum geben. Mit der Schleusentreppe steigt die Wasserstraße erst 150 Meter nach oben, verläuft weiter über eine Hügelkette, um dann wieder 40 Meter steil abzufallen und bei Schleuse 9 auf Höhe der Moskwa zu enden.

Angelika kam zu mir auf das Achterdeck. »Na, wie geht's?« fragte sie vergnügt. »Werden wir übermorgen nach Moskau kommen?«

»Ich denke schon, wenn uns nicht vorher ein Polizeiboot stoppt und die Weiterfahrt verbietet.«

Angelika machte ein besorgtes Gesicht. »Das wäre bitter!« Sie sah sich um, konnte aber Ed nicht entdecken. »Wie verhält er sich denn?«

»Er überlässt mir hier in dem schmalen Fahrwasser sofort und ohne Widerstand das Ruder, sowie ich an Deck komme.« Ich überlegte. »Und er zeigt einen deutlichen Sinneswandel, denn noch in St.Petersburg meinte er, wenn wir Wegerecht hätten, dann wäre das Ausweichen in jedem Fall die Sache des Dickschiffs und nicht die unsere.«

Offenbar hatten die Sommerferien begonnen, denn neben den Uferwegen zu beiden Seiten standen unter schattigen Bäumen allerorts Zelte und Wohnwagen. Überhaupt waren die Wege beiderseits des Kanals voller Menschen und parkender Autos. Die

Nähe der Millionenstadt wurde immer deutlicher spürbar. Unzählige Hobby-Angler saßen neben ihren Fahrzeugen auf Steinen oder Holzbänken. Angeln war offensichtlich ein Volkssport, nur konnte ich mir nicht vorstellen, dass in dem engen Kanal mit nur 5 m Wassertiefe viele Fische gediehen. Die Kinder scheuten sich nicht, in das ziemlich trübe Wasser zu springen, zu tauchen und zu schwimmen. Besonders die tauchenden Kinder waren kaum zu erkennen und erschwerten uns das Steuern. Wir wunderten uns, dass Schwimmen hier offenbar nicht verboten war.

Wir hatten eine Nacht vor der Schleuse Nr. 3 verbracht und näherten uns nun den Vorstädten von Moskau. Ich stand sehr zeitig auf und begann die Weiterfahrt um 06.30 Uhr bei angenehmem Wetter und 20 Grad Wärme. Bald tauchten die riesigen Kontrolltürme der Schleuse Nr. 5 vor mir auf. Je dichter wir an Moskau herankamen, desto aufgeregter wurde ich. Aber wie es schien, waren meine Sorgen unbegründet. Nach Schleuse Nr. 6, in die man uns ohne Fragen und ohne Aufenthalt einließ, öffnete sich der Kanal in einen kleinen See, den man als das Wassersportzentrum von Moskau bezeichnen konnte. Hier lagen zahlreiche Klubs für Motor- und Segelboote und darin auch die eine oder andere Luxusyacht.

»Wem mögen die wohl gehören?« fragte ich Sascha, der darauf keine rechte Antwort wusste. So gab ich mir die Antwort selbst: »Es sind ja doch nur wenige Boote, wenn man die Größe und die acht Millionen Einwohner von Moskau bedenkt.«

Diese Boote lagen eingepfercht in ein paar enge Buchten an kurzen Holzstegen. Dahinter stand jeweils eine Holzhütte oder ein kleines Haus als Klubheim. Wir fragten uns, ob das Interesse am Wassersport in Russland so gering sei – oder ob die behördlichen Beschränkungen derart drastisch den Besitz größerer Boote verhinderten. Ich neige zu dem letztgenannten Grund, denn auch 20 Sportboote im Yachthafen von St.Petersburg waren ja extrem wenig für Russlands bedeutendste Hafenstadt an der Ostsee.

An der Küste des Schwarzen Meeres hatte man in der Sowjetzeit ausschließlich auf die Teilnahme an internationalen Regatten Wert gelegt. Die dafür benötigten Boote befanden sich im Besitz des Staates oder der Marine, und zum Training standen den Klubmitgliedern eine Anzahl Segelyachten gleichen Typs zur Verfügung. Wegen der Fluchtmöglichkeit durfte ja ein Segelboot keinesfalls auf die offene See hinaus.

In Privatbesitz befanden sich, soweit ich das auf der Wolga und auf den Seen beobachten konnte, lediglich kleine, um die drei Meter lange Ruderboote für Kurzfahrten der Angler, die ich zu hunderten an den Ufern sah. Die meisten von ihnen lagen allerdings in Hütten oder unter Dächern am Strand und waren zum großen Teil nicht mehr in Benützung. Diese Boote mochten Betrieben oder Fabriken gehört haben und wurden an Arbeiter nur ausgeliehen.

Moskau, wir kommen!

»Wir sind jetzt im Stadtgebiet von Moskau«, verkündete Sascha, dem ich die Spannung deutlich anmerkte. Er freute sich einerseits riesig, denn hier war ja seine Heimat, aber auch er war nicht frei von Furcht, zumal er die polizeilichen Kontrollen nur zu gut kannte. Wie lange konnten wir noch unbehelligt fahren? Wann würden wir an eine Sperrung des Verkehrs geraten?

Am anderen Ende des kleinen Sees gelangten wir in die Einfahrt zu einem kurzen Kanal und glitten unter den ersten Straßenbrücken hindurch. Bald wurde der Kanal etwas breiter, zu beiden Seiten lagen Boote, und ich überlegte, ob wir versuchen sollten, hier zu ankern. Aber bis zur Stadtmitte waren es noch immer 50 km, zu weit, um die Stadt ohne Auto zu erreichen. Auch konnten wir hier unser Boot keinesfalls allein lassen. Also weiter!

Die Spannung wurde für mich fast unerträglich. Hinter jedem der großen Gebäude und hinter jeder der zahlreichen Biegungen erwartete ich eine Kontrolle. Waren wir schon auf der Moskwa? Auf jeden Fall musste es einer ihrer Nebenflüsse sein. Mit zitternden Händen hielt ich das Steuerrad fest umklammert. Das Grün zu beiden Seiten war kein Wald mehr, sondern ein Park. Was würde, was konnte jetzt geschehen? Die riesigen Türme der ersten Stadtschleuse tauchten auf, die Nr. 7 in der Karte. Nr. 8 folgte einen Kilometer danach. Also durch diese beiden Schleusen mussten wir noch durch, dann waren wir da!

Kein einziges Sportboot hatten wir bisher gesehen. War die Durchfahrt für private Boote allgemein verboten? Dann würde man uns an der Schleuse stoppen. Unruhig warteten wir. Auch Ed war jetzt sichtlich nervös. Er sprach über Funk mit der Schleusenaufsicht, aber man stellte ihm anscheinend keine gefährlichen Fragen. Nach kurzer Wartezeit und ohne weiteren Aufenthalt durften wir einlaufen. Weder Ed noch Sascha wollten mir genau berichten, wie sich die Funkgespräche abgewickelt hatten. Sie wollten mich nicht beunruhigen und meinten wohl, wenn etwas schiefging, würde ich es ohnehin merken, und wenn nicht, umso besser, dann musste ich mich nicht über ihre Landsleute ärgern. Beide besaßen einen unbändigen Nationalstolz, und es wäre ihnen sehr peinlich gewesen, wenn ich eine schlechte Behandlung erfahren und Grund zur Beschwerde bekommen hätte.

Die Schleusen in Russland sind alle riesig, aber diese kam mir besonders groß vor. Über 230 m lang, entsprechend breit und 12 m hoch. Wir hatten schon höhere Schleusen passiert, aber hier fühlte ich mich gefangen und nach dem Schließen der Tore hilflos eingesperrt. Oben auf dem Bollwerk standen wieder eine Reihe reich verzierter schmiedeeiserner Laternenmasten im Stil der Jahrhundertwende. Und wie immer war es ein eigenartiges Gefühl, mit dem kleinen Boot an den gewaltigen Wänden festzumachen. Aber man ließ uns ohne weitere Prüfung ausfahren. Ich atmete tief durch. Wie weit würden wir in die Metropole hineinkommen? Mussten wir am Ende doch noch umkehren?

Aber nein! Am Spätnachmittag durchfuhren wir die letzte Schleusenkammer und waren endlich in der großen Stadt. Wahnsinn! Zunächst gelangten wir zu einer Kanalkreuzung, wo das erste riesige Hotel in die Höhe ragte. In Russland scheint alles größer zu sein als in der übrigen Welt. Eine gewaltige Terrasse zog sich an der Wasserfront entlang, und dort entdeckte ich auch einen Anlegeplatz. »Meinst du, wir dürfen da festmachen?« fragte ich Sascha. »Ich könnte mir jedoch vorstellen, dass man hier grundsätzlich keine Boote duldet, die keinen Vertrag mit dem Hotel haben.«

Sascha mochte sich nicht festlegen. »Das musst du entscheiden. Ich weiß nicht, ob so etwas üblich ist. Du kennst die Regeln auf dem Wasser.«

Ja, ich sollte sie kennen, aber nicht in Moskau. Ich hatte beispielsweise am Anleger des Hilton in Curaçao gelegen und keine Schwierigkeiten bekommen, jedenfalls nicht, wenn ich mit Essen und Trinken etwas Umsatz gebracht hatte. Aber hier? Es war schon nach acht, und ich musste einen Platz für die Nacht finden, bevor es endgültig dunkel wurde. Deshalb zog ich es vor, auf langwierige Verhandlungen zu verzichten und lieber weiterzufahren in die Moskwa, die sich in zwei großen Bögen durch die Stadt windet. Doch wo wollten wir eigentlich hin? Ich sah Angelika an. »Erst mal weiter, wenn möglich bis zum Kreml. Dort in der Nähe wohnt ja Sascha.« Als Moskauer, so dachte ich, würde er schon eine Stelle wissen, wo wir bleiben konnten. Außerdem hatte ich ja das vollständige Kartenmaterial an Bord.

Dabei hatte ich allerdings zwei Dinge nicht bedacht: Erstens hatte sich Sascha nie um die Schifffahrt gekümmert, allenfalls wusste er, wo man ein Ausflugsboot besteigen konnte. Und zweitens zeigten meine Karten nur Anleger für Berufsschiffe. In dieser Stunde aber wollte ich mir keine weiteren Gedanken machen. Wir hatten das Unmögliche geschafft, wir waren in Moskau und jubelten alle. Ruhig glitt die SOLVEIG in der langsam untergehenden Sonne ins Herz der Weltstadt. Ich erinnerte mich an Berlin, Hamburg, New York, Rio, Kapstadt, London und Paris... Nirgends war es leicht gewesen, mit dem Boot einen stillen Platz zum Schlafen zu finden. Allerdings hatte ich mich dort anmelden und im Voraus orientieren können. Das war hier nicht möglich.

Ankern im Schatten des Kreml

Wir fotografierten eifrig, filmten und schauten und schauten. Die gewaltigen, palastartigen Gebäude, meist im stalinistischen Zuckerbäckerstil, die langen Uferpromenaden, das viele Grün, die zahlreichen Brücken – das alles war überwältigend. Wir passierten ein riesiges schwimmendes Restaurant. Dort hatte offenbar eine Messe oder eine andere Großveranstaltung stattgefunden, wozu man neben der Terrasse eine Art Wikingerschiff festgemacht hatte. Arbeiter waren damit beschäftigt, das historische Modell abzu-

Der Kreml in Moskau wurde vor langer Zeit (das Datum ist nicht bekannt) an den Ufern der Moskwa erbaut.

bauen und zu zerlegen. Und schließlich erkannte ich vor uns die lange rote Mauer des Kreml mit ihren hohen Türmen. Glühend rot ging die Sonne unter. In ihren letzten Strahlen glänzten die goldenen Kuppeln der Kirchen hinter der düsteren Mauer.

So mochte Stefan Zweig 1928 den Kreml erlebt haben. Er schrieb: »Möglicherweise ist es die gleiche Stelle, wo Napoleon einst stand, der große Rasende, der mit sechshunderttausend Mann von Spanien und Frankreich durch Deutschland, durch Polen, durch diese endlose Weite dem Irrlicht des Orients hierher nachzog, indes er schon ein gewaltigeres Schauspiel erlebte: eine brennende Stadt zu seinen Füßen! Betäubender, verwirrender Anblick muss es damals gewesen sein, und er ist es noch heute. Ein barbarisches Durcheinander, ein planloses Kunterbunt, von der Neuzeit nur noch pittoresker gemacht: grellrot gestrichene Barockkathedralen neben einem Wolkenkratzer, weitläufige, schlosshafte Paläste neben schlecht getünchten Holzhäusern mit grindigem Verputz, zwiebeltürmige, halb byzantinische, halb chinesische Kirchen ducken sich unter die riesenhafte technische Eiffelturmsilhouette der Funkstation. Und schlecht nachgeahmte Renaissancepalais halten sonderbare Nachbarschaft mit Kaschemmenhütten. Und zwischen all dem, rechts und links, vorn und rückwärts, überall Kirchen, Kirchen, Kirchen mit ihren heraufgeschraubten Türmen, vierzig mal vierzig, wie die Russen sagen, aber jede anders in Farbe und Form, ein Jahrmarkt aller Stile, eine zusammengequirlte, fantastische Ausstellung aller Bauformen und Kolorite. Nichts passt hier zueinander in dieser planlosesten, scheinbar improvisiertesten aller Städte...«

Ich fragte mich, ob ich wohl träumte. War es wirklich möglich, dass ich hier gemütlich entlang glitt? Durfte man da einfach vorbeifahren? Mein Kopf schwirrte von Gedanken. Wir hatten während der ganzen Zeit im Stadtgebiet kein einziges Sportboot gesehen. Wohl begegneten uns Polizeiboote, aber nichts geschah. Ed winkte nur freudig – aus Dummheit oder Dreistigkeit? Unzählige Ausflugsschiffe mit fröhlichen, tanzenden Menschen und dröhnend lauter Musik fuhren vorbei, überholten uns. Es war 22.30 Uhr geworden. »Sagt mal, wo soll ich eigentlich die Nacht über bleiben mit dem Boot?« fragte ich Sascha und Angelika.

»Na, du kannst doch ankern«, meinte Sascha seelenruhig.

»Ankern?« Ich schrie es fast. »Hier, mitten in der Stadt? Weißt du keinen anderen Platz, Sascha? Du kennst dich doch hier aus!«

Seine Antwort war ebenso einfach wie unrichtig. Er war eben durch und durch Künstler, kein Seemann, auch kein Flussschiffer: »Du kannst doch überall ankern, es ist kein Verbotsschild da.«

Wahrscheinlich war Ankern im gesamten Stadtgebiet verboten, dachte ich und überlegte laut weiter: »Vielleicht haben die uns nur deshalb nicht schon längst festgenommen, weil sie so viel Frechheit nicht für möglich halten.« Von Müdigkeit und freudiger Erschöpfung wie gelähmt, verkündete ich: »Na gut, dann ankere ich jetzt in einem Winkel vor der nächsten Brücke, da störe ich wenigstens nicht den Verkehr der Fahrgastschiffe.«

Fünf Minuten später fiel das Eisen etwa 200 m vom Kreml entfernt. Im Cockpit saßen wir anschließend zusammen, um das

Wunder zu feiern und auf das Wohl von Moskau anzustoßen. Über uns wölbte sich die alte Brücke, und hinter uns waren die goldenen, mit Scheinwerfern angestrahlten Türme des Kreml zu erkennen. Doch bald suchten wir erschöpft unsere Kojen auf. Vor dem Einschlafen jagten sich noch einmal meine Gedanken, teils in Angst, teils in unbändiger Freude. Dass ich diesen Tag in Moskau erleben durfte! Die Nacht über blieben wir erstaunlicherweise unbehelligt, schliefen tief und fest. Am Morgen fand ich dann eine Möglichkeit, Sascha an einem Anleger der Ausflugsschiffe, der so früh noch nicht benützt wurde, an Land gehen zu lassen, damit er nach seiner Wohnung sehen konnte. Schon nach einer halben Stunde kam er wieder zurück. »Und was machen wir jetzt?« fragte ich ihn. Schließlich war ich bei Entscheidungen, die hier so folgenschwer sein konnten, auch auf den Rat unserer russischen Freunde angewiesen. Die Lage war heikel.

Wir waren zwar frei, aber SOLVEIG war inzwischen bestimmt schon aufgefallen. Wir mussten das Zentrum schleunigst verlassen, um wenigstens aus dem Bereich des Kreml zu kommen und nicht durch weitere Runden Aufmerksamkeit zu erregen. Es war nicht mehr weit bis zum Handels- und Industriehafen, wo sich hoffentlich eine Möglichkeit zum Festmachen finden würde. So setzten wir die Fahrt fort, die Moskwa abwärts.

Festgenommen!

Nach etwa einer Stunde sahen wir eines der großen schwimmenden Häuser, ein Wohnschiff, wie sie auch an den Anlegestellen der Personenschiffe eingesetzt werden. Es schien bewohnt. Sascha rief: »Fahr dicht an das Schiff heran, dann kann ich fragen, ob wir Wasser bekommen und einen Liegeplatz.« Drei Männer standen an der Reling des Wohnschiffs. Ich ging längsseits und durfte für kurze Zeit festmachen, um Wasser zu übernehmen. Die Männer halfen uns sogar. In den Räumen des Schiffs war eine öffentliche Sauna untergebracht. So war es auch nicht erstaunlich, dass bald zwei recht attraktive junge Damen über das Geländer zu uns an Bord kletterten. Angelika bot ihnen Getränke an, erzählte von unserer Heimat am Tegernsee und schenkte ihnen ein Heft mit Fotos vom schönen Oberbayern. Die beiden jungen Frauen, von denen eine etwas deutsch sprach, begannen ein längeres Gespräch, lobten die Einrichtung des Bootes und fragten sehr intensiv nach unserem Woher und Wohin. Ich wiederum wollte wissen, ob sie in der Sauna arbeiteten, was sie bejahten. Nach wie vor nervös, ging ich kurz an Deck, um nach dem Wasserschlauch zu sehen. Dabei bemerkte ich ein großes graues Patrouillenboot, es mochte Polizei oder Gewässerschutz sein, das dicht an uns vorbei fuhr und ein paar Meter hinter uns festmachte.

Au weh, dachte ich, jetzt werden Fragen gestellt...

Zuerst ging Ed als der verantwortliche russische Schiffsführer an Bord des Wachbootes. Bald rief er nach Sascha, der mir übersetzte: »Die Offiziere wollen unsere Bootspapiere sehen. Es sieht nicht gut aus.«

Bald kam er zurück und bat mich, ihm weitere Unterlagen zu geben. »Wir müssen alle russischen Papiere des Bootes, die Empfehlungsschreiben und ein Logbuch vorweisen.«

Verwirrt antwortete ich: »Ich habe kein russisches Logbuch, und mein Tagebuch ist auf deutsch geschrieben.« Jetzt war es also geschehen!

»Die wissen, dass wir ein deutsches Boot sind.« Sascha sagte es so leise, als wollte er mich schonen.

»Was passiert jetzt?« fragte ich.

»Das weiß ich nicht, die beiden Offiziere sind sich noch nicht sicher. Sie überlegen noch.« Sascha wirkte verstört.

Meine schlimmsten Befürchtungen schienen wahr zu werden: Meldung bei der Kommandantur, vielleicht beim Geheimdienst. Jetzt konnte uns auch der russische Konsul in München nicht mehr helfen. Die Gedanken jagten sich in meinem Kopf. Was sollte ich tun? Eine Flucht war unmöglich.

Sascha und Ed gingen mit den Dokumenten zum Wachboot zurück, ich sah ihnen nach und beobachtete, wie die beiden Offiziere, offenbar ärgerlich, mit den Händen gestikulierten und sehr laut mit Sascha redeten. Die Mädchen saßen noch immer bei Angelika im Salon, erfreuten sich ihrer Getränke und ahnten nichts von unseren Problemen. So nett dieser Besuch war, im Augenblick hatte ich andere Sorgen.

Ed und Sascha saßen fast eine Stunde bei den Offizieren im Steuerhaus des Wachboots. Durch die Scheiben sah ich sie lebhaft verhandeln. Angelika blieb weiter cool und filmte die ganze Szene sogar durch das Bullauge der Pantry. Dann kam Sascha besorgt zurück und meldete leise: »Wir müssen hier losmachen, sofort! Du sollst dem Wachboot folgen.«

Ich erschrak. »Wohin?«

Saschas Antwort war kurz: »Das weiß ich nicht. Immer dem Wachboot hinterher.«

So war das also. Wir waren festgenommen! Wie heißt es so schön in den Krimis? »Kommen Sie mit aufs Präsidium!« Ich fuhr hinter dem großen Patrouillenboot her, das für uns viel zu schnell war. Prompt kam der Anruf, ich möge doch wie befohlen folgen! »Die denken wohl, ich will mich davonmachen? Ich kann doch nicht schneller.«

In diesen Minuten war ich völlig verzweifelt und malte mir aus, was alles geschehen konnte. Wohin wurden wir gebracht? Auf jeden Fall musste ich Ruhe bewahren, durfte nicht die Nerven verlieren. Zum Glück war Angelika absolut gefasst und beherrscht wie immer.

Ein Versteck im Grünen

Ich steuerte dem ziemlich großen, bewaffneten Fahrzeug mit Höchstfahrt hinterher. Nach etwa 15 Minuten öffnete sich an Backbord eine Bucht mit bewaldeten Ufern, eine Art Nebenfahrwasser. Dorthin wandte sich das Schnellboot. Was hatten die Russen mit uns vor? Schließlich verlangsamten sie die Fahrt vor einer Art Werft, einem alten Frachter, der neben einem großen rostigen Ponton und einer Reihe vergammelter Schiffe festgemacht hatte. Einige Arbeiter waren mit Reparaturen beschäftigt. Die Polizei nahm Funkkontakt mit dem Werftschiff auf, und ich erhielt über Sascha Befehl, wo ich festmachen sollte. Es wurde immer rätselhafter!

»Du musst immer geradeaus auf die Büsche am Ufer zufahren«, gab Sascha die Anweisungen des Inspektors weiter.

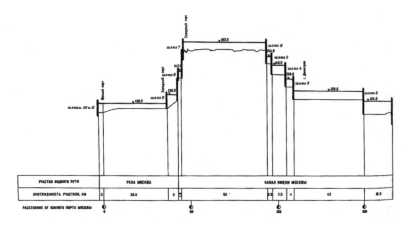

Das Schema der neun Schleusen im Stadtgebiet von Moskau.

Ich gehorchte, bis die Äste schon den Mast und das hohe Achterdeck streiften. »Noch ein Stück!« rief Sascha. Meterweise wurde ich in eine schmale Lücke zwischen dem Ponton und dem mit dichtem, halbhohem Gebüsch bewachsenen Ufer gelotst. Als die Äste der Sträucher bereits über das Vordeck schleiften, schaltete ich in den Rückwärtsgang, doch: »Weiter!« hörte ich den Befehl. Noch einmal gab ich etwas Gas, geriet vollends unter die Äste, und gleichzeitig knirschte der Bug auf dem Grund.

»So ist es gut. Hier musst du bleiben und darfst das Boot nicht mehr bewegen.« Die Polizei war zufrieden.

Vom Wasser aus waren wir nicht mehr zu sehen. Aus eigener Kraft, ohne Hilfe der Arbeiter, würden wir hier nie wieder herauskommen. Wir waren regelrecht gefangen.

Ed und Sascha wurden wieder aufs Wachboot gerufen, und die Verhandlungen gingen weiter, eine Stunde lang. Ich sah, wie Karten ausgebreitet wurden, und hörte erregte Stimmen diskutieren. Als Sascha zurückkam, machte er mir klar, dass wir »etwas bezahlen mussten«. Ich war auf ein so gewaltiges Lösegeld gefasst, dass mir die geforderte Strafe eher gering vorkam. Die Offiziere hatten festgestellt, dass wir gegen verschiedene Vorschriften verstoßen hatten. Uns fehlten weiße Signallampen am Mast, und auch unsere Ausrüstung entsprach nicht den Regeln. Vor allem hatte Ed kein

20 Das »Gefängnis« von SOLVEIG VII im Gestrüpp und auf Grund in Moskau.

21 Moskau – Uferstraße an der Moskwa bei Nacht.

22 Die Anlegebrücke für Fahrgastschiffe im Dorf Pljos – ein Opfer des Umbruchs und der Zeit.

23 Das Denkmal für Peter den Großen am Ufer der Moskwa in Moskau.

24 Angelika und Rollo Gebhard an Bord ihrer SOLVEIG VII.

25 Altes Bauernhaus im Dorf Winnowka.

26 Die Kathedrale (Maria-Geburts-Kirche) in Nischnij Nowgorod.

27 Nischnij Nowgorod: Die große Brücke über die Oka an der Mündung in die Wolga.

28 Die Tschikalow-Treppe bei Nischnij Nowgorod. Das Bauwerk wurde von deutschen Kriegsgefangenen errichtet.

29 Abendstimmung Nischnij Nowgor

30 Das mittelalterliche Makarij-Kloster, heute ein reines Frauenkloster, war mit seiner hohen Wehrmauer früher auch Handels- und Messezentrum.

31 Mit dem Zodiac-Beiboot brachte Sascha einige der hübschen Pflegerinnen von einem Sanatorium an Bord.

32 Eigene Wasserversorgung! Pumpanlagen, die das Wasser der Wolga zu den höher gelegenen Häusern des Dorfes pumpen.

33 Im Hof des Makarij-Klosters. Der wehrhafte Bau war vor dem Aufstieg von Nischnij Nowgorod ein führendes Messezentrum.

34

35

34 Auf diesen Kuttern lernen die »Jungen Pioniere«, Pfadfinder, auf der Wolga das Segeln.

35 Verladen der Ausrüstung für das Wochenende in einen Segelkutter im Hafen von Ulianowsk.

36 Badespaß an heißen Tagen

(russisches) Logbuch geführt, was seine Pflicht als Schiffsführer gewesen wäre. Er kannte also nicht einmal die russischen Vorschriften!

Wir sollten nun für einen ansehnlichen Betrag ein Logbuch kaufen, das die Beamten an Bord hatten. Sascha fragte: »Bist du dazu bereit? Es kostet eine ganze Menge.« Er war selbst entsetzt über die Summe, aber ich stimmte zu. Was blieb mir anderes übrig?

»Und kannst du am Boot zwei weiße Signallampen anschrauben?«

»Nein«, antwortete ich, »das geht nun wirklich nicht! Dazu müsste ich Löcher in den Stahl bohren.«

Wieder wurde auf dem Wachboot beraten, dann kam Sascha nochmals zurück: »Wir sollen wenigstens bei Tage mit zwei weißen Handflaggen Signale geben können.«

Hier wurden wir genau in dem Punkt gerügt, den ich schon in St. Petersburg mit Ed hatte klären wollen: »Was machen wir, wenn ein großes Schiff uns überholen will?« Er hatte damals großspurig gemeint, das sei nicht unsere Sache, sondern die des Überholers. Ein grober Irrtum, wie sich jetzt herausstellte, denn nach russischer Vorschrift mussten wir unsere Entscheidung, nach welcher Seite wir ausweichen wollten, dem großen Schiff mit zwei weißen Flaggen signalisieren. Unsere deutschen Vorschriften sind da viel härter: Bei uns signalisiert der Große, wohin er fahren will, und der Kleine hat zu weichen.

Für beides, das fehlende Logbuch und die fehlenden Flaggen, war Ed verantwortlich, und er wurde von da an auch ein wenig kleinlaut. Sogleich machte er sich an die Arbeit, zwei Flaggenstöcke zu basteln und zwei weiße Tücher zurechtzuschneiden. Schon nach kurzer Zeit waren die Signalflaggen fertig. Der Preis für das Logbuch, in Dollar natürlich, war saftig, aber darin war auch schon das Strafgeld für unsere Versäumnisse eingeschlossen. Hinzu kam noch eine hohe Liegegebühr bei der Werft. »Die ist für eine Woche im Voraus fällig. Bitte ebenfalls in Dollar.« Sascha versuchte, den Preis zu verharmlosen.

Der Gesamtbetrag schien mir am Ende sehr hoch, doch angesichts unseres illegalen Eindringens in den gesperrten Stadtbezirk musste ich mich zufrieden geben. »Wenn es dabei bleibt und nicht noch neue Zahlungen auf uns zukommen, soll es mir recht sein«, tröstete ich Sascha. Ich zahlte sofort, und das Polizeiboot verschwand so schnell, wie es gekommen war.

Ich atmete auf. Wenn weiter nichts geschah, hatten wir noch Glück gehabt. »Du musst jetzt hier bleiben, darfst das Boot nicht mehr bewegen«, erklärte mir Sascha nochmals. »Wenn wir weiterfahren wollen, müssen wir uns mit dem Inspektor über Funk verständigen und seine Genehmigung einholen. Niemand soll erfahren, dass wir hier sind!«

Der Inspektor wollte wohl dafür sorgen, dass wir keinem anderen Wachboot in die Hände fielen, wenn wir weiterfuhren, und dass unser Aufenthalt in Moskau geheim blieb. Das klang ganz gut, denn dann würde er wahrscheinlich auch jedes Aufsehen vermeiden und uns nicht seiner vorgesetzten Dienststelle melden. Vielleicht... Jetzt durften wir nicht den kleinsten Fehler machen, denn wir saßen alle zusammen im sprichwörtlichen Glashaus. Für mich hieß das: Ruhe bewahren, nicht auffallen, keine dummen Sachen sagen, möglichst mit niemandem darüber reden. Zwar hielten wir unseren täglichen Kontakt mit Deutschland per Internet aufrecht, aber ich durfte die Geschichte keinesfalls an die große Glocke hängen. Schlagzeilen in Zeitungen hätten böse, sehr böse Folgen für uns gehabt. Schließlich hatten wir mit unserer heimlichen Fahrt und unseren Ausrüstungsfehlern gegen eine ganze Reihe von Vorschriften verstoßen, wahrscheinlich gegen mehr, als auch dem Inspektor bewusst war. Hätte ihn ein Kollege entsprechend »beraten«, wären wir wohl nie mehr aus Moskau herausgekommen. Die Angst, dass die SOLVEIG beschlagnahmt werden könnte, befiel mich in jeder Nacht. Dennoch war ich glücklich, dass ich es bis Moskau geschafft hatte und die berühmte Metropole erleben konnte.

Zunächst allerdings mussten wir uns um das Boot kümmern. Der Liegeplatz war mir doch recht unheimlich, oft kamen Lastwagen oder Personenautos durch den Park zu uns herunter gefahren, denn die Stadt lag etwa hundert Meter höher. Dann stiegen manchmal zweifelhafte Gestalten am Ufer aus und verteilten sich zwischen den Bäumen. Irgendwann verschwanden sie wieder, wie sie gekommen waren.

Doch abgesehen von dem vielen Schrott, der das Laufen auf dem Ponton erschwerte, war die Umgebung unseres Liegeplatzes stellenweise recht reizvoll. Bis zum steilen Ufer und weit hinauf am Hang reichte ein Park mit schönen alten Bäumen, und auf der anderen Seite der kleinen Bucht stand erhöht sogar ein kleiner Pavillon im klassischen Stil, der einst wohl den Ausfluß einer Kläranlage verziert hatte. Die Kläranlage arbeitete nicht mehr, oder es wurde Abwasser auf anderem Weg eingeleitet, jedenfalls war der Geruch manchmal nur schwer erträglich.

Insgeheim machte ich mir Gedanken, ob von den Besuchern und Arbeitern der Werft nicht eine gewisse Gefahr ausging. Man stelle sich vor: Da lag neben ihrem Schrotthaufen, neben Bergen von verrostetem Eisen, defekten Motoren und elektronischen Instrumenten eine hochmoderne, glänzend gepflegte Yacht aus Deutschland. Was für eine Herausforderung! Dass Angelika und ich Ausländer waren, konnte nicht verborgen bleiben. Aus diesem Grund hielt ich es für bedenklich, sich zu oft und für längere Zeit vom Boot zu entfernen.

Nachts in der Metro

Dennoch konnte ich es kaum erwarten, die Sehenswürdigkeiten von Moskau kennenzulernen, und wollte jede Stunde nützen. Angelika und Sascha planten unter anderem Filmaufnahmen in der berühmten METRO, doch ohne eine besondere behördliche Genehmigung war das nicht möglich. Mit unseren Empfehlungsschreiben in der Tasche machten wir uns deshalb auf zum Verwaltungsgebäude der Bahn. Die Fahrt per Anhalter und U-Bahn von unserem Versteck bis zur Stadtmitte war allerdings weit und langwierig, denn wir befanden uns in einem sehr entlegenen, nur vom Wasser aus leicht erreichbaren Stadtteil.

In Russland und speziell in Moskau ist alles gewaltig. So hat auch die Bahn eine breitere Spur und breitere Waggons als im übrigen Europa, die U-Bahn nicht ausgenommen. Auch die Bahnhöfe sind größer und geräumiger, mit viel Kunst und Prunk ausgestattet. Die Freude an Glanz und Pracht, der Ehrgeiz, ohne Rücksicht auf die Kosten das Größte und Schönste zu bauen,

МОСКОВСКИЙ МЕТРОПОЛИТЕН

17.06.2001.   № 64

на № _____ от _____

Р а з р е ш е н и е

Гражданам ФРГ А. и Р.Гебхард разрешается проведение съемок без подключения к электресети 27 и 28 июня с 20.00 до 24.00 на следующих станциях: Площадь Революции, Новослободская, Комсомольская (к), Киевская (к), Киевская (АПЛ).
Ответственные за проведение съемок - ДСП вышеуказанных станций, от съемочной группы - Андреев А.С.

Начальник отдела метрополитена   С.П.Сарычев

Übersetzung:
Moskau Metro 27.06.01
Erlaubnis
Den Bürgern der Bundesrepublik Deutschland, A. und R. Gebhard wird es hiermit erlaubt, Video-Szenen ohne Anschluss an die Elektrizität (der Metro) am 27. und 28. Juni jeweils von 20.00 Uhr bis 24.00 Uhr auf den folgenden Stationen aufzunehmen: Platz der Revolution, Komsomolskaja, Kiew und Kiew Rodial.
Verantwortlich für die Video-Aufnahmen ist die Patrouille der jeweiligen Station und auf Seite des Filmteams Andrey Alexander.
Der Leiter der Abteilung
Gez. Saritschew

129110, г.Москва, Проспект Мира, 41, стр.2   Телефон: 222-10-01, Факс: 971-37-44, e-mail: info@mosmetro.ru waren schon zur Zarenzeit selbstverständlich und wurden später von den Kommunisten der Geltung wegen übernommen. Der Diktator wollte überall noch höher hinaus, noch größer wirken. Die kostbarsten Materialien wurden eingesetzt, sodass die METRO wie ein gigantisches Museum der Stalinzeit wirkt.

Imponierend war für mich allein schon die Tiefe, in die man über die Rolltreppen gelangte, die in ihrer ganzen Länge kaum zu überblicken waren. So konnte die Bahn auch an jeder beliebigen Stelle unter der Moskwa hindurch geführt werden. Wie mochte in den zwanziger Jahren eine derart gigantische Arbeit geleistet worden sein? Die erste Linie der METRO wurde 1935 feierlich eröffnet, zu einer Zeit also, da Stalin auf der Höhe seiner Macht stand und Dutzende seiner engsten Mitarbeiter und Freunde in Schauprozessen verurteilen und hinrichten ließ.

Doch auch die METRO ist kein zeitloses Wunder und wie fast alle anderen Einrichtungen von der schlechten Versorgungslage im Land betroffen. Die Technik ist heute veraltet, das große Gebäude, in dem wir den zuständigen Direktor wegen einer Drehgenehmigung aufsuchten, zeigte deutliche Spuren der Abnützung. Um die oberen Etagen betreten zu dürfen, brauchten wir erst einmal einen Passierschein. Dann wurden wir von Zimmer zu Zimmer weitergereicht, bis wir endlich vor dem einfachen Tisch des zuständigen Beamten standen. Sascha erzählte von unserer Expedition und präsentierte die Schreiben, die ihre Wirkung nicht verfehlten. Die Augen des Chefs musterten mich dabei aufmerksam. Er telefonierte, informierte ein weiteres Büro, und dann erhielten wir die Erlaubnis, in genau festgelegten Bahnhöfen von 20.00 bis 24.00 Uhr Aufnahmen zu machen. Als wir abends filmten und fotografierten, tauchte tatsächlich zwei Minuten vor Mitternacht ein Beamter auf, der uns alle weiteren Aufnahmen verbot. Wir waren also unter ständiger Beobachtung gewesen. Diese Einschränkung erschien uns zunächst kleinlich, aber wir verstanden später, dass die strenge Überwachung einer so empfindlichen Einrichtung wie der METRO aus der Not geboren war. Wir erinnerten uns an den Anschlag in der U-Bahn von Tokio und an die zahlreichen Bombendrohungen von tschetschenischen Extremisten in Moskau.

Auf dem Roten Platz

Ein heißer Wunsch von mir war es auch, einmal den Roten Platz zu besuchen und dort zu stehen, wo sich seit Jahrhunderten so viel Geschichte ereignet hatte. Dieser Platz ist gleichsam Russlands historische Bühne. Hier ließen die Zaren ihre Truppen paradieren, eine Tradition, an der auch die Generalsekretäre der UdSSR festhielten. Oft hatte ich dabei in der Wochenschau und später im Fernsehen die finster blickenden, gemessen winkenden Führer der Supermacht auf dem Balkon des Leninmausoleums stehen sehen. Nun lief mir bei der Erinnerung ein Schauder über den Rücken. Mir war die Atmosphäre auf dem Platz unheimlich, sie schien mir irgendwie spannungsgeladen. Vielleicht trug dazu auch Saschas Erlebnis bei: Als er zwei Tage zuvor um fünf Uhr früh auf den Platz gegangen war, um die Architektur möglichst ohne Passanten aufnehmen zu können, war sogleich die Geheimpolizei zur Stelle gewesen und hatte ihm die Kamera aus der Hand reißen wollen.

Aber vielleicht war auch meine persönliche Situation, die Ungewissheit, wie wir selbst und das Boot aus Moskau wieder herauskommen sollten, an meinen schwermütigen Gedanken schuld. Ich hatte ein dichtes Gedränge auf dem Platz erwartet, deshalb erstaunte mich zunächst die Weite der riesigen Fläche, die an jenem Vormittag ziemlich leer vor uns lag. Fast ein wenig verloren wirkten die Besucher, die in kleinen Gruppen dem Vortrag ihrer Führer lauschten. Was war auf diesem Platz nicht alles geschehen! Früher gab es hier sogar einen Schindanger, auf dem Oppositionelle, Aufständische und Rebellen gefoltert und hingerichtet wurden. So ließ Peter der Große hier 1698 mehr als 2000 Strelizen enthaupten und ihre Köpfe als Warnung auf dem Roten Platz ausstellen. Vielleicht sollte man sich auch an diese russischen Traditionen erinnern, wenn man sich wundert, wie hart die heutige Führung mit den tschetschenischen Rebellen verfährt.

Als beeindruckend empfand ich die unendlich lange Front des Kaufhauses GUM, obwohl mir die auffällige Pracht eines Gebäudes, in dem neben Luxusgütern auch Gegenstände und Kleidung des täglichen Bedarfs angeboten werden, nicht so recht gefiel. Aber es ist damit wie mit den Palästen: Weder die Zaren noch die kommunistischen Machthaber hatten die geringste Hemmung, zur Repräsentation Geld mit vollen Händen auszugeben, obwohl im Land überwiegend Armut herrschte.

Seine eigentliche Pracht und Schönheit verdankt der Rote Platz jedoch neben dem Kreml der Basilius-Kathedrale. Ob man von der Moskwa, vom Kreml oder vom Roten Platz aus auf den imposanten Kirchenbau blickt: Jede Fassade ist eine Hauptfassade. Das äußerlich etwas verwirrende Spiel von Kuppeln und Türmen folgt einer strengen Symmetrie. Die Kathedrale setzt sich insgesamt aus neun Kirchen zusammen, die aus jedem Blickwinkel einen starken Eindruck machen. Die Basilius-Kathedrale ist wirklich unglaublich schön!

Flucht aus der Metropole

Unsere Abfahrt war auf den 29. Juni abends festgelegt. Diese Zeit hatte der Polizeioffizier wohl gewählt, damit es schon etwas dunkel wäre und wir nicht gesehen würden. Den ganzen Tag über herrschte Hochspannung an Bord: Kommen wir hinaus – oder fällt dem Offizier noch im letzten Augenblick ein Problem ein? fragten wir uns. Um 20.00 Uhr war es dann soweit, wir warfen die Leinen unserer Gefangenschaft los. Die Werftarbeiter waren informiert und halfen uns, das Boot in tieferes Wasser zu schieben. Sascha kletterte hinauf zum Pavillon und zog das Boot von dort mit einer langen Leine ein Stück in die Bucht hinaus. Welch ein glückhaftes Gefühl war es, als ich spürte: Die SOLVEIG war wieder flott und hatte keine Grundberührung mehr!

Dann lief alles nach Plan: Das Wachboot war pünktlich zur Stelle und hielt sich neben uns, während der Offizier befahl: »Fahren Sie schneller, so schnell wie möglich! Noch heute abend hinaus aus Moskau!«

Das übersetzte mir Sascha sehr aufgeregt und meinte auch von sich aus, ob es nicht doch vielleicht ein wenig schneller ginge? Es ging nicht. Über 7,5 Knoten konnten wir nicht laufen, dazu war das Boot zu schwer beladen mit 700 Liter Wasser, 2000 Liter Diesel und einem großen Vorrat an Lebensmitteln und Ersatzteilen. Ich schüttelte den Kopf. Die Nerven lagen bei uns allen blank, nur Ed wirkte völlig gelassen. War er wirklich so schicksalsergeben? Oder wollte er sich nur nichts anmerken lassen?

Mit Höchstfahrt preschte die SOLVEIG durchs Zentrum der Millionenstadt. Unser Wachboot fuhr voraus, ein zweites kam bald hinzu und folgte uns. Es war schon ziemlich dunkel, als wir den Kreml passierten, und das war wohl auch so beabsichtigt. Aber ich war doch traurig, dass wir nicht bei Tageslicht am Kreml vorbeikamen, denn ich hätte so gern fotografiert! Nun musste ich die Leica beiseite legen. Doch sicherlich war es wichtiger, mit aller Konzentration zu steuern und keine Minute zu verlieren, um das Stadtgebiet zügig zu verlassen.

Unseren relativ angenehmen Aufenthalt in Moskau hatten wir dem Polizeioffizier zu verdanken, der uns in der waldigen Bucht hinter Bergen von rostendem Stahl versteckt hatte. Jetzt sollten wir vor der Nacht zumindest die erste der Stadtschleusen hinter uns bringen, bevor die neue Wachschicht ihren Dienst antrat. So schenkte ich den schönen Brücken und riesigen Hochhäusern, die mit tausenden von Lichtern den Nachthimmel erhellten, kaum noch Beachtung. Nur weiter, weiter! Nur keine Verzögerung! Nach jedem Abschnitt der Moskwa, der hinter uns lag, atmete ich freier und rechnete aus, wieviel noch vor uns lag. Ja, kein Zweifel, es war eine Flucht...

Als wir nach drei Stunden angestrengter Fahrt endlich die erste Schleuse vor uns sahen, war es bereits Nacht. Ed rief den Schleusenwärter über Funk, doch die großen Tore öffneten sich nicht. Wir erschraken. Also mussten wir ankern, dabei aber sehr vorsichtig sein, denn dicht vor der Schleuse lag die Kreuzung der Moskwa mit zwei Kanälen und nicht weit davon das große Hotel. Bisher hatten wir das Polizeiboot mehrfach in unserer Nähe gesehen, wir befanden uns also noch im Bereich der Hauptstadt. Ich musste auf den Anker achten, dessen Kette vom Schwell der vorbeifahrenden Schiffe arg belastet wurde. Zum Essen hatten wir kaum Zeit, und für einen ordentlichen Schlaf waren wir zu aufgeregt. Vor uns und hinter uns ankerten später auch große Einheiten. So warteten wir bis Mitternacht, ob wir nicht doch noch für die Durchfahrt angenommen würden. Vergeblich. Erst in den Morgenstunden konnten wir die beiden Stadtschleusen passieren.

Am Ufer des ersten der kleinen Seen, die wir noch von der Herfahrt kannten, fanden wir eine Anlegebrücke und ließen Sascha an Land gehen, der noch einmal nach Moskau zurückmusste. Er wollte dort seine Kinder treffen, um ihnen einen Flug nach Deutschland zu ermöglichen. Sie brauchten seine notariell beglaubigte Erlaubnis, um ohne Begleitung fliegen zu dürfen. So gaben wir ihm einige Tage »Urlaub«, bevor er mit der Bahn an Bord zurückkehren wollte. Ein wahrhaft abenteuerliches Unternehmen, das nur ein Mann meistern konnte, der Moskau so gut kannte wie er und jeder überraschenden Situation gewachsen war.

Nachdem Sascha ausgestiegen war, hatten wir wieder die Schleusen im weiteren Umkreis von Moskau zu bewältigen. Wachboote lagen da und dort in Bereitschaft, und ich war jederzeit auf eine neue Kontrolle gefasst. Im Grunde war diese Erkundungsfahrt ins Herz Russlands mit mehr Unwägbarkeiten gespickt als eine Ozeanüberquerung. Da ich dies vorher gewusst hatte, nahm ich die kleinen täglichen Schwierigkeiten mit Ed mehr oder weniger gelassen in Kauf. Wir waren froh und dankbar, dass wir das unwahrscheinliche und kaum wiederholbare Abenteuer einer Moskaufahrt mit der SOLVEIG erlebt hatten. Wie würde es nun weitergehen? Welche neuen Höhepunkte erwarteten uns? Bei aller Freude über das Gelungene blieb doch die ständige Unsicherheit über unseren weiteren Weg.

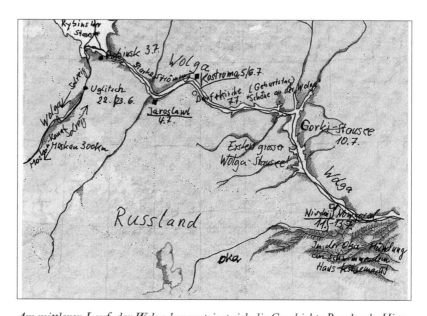

Am mittleren Lauf der Wolga konzentriert sich die Geschichte Russlands. Hier kamen im ersten Jahrtausend die Rus, die Wikinger, von Norden in das Land, von Osten drangen die mongolischen Reiterstämme der »Goldenen Horde« vor und errichteten ihr eigenes Reich. Sie wurden erst von Iwan dem Schrecklichen endgültig zurückgedrängt. Während der Sowjetzeit entstanden die großen Stauseen der Wolga, die Elektrizität für die Rüstungszentren Nischnij Nowgorod und Saratow lieferten. Leider wurden durch die Stauseen auch die Fließgeschwindigkeit der Wolga gehemmt und damit die Verschmutzung des Wassers bis zur Grenze des Erträglichen verschlimmert. Aber noch immer findet man an den Ufern der riesigen Seen, dem »Wolgameer«, malerische und einladende Strände.

Mächtig ist die Wolga

Das Bild der Städte an ihren Ufern wurde durch Handel und Reichtum geprägt, durch die Geschichte der wohlhabenden Kaufleute, die Kirchen und Wohnhäuser nach ihrem Geschmack errichten ließen. Das Flair weltoffener, lebendiger Städte, in denen sich das Neue mit der alten Architektur und Historie zu einem fesselnden Mosaik verbindet, kennzeichnet die Großstädte an der Wolga, wie Nischnij Nowgorod, Kostroma und Jaroslawl.

Von jetzt an waren wir mit Ed allein, arbeiteten mit ihm zusammen und waren deshalb umso mehr aufeinander angewiesen. Ein dummes Gefühl, dass wir uns nicht mit ihm verständigen konnten, doch für ein paar Tage musste es gehen. Sascha hatte uns einen Zettel mit russischen Sätzen und den wichtigsten Begriffen an Bord in Lautschrift hinterlassen und für Ed in kyrillischen Buchstaben. Außerdem speziell für Ed eine Liste mit den notwendigsten Lebensmitteln für seine Einkäufe. Wir verwendeten diese Zettel häufig, aber nicht immer mit Erfolg, denn Ed verstand oft Saschas Formulierungen nicht. Doch unsere Devise lautete: »Nur weiter!« Angelika fühlte und dachte ebenso und ließ sich durch nichts beirren. Tag und Nacht war sie mit geradezu fanatischem Eifer auf dem Posten: am Ruder als Steuermann, in der Pantry als Smutje, mit der Kamera als Reporter und in den Schleusen als Bootsmann. Sie achtete auch auf Ed, der uns trotz seines guten Willens wie ein Kind immer wieder mit unerwarteten Aktionen überraschte.

So brachte er es fertig, ich weiß nicht wie, schon zum zweiten Mal seine Toilette zu verstopfen. Damit fiel mir die wenig amüsante Aufgabe zu, während der Fahrt das Pumpklo zu zerlegen und gründlich zu reinigen. Unsere zuverlässigen Bordtoiletten hielten zwar schlechte Behandlung aus, aber was Ed mit seiner Kraft angerichtet hatte, ließ sich nicht ohne weiteres in Ordnung bringen. Da mussten schon Ersatzteile her, die sich zum Glück in passender Auswahl an Bord befanden.

Auch in anderer Richtung hatte ich vorgesorgt. Damit wir möglichst selten zur Wasserversorgung Liegeplätze aufsuchen mussten, hatte ich in unserem »Gefängnis« in Moskau die Entsalzungsanlage weiter optimiert, sodass wir nun auch beim Fahren mit mäßiger Geschwindigkeit einwandfreies Wasser herstellen konnten. Aus drei Gründen war dies ein unschätzbarer Vorteil: Erstens entfiel die schwere Arbeit, genügend Wasser heran zu schleppen, zweitens hatten wir damit die Garantie, dass Getränke und Speisen frei blieben von schädlichen Bakterien und anderen Verunreinigungen, und drittens konnte ich nicht vergessen, dass wir von dem Moskauer Wachboot gerade dann aufgebracht worden waren, als wir Wasser übernahmen. Jedes Anlegen in einer Stadt erhöhte die Gefahr einer Polizeikontrolle.

So genossen wir diesen für ein kleines Sportboot erstaunlichen Grad von Unabhängigkeit in der Versorgung. Darauf gründeten sich auch meine Hoffnungen auf eine weiterhin erfolgreiche Fahrt über tausende von Kilometern auf Wolga und Don. Am 1. Juli schrieb ich ins Tagebuch: »Vor uns liegt die lange Fluss- und Kanalfahrt bis zum Rybinsker See. Viel flaches Wasser dicht neben der Fahrrinne. Ich denke ungern daran: immer große Flächen, aber wenig Tiefe. Dazu viele versandete Nebenarme ohne Ankermöglichkeit. Ich schwitze schon den ganzen Tag aus Schwäche wegen der drei fast schlaflosen Nächte.« Am späten Abend dieses Tages ankerten wir hinter einer kleinen Insel. Es war ein idealer Platz, deshalb krochen wir am nächsten Morgen frisch und ausgeruht aus der Koje. Ich machte mich daran, den Motor zu überprüfen und die Filter im »Watermaker« zu reinigen. Am Nachmittag des 2. Juli erreichten wir die Schleuse Uglitsch, gingen aber diesmal nicht an Land.

Ohne Übergang wurde es plötzlich heiß: 32 °C. Der Motor erhitzte den Boden des Salons noch zusätzlich, was nicht sehr angenehm war. Doch die SOLVEIG störte das wenig, sie legte bis zum Abend 70 Seemeilen zurück, fast 140 Kilometer. Nochmals verbrachten wir eine Nacht ohne Störung. Am Morgen machte ich das Boot klar zur Weiterfahrt, kontrollierte den Motor und entnahm eine Probe Diesel, um mich zu vergewissern, dass in Moskau kein Schmutz in die Kanister gekommen war. Ed warf sogleich eine

Papierserviette in den Behälter: wieder einer seiner plötzlichen Einfälle! Allmählich fragte ich mich, ob er nicht doch leicht gestört sei.

Am Vormittag gelangten wir zur Einfahrt in den Rybinsker Stausee und hatten damit unseren Abstecher nach Moskau glücklich beendet. Die bisher wegen ihrer flachen Ufer etwas eintönige Wolga wurde nun von steilen Abhängen zu beiden Seiten begrenzt. Am Strand sah ich mehrere hübsche hölzerne Bootshütten, von denen Leitern über die Steilhänge hinauf zu neuen Wohnhäusern führten, vermutlich den Datschen wohlhabender Moskauer. Wir durchquerten den südlichen Teil des Stausees in knapp vier Stunden und hatten das Glück, vor der großen Wolga-Schleuse anzukommen, als sich die Tore schon zu öffnen begannen. Der Schleusenmeister drängte uns zur Eile, wartete aber dann mit dem Schließen der Tore, bis wir in der Kammer festgemacht hatten. Trotzdem gelang es mir, das riesige Monument der »Mutter Wolga« zu fotografieren, das vor der Mündung in den See über uns aufragte.

Der größte Strom Europas

Stolz und erleichtert steuerte ich hinaus auf den mächtigen Strom. Zufrieden schob sich unser schönes Boot mit dem breiten Bug durch die braune Flut und hinterließ im Heckwasser einen leuchtend weißen Streifen. Die Strömung von etwa zwei Knoten beschleunigte unsere Fahrt, und bald blieb die unauffällige Stadt Rybinsk hinter uns zurück. Der Strom war hier so groß, wie ich ihn mir immer vorgestellt hatte. Überraschend war nur der geringe Verkehr. Oft hatten wir das breite Flussbett für uns allein, von den unzähligen kleinen Booten abgesehen, in denen alte und junge, große und kleine Männer der verschiedensten Altersgruppen ihrem Hobby, dem Angeln, nachgingen. Sie hielten sich durchwegs streng außerhalb des Fahrwassers, hockten zusammengekauert da, eingehüllt in wärmende Regenkleidung, und warteten, dass ein Fisch ins Netz ging oder anbiss. Unserem Boot schenkten sie keine Beachtung, es gehörte zu einem anderen Lebensbereich.

Im Gegensatz zur oberen, aufgestauten Wolga, die wir bisher befahren hatten, konnte ich hier ständig Strömung beobachten, zeitweise stärker, dann wieder schwächer. Die Schlauchboote der Angler hingen jedes an seinem kleinen Anker, und es sah oft beängstigend aus, wenn das Wasser schäumend an ihren Gummiwülsten entlangschoss. Die uns begegnenden großen Einheiten, meist Schubverbände, hatten enorme Ausmaße. Jeder Lastkahn war mindestens 100 m lang, und der ganze Verband wurde geschoben von einem kurzen, dafür aber drei oder vier Decks hohen Schlepper. Zu aufregenden Ausweichmanövern waren wir in dem breiten Strombett meist nicht mehr gezwungen, aber es geschah einmal, dass uns ein großer Verband mit mehreren Leichtern entgegen kam und gleichzeitig ein weiterer Frachter überholte. Ed winkte dann zuverlässig und mit großer Ausdauer mit seinen neuen weißen Signalflaggen, die er in Moskau angefertigt hatte.

Laut Karte hatte die Wolga hier eine Tiefe von 6 bis 10 m, stellenweise aber auch 14 bis 18 m. Die Breite schätzte ich auf über einen Kilometer. Es war mehr als eindrucksvoll, diese Wassermassen dahinströmen zu sehen, wenn ich auf dem Oberdeck am Ruder stand und, über die weite Fläche blickend, die Ufer nur eben noch erkennen konnte. Auch wurde die Landschaft immer schöner und grüner und ließ mich ahnen, wie das Wolgatal früher ausgesehen haben musste. Wir waren unterhalb der Staumauer sozusagen im »alten« Flussbett mit hohen Ufern zu beiden Seiten. Selten sahen wir Dörfer oder auch nur einzelne Hütten zwischen den weiten Feldern. Wenn man auf unseren Flüssen gefahren ist, wo sich wie auf dem Rhein eine malerische, geschichtsträchtige Stadt an die andere reiht, wo alte Burgen von felsigen Höhen grüßen und zu beiden Seiten Züge oder Lastwagen rollen, dann kommt es einem schon merkwürdig vor, wenn die Ufer eines so bedeutenden Stroms über weite Strecken menschenleer bleiben. Es läuft keine Straße am Fluss entlang, es fährt keine Eisenbahn... Die Gründe dafür sind einerseits die extremen Hochwasser, die zur Zeit der Schneeschmelze den Wasserspiegel der Wolga gewaltig ansteigen lassen. Andererseits verläuft der wichtige Fernverkehr heute überwiegend auf der Ost-West-Achse und überquert die Wolga auf immer mehr monumentalen Brücken.

Als erste größere Stadt nach Moskau besuchten wir Jaroslawl, als eine der ältesten Siedlungen vor tausend Jahren von einem Fürsten gleichen Namens gegründet. Wieder gelang es uns, diesmal auch ohne Sascha, an einem schwimmenden Restaurant festzumachen, über das wir an Land gehen konnten. Dafür war bestimmt das elegante Design und gute Aussehen der SOLVEIG VII verantwortlich, denn das Wohnschiff gehörte einem sehr wohlhabenden Russen, dessen private, etwa 30 m lang Yacht gleich nebenan lag. Man durfte ihn gewiss zu den »neuen Russen« rechnen, die in wenigen Jahren, auf welche Art auch immer, ein ansehnliches Vermögen erworben hatten. Ihm gefiel wohl unser schönes Boot, denn seine Angestellten hatten uns zuvor abgewiesen. Der sympathische Mann sprach gut Englisch und konnte sich deshalb mit Angelika und mir längere Zeit unterhalten. Er ließ das alte Wohnschiff radikal zu einem eleganten Restaurant umbauen.

Jaroslawl – Stadt der Kaufleute

Jaroslawl liegt an der Mündung eines kleinen Nebenflusses, des Kotorosl, von dessen Einmündung sich eine sandige Landzunge weit in die Wolgau hinaus erstreckt. Diese Landzunge bildet eine Art Naturhafen und bot in alter Zeit den Segelschiffen Schutz vor Stürmen und vor der kräftigen Strömung. Um diese Landzunge rankt sich eine Legende: Im »Bärenwinkel«, wie sie heute noch heißt, soll Fürst Jaroslawl der Weise mit bloßen Händen eine Bärin erlegt haben, und erst danach konnte mit dem Bau der Stadt begonnen werden. Die Bärin ist deshalb im Stadtwappen verewigt.

Nach dem Erstarken »Moskowiens«, der Kernzelle des späteren Russlands im 15. Jahrhundert, brach für Jaroslawl eine Zeit wirtschaftlicher Blüte an, in der es sich zu einem der bedeutendsten Handelszentren des Landes entwickelte. Ihren Einfluss büßte die Stadt erst ein, nachdem Peter der Große mit St.Petersburg einen Ostseehafen gegründet hatte und der Handelsweg auf der Wolga ebenso wie die Handelsstraße nach Archangelsk, die einst über Jaroslawl geführt hatte, an Bedeutung verloren. Dass Jaroslawl seit jeher eine Stadt der Kaufleute gewesen ist, sieht man im alten Stadtkern an den »Handelsreihen« genannten romantischen Laubengängen, die sich an den langgestreckten Gebäuden entlang ziehen.

Dahinter lockten uns die Schaufenster und Eingänge zu zahlreichen Läden, in denen ich Waren aller Art, vom Staubsauger bis zu Schmuck und Kleidung fand, alles noch ein wenig improvisiert wirkend. Jaroslawl erwies sich als Einkaufszentrum: In den Geschäften und auf dem Markt entdeckten wir eine unerwartet gute Versorgung mit Lebensmitteln und Getränken. Hinter der Ladenreihe befand sich ein großer Innenhof voller Marktstände mit Gemüse und Früchten in reicher Auswahl. Einfach herrlich war die Qualität: Das reife Obst, frisch gepflückt vom Baum oder Strauch, schmeckte um ein Vielfaches süßer und saftiger, als die stets unreif geernteten Früchte, die man in unseren Supermärkten bekommt.

Als ich die Promenade erreichte, die einen wunderschönen Ausblick vom Steilufer aufs Tal der Wolga bot, fand ich einen sorgfältig gepflegten Park und als Krönung einen runden, säulengeschmückten Pavillon in klassizistischem Stil. Von hier ging der Blick auf die Mündung des Kotorosl und den sagenumwobenen Bärenwinkel. An seinem breiten Strand lagerten junge Männer und Mädchen, um die erste heiße Sommersonne zu genießen und im nicht besonders sauberen Wasser der Wolga zu baden. Gedankenverloren blickte ich auf den größten Strom Europas hinunter und versuchte mir vorzustellen, welche Kämpfe hier wie fast überall in Russland stattgefunden hatten, um das Land von den Reiterhorden der Mongolen und Tataren zu befreien und unter die Herrschaft europäischer Fürsten zu stellen, ohne deren fanatischen Aufbauwillen das heutige Russland nicht denkbar wäre. Jaroslawls geglückte Stadtplanung ging, ebenso wie die des nahen Kostroma, auf die Zeit von Katharina der Großen zurück. Im 18. Jahrhundert entstanden damals in den Städten Russlands auf Anregung der Zarin neue Anlagen in klassizistischem Stil, weite Plätze und große Stadtprospekte. Die Zarin ließ sich damals jeden der über 400 Stadtpläne vorlegen und zeichnete über siebzig davon, die sie eingehend geprüft hatte, persönlich ab. Katharina reiste sogar in einem Segelschiff die Wolga abwärts, um möglichst viele der Städte zu besichtigen, um deren Planung sie sich bemüht hatte. Von ihr stammte auch die Leidenschaft für den klassizistischen Baustil, der später von Stalin als »Zuckerbäckerstil« nachgeahmt wurde. Ein Denkmal an der Uferstraße erinnert an den Tag, als Katharina von ihrem Segelschiff bei Jaroslawl an Land ging. Großartige Bauwerke sind vor allem die zahlreichen Kirchen jeder Größe – es müssen Dutzende sein –, die mir in der Innenstadt auffielen. Als schönste gilt die Prophet-Elias-Kirche. Insgesamt sieben Straßen führen strahlenförmig zum zentralen Platz des alten Stadtkerns, an dem sie liegt. Woher kamen die Mittel für so viele aufwändig geschmückte Gotteshäuser? Jaroslawl war eine Stadt der Großkaufleute, ähnlich den Hansestädten, und die reichen Familien setzten ihre Ehre darein, die schönsten Kirchen erbauen zu lassen. Freilich war es ihnen dabei auch um ihr persönliches Seelenheil zu tun und nicht zuletzt um Einfluss und Ansehen. Schon davor hatten die Kaufleute ihre Stadt nach einer verheerenden Feuersbrunst im Jahr 1658, bei der Brücken, Klöster, Kirchen und tausende von Wohnhäusern schweren Schaden nahmen, aus den Trümmern wieder auferstehen lassen. In der Mitte des 17. Jahrhunderts wurde Jaroslawl mit seiner Einwohnerzahl nur noch von Moskau übertroffen.

Heute sind die Spuren der Sowjetzeit unübersehbar. Zwar befinden sich die meisten Kirchen wieder in gutem Zustand, alle sonstigen Gebäude aber haben jahrzehntelang unter Vernachlässigung gelitten, und für einen zügigen Wiederaufbau fehlt es an den nötigsten Mitteln.

Am nächsten Morgen unternahmen Angelika und ich noch einen kurzen Rundgang durch die gepflegten Parkanlagen am Ufer der Wolga. Man erwartete ein großes Passagierschiff, deshalb wurden reihenweise Verkaufstische mit bunten und zum Teil kostbaren Souvenirs aufgestellt. Wir aber warteten nicht bis zur Ankunft des Schiffes, sondern setzten unsere Fahrt fort. Die Sonne schien, es war warm, aber noch nicht zu heiß. Sehr langsam und vorsichtig schob ich das Boot über die zahlreichen Sandbänke, deren Lage uns der freundliche Restaurantbesitzer genau beschrieben hatte. Das Bett der Wolga verbreiterte sich hier, denn die Fluten des Kotorosl kamen hinzu.

Die Glöcknerinnen von Kostroma

Gemütlich glitten wir dahin. Ich ließ Ed steuern, da keine Schwierigkeiten zu erwarten waren. Unser nächstes Ziel war die auf dem jenseitigen Ufer gelegene Stadt Kostroma. Hier wollte Sascha wieder zu uns stoßen. Kostroma lag nur etwa 30 Kilometer entfernt, deshalb suchten wir dort schon ab 15.30 Uhr einen Anlegeplatz. Es war heiß geworden, 32 °C zeigte das Quecksilber trotz einer frischen Brise, die einen gehörigen Wellenschlag erzeugte. Auch diesmal durften wir vor der Stadtmitte an einem Wohn- und Restaurantschiff festmachen. Diese riesigen Pontons mit mehrstöckigen Holzhäusern darauf hatten früher als Anlegestellen für die Passagierschiffe gedient und gleichzeitig als Wohnung für das Schiffspersonal oder als Hotel für die Gäste. Viele von ihnen wurden nach der Perestroika durch den Zusammenbruch des Verkehrs überflüssig und dienten inzwischen anderen Zwecken oder verkamen zu traurigen Wracks.

Sascha war schon am frühen Morgen in Kostroma eingetroffen und hatte sich zu unserem Liegeplatz durchgefragt. Wir waren froh, ihn wieder an Bord zu haben. So konnte ich am nächsten Vormittag einen längeren Rundgang unternehmen. Auch hier war ein steiler Anstieg zu bewältigen, der mir bei 32 °C Hitze etwas Mühe machte. Die aber lohnte sich! Kostroma hat eine ähnliche Vergangenheit wie Jaroslawl und gehört ebenfalls zum »Goldenen Ring«, einer Reihe altrussischer Städte und Klöster, die sich nord-östlich von Moskau bis zur Wolga hin erstrecken. Sie sind Zeugen einer blühenden russischen Vergangenheit und stammen noch aus den Zeiten der Rus, die als Wikinger ins Land kamen und eine intensive Handelsbeziehung zu den nordischen Ländern aufbauten. Der Handel war damals wie überall eine schier unerschöpfliche Quelle des Reichtums.

Auch in Kostroma bildeten deshalb die »Handelsreihen« mit ihren Arkaden das Herz der Stadt, und ich fand darin ein reiches Angebot an Haushaltswaren, Fernsehern, Waschmaschinen und Kleidung. Dahinter versteckten sich ausgesprochen gute Geschäfte: Fotoläden, Schuhgeschäfte, Modeateliers und zu meinem Erstaunen auch ein Waffengeschäft. Das allerdings wurde unauffällig, aber intensiv von bewaffneten Posten bewacht, die in mehreren Richtungen vor dem Schaufenster Stellung bezogen hatten. In der Mitte der Gänge lag ein ausgedehnter Marktplatz, auf den man durch ein Tor gelangte. Darüber erhob sich ein hoher Glockenturm mit goldenem Dach und einer goldenen Nadel als spitzer Krönung: ein prächtiger Anblick! Ich hielt mich eine Weile dort auf, verzaubert von der eigenartigen Atmosphäre, und ergänzte bei den Marktfrauen unsere Lebensmittel. So wurde es Mittag, die zwölfte Stunde schlug, und alle Glocken begannen zu läuten. Im Gegenlicht sah ich, wie die zehn Glocken als Schattenrisse oben im Turm hin und her schwangen, mit Schnüren und Seilen von Hand gezogen. Ich sah wehende Kleidung und erkannte, dass das Geläut von Frauen bedient wurde, deren weite Röcke sich im starken Wind bauschten.

Die Glöcknerinnen von Kostroma sprangen hin und her, der Rhythmus war genau eingeübt und ergab ein wunderbar melodiöses Geläut. Es war ein malerischer Anblick, wie sich ihre schwarzen Röcke abwechselnd im Wind blähten. Und hätte ich nicht gewusst, dass es durchwegs fromme Frauen waren, die hier so

Die Glocken auf den Kirchtürmen von Kostroma werden wie einst mit Händen und Füßen gezogen.

schwer arbeiteten, ich hätte meinen können, die Schattenfiguren seien eine Versammlung von Hexen, die sich zu einem Ritt auf dem Besen anschickten. Als ich ein paar Stunden später nochmals dieselbe Stelle aufsuchte, hatte die Sonne einen anderen Stand, und auch der Wind hatte seine Kraft verloren. Das Zauberbild war verschwunden, das Erlebnis ließ sich nicht wiederholen.

Wie überall an der Wolga, so waren auch in Kostroma Kirchen die herausragenden Baudenkmäler. Der Zustand anderer Gebäude wirkte noch immer recht dürftig. Aber überall wurde gehämmert und geklopft, und in wenigen Jahren, so hoffe ich, wird sich dem Besucher ein völlig neuer Anblick bieten.

Kostroma war die Stadt der einst berühmten Wolgaschlepper. Noch vor hundert Jahren wurden die kräftigsten Männer angeworben, um unter härtestem Einsatz die Frachtschiffe vom Ufer aus stromauf zu ziehen. Die Stadt führt denn auch ein goldenes Segelschiff im Wappen, das über silberne Wellen gleitet – zum Gedenken an den Tag im Jahr 1764, als Zarin Katharina II. die Wolga abwärts segelte, um sich vom Zustand und Wohlbefinden ihrer Städte zu überzeugen.

Zum Abschied luden wir den Restaurantbesitzer an Bord ein. Von Beruf Seemann, war er auch schon in Rostock und Wismar gewesen und den Deutschen sehr wohlgesonnen. Jetzt beschäftigte er sich vor allem damit, ein neues schickes Restaurant in seinem Wohnschiff einzurichten. In Jaroslawl und Kostroma hatten wir wirklich Glück gehabt mit unseren Liegeplätzen, die beide jeweils im Stadtzentrum lagen.

Ein Ständchen zum Geburtstag

Am 7. Juli, meinem Geburtstag, verließen wir um neun Uhr früh unseren schönen Liegeplatz. Die Zeit drängte, denn die Wolga war für uns noch sehr, sehr lang. Ich steuerte eine Zeitlang, dann löste Ed mich ab. Zum Mittagessen gab es Corned Beef mit Reis und Pilzen, aber noch mehr freute ich mich über die vielen Geburtstagsgrüße, die mich per SMS, E-mail oder Telefon erreichten – alles über Satellit. Der Nachmittag brachte für mich noch ein ganz besonderes Geburtstagsgeschenk. Wir ankerten vor einem kleinen

Dorf und wanderten die zwei Kilometer bis zur Ortsmitte. Hier, auf dem Land, hatten wir keinerlei Bedenken, unser Schlauchboot zurückzulassen und uns an Land frei zu bewegen. Ich kam mir vor wie in einer anderen Welt: weit, weit entfernt von Städten und Landesgrenzen, mitten in Russland, spazierten wir geruhsam herum. Neben dem Dorfteich fanden wir eine interessante Kirche aus dem 16. Jahrhundert. Sie war teilweise noch zerstört, die Handwerker hatten aber bereits mit der Instandsetzung begonnen, Baugerüste standen ringsum. Am Eingang begrüßte uns der Priester und zeigte uns zwei wiederhergestellte Räume. Jahrzehntelang hatte die Kirche als Kino und Versammlungsraum gedient.

Ich wünschte mir, dieses alte Dorf von oben sehen zu können, und bat Sascha, dem Priester meinen Wunsch zu übersetzen. Nach einigem Zögern erklärte er sich bereit, uns auf den Glockenturm zu führen. Über hölzerne Leitern stiegen wir von Geschoss zu Geschoss hinauf. Der Priester begann, die größere der beiden Glocken zu läuten, merkte aber, dass er die Technik nicht ausreichend beherrschte. Er lud uns daher ein, am Nachmittag wiederzukommen, wenn der Glöckner da sei.

Gegen 17.00 Uhr kam der junge Mann, und zusammen mit dem Geistlichen, der inzwischen seinen Talar geholt hatte, kletterten wir nochmals über die Leitern zum Dachstuhl des Turms hinauf. Der Junge band sich die Leinen der kleinen Glocken an zwei Finger und die große Glocke an den Fuß. Dann begann er, rhythmisch daran zu ziehen, erst eine, dann die nächste und schließlich alle drei Glocken abwechselnd, aber so, dass der verhallende Klang der ersten Glocke mit dem der nächsten zusammentraf. Es entstand eine hinreißende Harmonie von Tönen, die mich zusammen mit dem Rundblick über die Wege und alten Holzhäuser des Dorfes völlig verzauberte – und das an meinem Geburtstag! Die Vorgänge hatten etwas Unwirkliches, Traumhaftes: Tief unten das Dorf an der Wolga, neben mir das Läuten der Glocken mit Fingern und Zehen und der Priester in seiner langen Kutte, der uns mit Inbrunst jeden Raum seiner Kirche gezeigt und ihre Geschichte erklärt hatte.

Nachdenklich und beschwingt wanderten wir auf dem Sandweg zum Ufer zurück, wo Ed wartete, um uns mit dem Schlauchboot wieder an Bord zu holen. Er hatte lieber gewartet, als mit uns in den Ort und zur Kirche zu gehen. Vorsichtig manövrierten wir durch einen Wald von Seerosen und Schlingpflanzen, bis wir endlich an Deck zurück klettern konnten.

Die Wolga wurde nun immer mächtiger. Welch ein Strom! Kaum eine Stelle, wo er nicht mindestens einen Kilometer breit war. Wir hatten Glück mit dem Wetter und erlebten Tage voll ungetrübter Freude, nur einmal überfielen uns starker Regen und plötzliche Kälte. Nach drei Tagen überquerten wir einen großen Stausee, den Gorki-See. Das war der erste von vielen Stauseen, die bis zu 100 km lang sind und deshalb als »Wolgameer« bezeichnet werden.

Am Ende dieses Sees warteten zwei Schleusen, über die wir jeweils 12 Meter abgesenkt wurden. Fast unglaublich: Wir schafften es in weniger als zwei Stunden! Die Schleusenmeister waren so nett, für uns allein die Tore zu öffnen und uns ohne Aufenthalt in die Kammern einfahren zu lassen. Jede dieser Kammern war 230 m lang. So viel Energie, um ein kleines Sportboot abzusenken!

Die Geldbörse Russlands: Nischnij Nowgorod

Als wir uns dem Industriegebiet von Nischnij Nowgorod näherten, fiel der wirtschaftliche Niedergang des Landes besonders ins Auge: Die nur wenig genutzten Schleusen, die vielen Wracks großer Frachter im Schleusenhafen, die verödeten Werften am Ufer, all dies zeigte uns die traurige Lage von Handel und Verkehr.

Unterhalb der Schleusen befanden wir uns wieder in nicht gestautem, flachem Wasser. Die Landschaft hatte sich völlig verändert. Waren die Ufer bisher von steilen, waldbewachsenen Hängen begrenzt gewesen, so wand sich der Fluss jetzt mit mächtiger Strömung durch ebenes Land. Sandbänke engten das Fahrwasser ein, wilde Strudel drängten das Boot aus dem Kurs. Und ausgerechnet hier jagte mir Ed, den ich für kurze Zeit ans Ruder geholt hatte, einen gehörigen Schrecken ein: Ohne Ankündigung – er hätte ja klopfen oder ein anderes Zeichen geben können – verließ er den Steuerstand und lief durch das ganze Boot in seinen Schlafraum, um einen Pullover zu holen. Ich sprang vom Tisch auf, wo ich mit dem Logbuch beschäftigt gewesen war, und rannte nach oben ans Ruder. Als Ed nach einigen Minuten zurückkam, gab es eine laute Auseinandersetzung, bunt gemischt in Russisch und Deutsch, die keiner von uns verstand. In diesem schwierigen Fahrwasser – immer wieder begegneten uns große Einheiten – hatte er das Boot leichtsinnig und unüberlegt sich selbst überlassen! Ich war auch deshalb so entsetzt, weil ich nach diesem grotesken Zwischenfall nicht mehr wusste, wann ich Ed das Boot überhaupt noch anvertrauen konnte.

So kräftig hatte uns die Strömung geschoben, dass wir an diesem Tag noch vor Einbruch der Dämmerung Nischnij Nowgorod erreichten und im Schein der Abendsonne das eindrucksvolle Panorama der einst so mächtigen und noch immer bedeutenden Stadt genießen konnten. Überragt vom Kreml, der alten Burg mit ihren gewaltigen roten Mauern, reihten sich schöne große Bauten am Ufer der Wolga. Dazwischen leuchteten die goldenen Kuppeln der Kirchen unter dem sich langsam verdunkelnden Himmel. Ein berauschendes Gemälde! Mitten in der Stadt mündet ein großer Strom, die Oka, sodass die Wolga von hier an noch viel mächtiger wird. Ihre Wasserfläche beherrschte das Bild, in der sich die farbigen Lichter der Stadt und die großen Brücken spiegelten.

Einen besonderen Blickfang bildete die riesige Tschikalow-Treppe, eine der größten Freitreppen ganz Europas. Sie führt vom Ufer der Wolga etwa 200 m empor auf einen Hügel, der von einem Denkmal zu Ehren des russischen Sportfliegers Tschikalow gekrönt wird, dem es gelang, den Nordpol zu überfliegen. Die gewaltige Anlage wurde übrigens von deutschen Kriegsgefangenen in Zwangsarbeit errichtet.

Allmählich senkten sich tiefe Schatten über die Ufer, und es wurde Zeit, einen Liegeplatz für die Nacht und den nächsten Tag zu suchen. Hierbei half uns wieder die Flaute im Schiffsverkehr, denn in der Oka fanden wir ein ungenütztes schwimmendes Haus, an dem wir festmachen durften. Früher Anlegestelle für große Schiffe, dienten die Räume jetzt einem Handwerker als Werkstatt. Von dort konnten wir jederzeit zu Fuß oder mit der Straßenbahn zu den wichtigsten Plätzen gelangen.

Nischnij Nowgorod an der Wolga, um 1829
(Sammlung Prof. Hanno Beck)

Mit heute knapp 1,5 Millionen Einwohnern ist Nischnij Nowgorod die größte Stadt an der Wolga. Ich erinnerte mich an ein Bild dieses Handelszentrums in unserer Geografiestunde: Da lagen Flöße auf der Wolga vertäut und trugen den Jahrmarkt, die Messe von Nischnij Nowgorod, da waren Kaufleute in Pelzen, man handelte mit Salzheringen und mit Fellen. Im Jahr 1221 gegründet, entwickelte sich die Siedlung schnell zu einer bedeutenden Grenzfestung, welche die Rus nach Osten hin vor den Tataren schützen sollte. Angesichts der anhaltenden Bedrohung entstand bis 1511 der mächtige Kreml, mit seinen 13 gewaltigen Türmen der vielleicht imponierendste Festungsbau, den ich je gesehen habe. Die Festung diente auch Iwan dem Schrecklichen als Stützpunkt in seinen Kriegen gegen das Khanat von Kasan.

Die sowjetische Periode ging natürlich auch an diesem Knotenpunkt für den Verkehr zu Wasser und zu Lande nicht ohne schwere Einschnitte vorüber. Nischnij Nowgorod wurde zur »geschlossenen Stadt« erklärt, durfte von Ausländern nicht mehr betreten werden und von Russen nur mit einer Sondererlaubnis. Damit verlor es seine Bedeutung als Handelsmetropole und seine internationalen Beziehungen. Das riesige Messegebäude wurde zu einem für Ausstellungen genutzten Palast der Vergangenheit. Doch inzwischen erinnert die schnell wieder erwachte Geschäftigkeit an die Zeiten, als Nischnij Nowgorod die bedeutendste Messestadt Russlands war und Gebrauchs- sowie Luxusgüter aller Art über die Wolga nach China, Persien und Indien verschifft wurden. »Moskau ist der Bauch, aber Nischnij Nowgorod ist die Geldbörse Russlands«, lautet ein alter Spruch.

Anatoli, ein »neuer Russe«

Wir hatten das Glück, hier zum ersten Mal mit der neuen Generation reicher Russen Gespräche führen zu können. Einer von ihnen, den Sascha am späten Abend kennen gelernt hatte, brachte Angelika und ihn mit seinem Luxuswagen zum Boot zurück. Anatoli kam an Bord und lud uns für den nächsten Tag zu einer Stadtbesichtigung ein, selbstverständlich mit Chauffeur. »Was ist ein neuer Russe?« wollte ich von ihm wissen, als sich sein Rolls Royce langsam in Bewegung setzte. »Das ist eine neu gegründete Klasse«, antwortete er schmunzelnd. »Nämlich Leute, die gelernt haben, auf hohem Niveau Geld zu verdienen. Der Begriff ›neu‹ ist dabei nicht wichtig, auch die Nationalität ist nicht entscheidend.« Mit Blick auf die teuren Motorräder ringsum, ausnahmslos Harley Davidsons, fuhr er fort: »Die neuen Russen leben mit einer anderen Geschwindigkeit, sie müssen schneller sein als der Rest... Aber ›neuer Russe‹ bedeutet nicht automatisch, dass es Leute mit Kultur sind. Das gilt auch für mich. Überhaupt, was ist russische Paradoxie? Paradox ist, wenn alle Russen bereit sind, für ihr Land ihr Leben zu opfern – und gleichzeitig ebenso bereit sind, es zu beklauen...« Er zuckte die Schultern.

Vor einem seiner Häuser machten wir Halt. Stolz präsentierte uns Anatoli die neu eingerichtete Wohnung am Ufer der Wolga, seine Bleibe für Wochenende und Freizeit. Hinter der Bar hing ein riesiges Poster aus dem *Playboy*, mit vollbusigen Mädchen und Anatoli in der Mitte. »Ich baue große Häuser, mache Geschäfte mit Immobilien, fahre gern große Autos und liebe große Busen.« Genüsslich lehnte er sich in seinem Ledersofa zurück. »Und was sagt deine Frau dazu?« fragte Sascha neugierig. »Das ist kein Problem«, meinte der Playboy. »Meine Frau kennt meine Vorlieben und lebt damit, es stört uns nicht in unserer Partnerschaft. Wir haben Spaß miteinander. Kommt, ich zeige euch meine Wohnung.« Wir folgten ihm ein Stockwerk tiefer. »Das eine Schlafzimmer gehört mir, das andere ist mit der Küche integriert. Das ist für meine Familie gedacht... Meine Frau weiß wirklich, dass ich vollbusige Frauen liebe.« Das war offenbar sein Lieblingsthema. »So ist eben mein Charakter – immer ehrlich. Meine Frau hält das für ganz normal. Obwohl sie selbst keinen großen Busen besitzt.« Um diese wichtigen Erkenntnisse bereichert, fuhren wir zusammen weiter durch die City, um noch ein Haus unseres Gönners anzusehen.

Unser Weg führte an einem Spielkasino vorbei. »Das gehört mir«, klärte er uns auf. »Die Straßenbahn auch?« warf Sascha ein. »Nein, die Straßenbahn gehört der Stadt und der Kreml übrigens auch«, ergänzte er schmunzelnd.

Unser nächster Halt galt Anatolis Stadtwohnung. Sie wurde geschützt durch dicke Mauern und mehrere Leibwächter, die uns misstrauisch beäugten. In seiner riesigen Garage standen eine Reihe Motorräder und ein amerikanischer Geländewagen. Auf seiner großzügigen Veranda nahmen wir in geschwungenen Korbsesseln Platz. Anatoli verschwand kurz und kehrte mit einem Heft zurück, einem kleinen Gedichtband. »Das habe ich im Knast geschrieben. Es passierte 1985: Durchsuchung, Verhaftung – drei Jahre Gefängnis wegen Privatgeschäften und dem Besitz von erotischen Schriften. Und so sah ich damals aus.« Der Einband zeigte das Foto eines gut aussehenden, schlanken jungen Mannes. Inzwischen war er um das Dreifache gewichtiger geworden und kaum wiederzuerkennen. Auf den Umschlag schrieb er uns die Widmung: »Von der deutschen Seele eines Russen für einen Deutschen«, denn er hatte deutsche Vorfahren.

»Lasst uns was trinken!« rief Anatoli, und ehe wirs uns versahen, waren die Gläser mit Wodka gefüllt. »Nasdarowje – Gesundheit! Das Business stabilisiert sich jetzt etwas. Man kann zwar nicht mehr so viel verdienen, aber dafür haben wir früher viel Geld gemacht und viel Steuern bezahlt. Schon damals begann ich zu begreifen, dass Klauen sinnlos sei. Schon ein paar Jahre später musste man die Grundstücke offiziell kaufen und offen leben wie ein Reicher. Jetzt lernen wir allmählich, wie man als Reicher mit kulturellem Bewusstsein lebt. Denn es ist wichtig, nicht einfach nur reich zu sein, sondern seine Visionen auf dieser Welt zu verwirklichen. Ich erziehe meine Kinder streng und sparsam, denn ich selbst komme aus einer Familie, der es schlecht ging. Wir haben gelernt, unsere kleine Wohnung sauber zu halten, wir haben gelernt, unsere Schuhe zehn Jahre lang zu tragen und sie deshalb entsprechend zu pflegen. Jetzt bringe ich das meinen Kindern bei, obwohl ich es mir leisten könnte, jeden Tag neue Schuhe zu kaufen. Sparsam und akkurat zu leben, ist gut. Geld zu haben, das heißt nicht nur, viel zu verdienen, es heißt auch, sparsam damit

Nischnij Nowgorod: der Anlegeplatz für Passagierschiffe. Im Hintergrund die gut erhaltenen Mauern und Türme des Kreml.

umzugehen... Na gut,« beendete Anatoli seinen Vortrag, »jetzt zeige ich euch noch etwas von meiner Heimat.«

Seine Kenntnisse über Nischnij Nowgorod und seine Geschichte waren ausgezeichnet, und so erfuhren wir noch viel Interessantes, während er uns stolz die schönsten Kirchen und den Kreml präsentierte. Von 1932 bis 1991 entging auch diese geschichtsträchtige Stadt nicht der Umbenennung durch die kommunistischen Diktatoren. Aus Nischnij Nowgorod wurde Gorki, übrigens gegen den ausdrücklichen Willen von Maxim Gorki selbst, der sich dagegen in seinem Testament gewehrt hatte. Weltweite Berühmtheit erlangte die Stadt jedoch nicht nur als Geburtsort des marxistischen Schriftstellers, sondern auch als Verbannungsort des Physikers, Dissidenten und Nobelpreisträgers Andrej Sacharow, der ohne Zweifel nach Sibirien verbannt worden wäre, hätte er nicht als Vater der Wasserstoffbombe gegolten. Durch seine Forschung sicherte er den Sowjets damals einen ungeheuren Machtzuwachs. Dass die kommunistische Regierung ihm dennoch die Annahme des Nobelpreises untersagte, wurde zu einem weltweiten Skandal.

Auf Sacharows Spuren

Wir besuchten die bescheidene Wohnung des großen Wissenschaftlers in einem Mietshaus am Stadtrand, in der heute ein kleines Museum eingerichtet ist. Deutlich konnte ich die bedrückende Atmosphäre seiner Gefangenschaft nachempfinden. Auch war es erschütternd zu sehen, in welch primitiver Umgebung der geniale Physiker jahrelang ein- und abgeschlossen gelebt hatte. Jede seiner Bewegungen wurde durch die Fenster beobachtet; Abhörgeräte hatte man überall, auch in Bad und Toilette, eingebaut. Tag und Nacht blieben die Wächter des KGB auf ihren Posten.

Als wir die klägliche Wohnung verließen, saß auf einer Bank vor dem Mietshaus eine alte Frau, die Sacharow noch gekannt hatte.
»Was war er für ein Mann?« wollte Sascha wissen.
»Er war ruhig, sehr freundlich – ein guter Mann«, antwortete die Alte.

»Hatte er Kontakt zu den Hausbewohnern?«
»Ja, an den Tagen, an denen wir zusammen gearbeitet haben, um sauber zu machen. Da hat er auch mitgemacht, zum Beispiel Bäume gepflanzt.« Freimütig erzählte sie, dass sie seinerzeit Agentin des KGB und eine seiner Aufpasserinnen gewesen sei. So erfuhren wir Einzelheiten über Sacharows Gefangenschaft, die erst durch Gorbatschow aufgehoben worden war. Er wurde sogar Abgeordneter der Duma, fiel aber nochmals in Ungnade.

Später fragte Sascha auch den Chauffeur nach Sacharow. »Ja, ich erinnere mich an ihn«, antwortete der Mann. »Aber die Bürger wussten nicht, was vorging, erst später, als er gestorben war, hat man uns alles erzählt. Die Leute liebten Sacharow, aber in Grenzen, er war kein Volksheld. In Russland gibt es viele Probleme, deshalb haben die einfachen Leute kein Interesse an Politik. Und Sacharow war ein Politiker, ein großer Politiker. Aber darüber wussten nur wenige Bescheid...« Jetzt wurde uns auch klar, weshalb das Museum hauptsächlich von Ausländern aufgesucht wird und weniger von den Einheimischen.

Ein Handelszentrum war Nischnij Nowgorod auch schon 1817, deshalb ist es nicht erstaunlich, dass Alexander von Humboldt auf seiner großen Russlandreise hier ein Segelschiff bestieg, um sein nächstes Ziel Kasan auf dem Wasserweg zu erreichen. Hier die Beschreibung der Episode in dem von Professor Hanno Beck herausgegebenen Buch *Reise durchs Baltikum nach Russland und Sibirien 1829:* »Polier (ein russischer Wissenschaftler) hatte sich bereits eine Barke gemietet, um die 380 Werst nach Kasan auf der Wolga zurückzulegen. Humboldt schloss sich an, da der Landweg keine Überraschungen versprach und die Majestät des Flusses lockte. Die drei Wagen wurden auf ein Boot gebracht; in seiner Mitte zimmerte man einen Tisch und zwei Bänke, die man mit einem Sonnendach aus Segeltuch überspannte. Auf dem Heck wurde ein kleiner Herd zum Kochen gemauert. Vorräte wurden an Bord genommen und ein kleiner Kahn als schwimmende Vorratskammer nachgezogen. Die Besatzung bestand aus einem Steuermann und acht Ruderern, von denen jeweils vier an den Riemen arbeiteten. Am 1. Juni 1829 verließen sie Nischnij Nowgorod bei heiterem Wetter und ungünstigem Wind; auch während der wei-

Das alte Nischnij Nowgorod, überragt von den mächtigen Mauern des Kreml auf dem Hügel. (Sammlung Prof. Hanno Beck)

teren Fahrt konnten sie die Segel nicht benutzen. Sie fuhren meistens in der Nähe des Bergufers, das an der ganzen Wolga bedeutend hoch ist und teils schroffe Wände, teils mehr geneigte Abhänge bildet, während das linke dagegen in eine weite, flache Niederung ausläuft. Die Abhänge des rechten Ufers sind mit der schönsten Vegetation bedeckt. In den Schluchten desselben liegen Dörfer mit schönen Kirchen, die die Landschaft beleben. Auf der Wolga begegneten ihnen große Schiffe, die mit geblähten Segeln stromaufwärts fuhren und auch Fischerkähne.«

Wissenswert fand ich die folgende Beschreibung, wie damals Schiffe stromaufwärts gelangten: »Die Schiffe mussten stromaufwärts gezogen, konnten aber nicht getreidelt werden, da das hohe Ufer keine Leinpfade zuließ. Jedes Schiff sandte daher ein kleines Boot voraus, das ein Tau abspulen ließ und in bestimmter Entfernung einen Anker in den Fluss warf. Am Bug der großen Schiffe waren Winden angebracht, die den Mannschaften erlaubten, die Fahrzeuge zu den Ankern heranzuziehen.« Hier wurden die Schiffe also nicht wie bei Kostroma von Wolgaschleppern stromaufwärts gezogen, sondern von Deck aus gewinscht, ein naturgemäß sehr zeitraubendes Verfahren, weil jedesmal geankert werden musste, um die Trosse wieder neu auszufahren.

Zwei Tage blieben wir in dieser faszinierenden Stadt, die uns auch eine Woche oder länger gefesselt hätte. Ich bewunderte die

Tatarenschiff auf der Wolga
(Sammlung Prof. Hanno Beck)

prächtigen Kirchen, die breiten Straßen, die herrlichen Parkanlagen und den riesigen Kreml aus rotem Backstein. Angelika ergänzte unsere Lebensmittel mit frischem Obst und Gemüse. Ein Versuch von Ed, auch Diesel nachzutanken, schlug leider fehl. Schließlich steuerte ich morgens um sieben auf die Oka hinaus, zunächst ohne Angelika und Sascha, die noch Filmaufnahmen vom Boot machen wollten, mit der Kulisse der Stadt als Hintergrund. Anschließend fuhr ich nochmals zum Ufer und ließ beide an Bord springen.

Im Kloster der schweigenden Nonnen

Unterhalb von Nischnij Nowgorod erlebten wir eine völlig andere Landschaft als Humboldt, denn inzwischen war die Wolga auch hier zum riesigen Stausee geworden. Er ist fünf bis sechs Kilometer breit, also mit bloßem Auge kaum zu überschauen, und bis zu 18 m tief. Die künstliche Aufstauung hatte für die Natur leider sehr schlimme Folgen: Dank der Staumauer gibt es die starken Hochwasser nicht mehr, der Fluss ist zum Stillstand gekommen und die Oberfläche des Stausees auf weiten Strecken mit einem Teppich aus grünen Algen bedeckt. Diese dicke, schleimige Schicht verhindert die Zufuhr von Sauerstoff für Fische und Pflanzen. Die einst so reichen Fischbestände sind deshalb dramatisch zurückgegangen, und insbesondere der Stör, dessen Eier als Kaviar eine geschätzte und teure Delikatesse sind, kommt nur noch selten vor. Die Wolga ist ein gutes Beispiel dafür, welch umfassende Schäden angerichtet werden, wenn bei der Planung technischer Großanlagen einzig der wirtschaftliche Vorteil ins Auge gefasst wird.

Wir wollten wie einst Alexander von Humboldt als nächstes die Tatarenstadt Kasan besuchen, doch vorher erwartete uns noch eine Überraschung. Plötzlich, wir waren noch keine drei Stunden auf dem See, tauchten vor uns die hohen Mauern und Türme eines Klosters auf. Und hinter den Mauern, wie in einem Märchen, leuchteten hell in der Sonne die goldglänzenden Kuppeln einer Kirche. Sascha murmelte staunend: »Das Tadsch Mahal!« Es war das Makarjewski-Kloster, wie er der Flusskarte entnahm. Ein Kloster als Festung, das war vor drei oder vier Jahrhunderten in Russland keine Seltenheit, denn ständig drohten Angriffe wilder Reiterhorden aus Asien.

Als wir mit viel Mühe und Zeitaufwand im ziemlich flachen Wasser geankert hatten, pullten wir mit dem Schlauchboot zu einer breiten Treppe am Ufer, banden es an einem Zaun fest und betraten den großen Klosterhof durch das Tor des Haupteingangs. Im Hof entdeckten wir eine kleine Bretterbude, in der Ansichtskarten und andere Andenken verkauft wurden. Besucher sahen wir nicht. Sascha erkundigte sich und erfuhr, dass dies ein reines Frauenkloster war und normalerweise keinen allgemeinen Zutritt gestattete. Es war 1435 gegründet worden und hatte dann für mehrere Jahrhunderte als bedeutender Messeplatz gedient, bis die große Messe nach Nischnij Nowgorod verlegt wurde. Sascha versuchte, wenigstens mit einer der Nonnen zu sprechen, die wir da oder dort in Blumenbeeten oder im Gemüsegarten arbeiten sahen. Aber niemand antwortete, all seine Bemühungen blieben erfolglos. Die Nonnen hatten offenbar ein Gelübde abgelegt, mit keinem Fremden zu sprechen – und mit einem Mann schon gar nicht.

Bisher hatte Sascha immer und überall ein Gespräch beginnen können, und auch diesmal wollte er wenigstens kurz die Oberin sprechen. Er fragte im Kiosk nach dem Büro, ohne Erfolg. Inzwischen war Mittagspause, und die Nonnen saßen beim Essen. Wir warteten noch eine Stunde, wanderten über den Hof und fanden schließlich den Eingang zum Büro der Oberin. Sascha ging hinein, kam aber sehr bald wieder heraus: nichts zu machen! Frau Oberin hatte keine Zeit. Jetzt endlich gaben wir auf und kehrten erschöpft und enttäuscht zum Boot zurück.

Das erste Turkvolk

Abends steuerte ich bei Sonnenuntergang an der Steilküste des Südufers entlang, denn das Nordufer war extrem flach. Dort aber ankerten wir später zwischen Inseln und trafen auf einige Fischer in kleinen Booten, die sich nach unserem Woher erkundigten. Nachts gegen ein Uhr kamen sie noch einmal zurück und schenkten uns sechs Fische. Der Fang schien ihnen offenbar zu mickrig für einen Verkauf. Wieder einmal kam ich spät in die Koje und schrieb resigniert ins Logbuch: »Wie lange halte ich das noch aus?« Nach einer sehr warmen Nacht, in der die Temperatur nicht unter 30 °C absinken wollte, stand ich am Morgen schweißgebadet auf. Da wir einen vollen Tank mit sauberem Süßwasser hatten, konnte ich duschen, den Schweiß abwaschen und mich etwas erfrischen. Abermals empfand ich das saubere Wasser als einen unerhörten Luxus und schätzte unsere »Watermaker«-Anlage von nun an noch höher ein. Es war wirklich eine Erleichterung zu wissen, dass uns für die kommenden heißen Sommermonate genügend Frischwasser zur Verfügung stehen würde.

Wir fuhren den ganzen Tag, die Hitze ließ etwas nach, und am Nachmittag nahm der Wind sogar erheblich zu. Breite weiße Schaumkronen trieben über den See. Ich war froh, dass ich starken Seegang in diesem Boot nicht zu fürchten hatte, und auf den Motor war ohnehin Verlass.

Am frühen Abend erreichten wir Tscheboksary, die Hauptstadt der Tschuwaschen-Republik. So stand es jedenfalls auf der Landkarte. Aber wer waren die Tschuwaschen? Über sie wusste auch Sascha nicht viel zu berichten, und gerade das machte uns neugierig. Doch wie an Land kommen? Ein kleiner Passagierhafen mit Badestrand und Strandcafé kam in Sicht. Hektisch versuchte Ed, über Funk eine Erlaubnis zum Festmachen an der Landungsbrücke zu erhalten, ohne Erfolg. Also blieb uns nur das Schlauchboot, mit dem wir Sascha samt Filmkamera für eine Stunde an Land setzten. Ich drehte unterdessen mit dem Boot meine Kreise. Zuletzt versuchte ich, an einem Leichter längsseits zu gehen, wurde aber auch dort vertrieben. Anscheinend hatten wir wirklich keinen guten Tag. Dabei wurde mir klar, welch ein unglaubliches Glück wir bisher gehabt hatten. Ich beschloss deshalb, meinen aufkommenden Zorn über Tscheboksary schnell zu verdrängen.

Als wir Sascha nach einer guten Stunde vom Ufer abholten, erfuhren wir Aufschlussreiches. Die Tschuwaschen waren ein kleines Volk, insgesamt nur gut eine Million Menschen, von denen die meisten hier in der Hauptstadt lebten. »Die Tschuwaschen haben eine eigene Sprache, Umgangssprache ist aber Russisch. Sie pflegen in ihrer autonomen Republik auch eine eigene Religion und

Die malerische Steilküste am Südufer des Kujyschever (Samaraer) Stausees.

Kultur.« Sascha hatte zwei Studenten getroffen, echte Tschuwaschen, die ihm erzählten, sie seien ein Turkvolk und stammten von den Wolgabulgaren ab. Es gäbe eine eigene tschuwaschische Literatur und eigene Gebräuche. Früher hätten sie eine Naturreligion praktiziert, in deren Mittelpunkt ein heiliger Baum stand, der Tatem-Baum; zu ihm hätten die Gläubigen ihre Opfergaben gebracht. Heute bekennen sich die Tschuwaschen zum orthodoxen Glauben.

Auch Sascha schien beeindruckt. Er hatte etwas über Russland erfahren, das er bisher nicht gewusst hatte. Für mich war ohnehin alles neu, hatte ich doch früher nicht einmal geahnt, dass in Russland so viele verschiedene Völkerschaften zusammenleben. Nach der Perestroika hörten wir zwar aus den Medien von Spannungen, die zum Beispiel in Tschetschenien und anderswo zu blutigen Auseinandersetzungen führten. Die Tschuwaschen aber, die seit dem 16. Jahrhundert zum russischen Herrschaftsbereich gehörten, blieben friedlich und versuchten gar nicht erst, um ihre Unabhängigkeit zu kämpfen.

Der untere Abschnitt der Wolga zwischen Kasan und Wolgograd war das interessanteste Teilstück auf dem großen Strom. Hier waren wir eingeladen in die Universität von Kasan, hier besichtigten wir die unterirdische Fluchtburg von Diktator Stalin, die er sich im Zweiten Weltkrieg bauen ließ, als er mit einem deutschen Sieg und der Besetzung Moskaus rechnete. Und hier ereignete sich bei der Lenin-Stadt Uljanowsk das schwerste Schiffsunglück, das es in der Binnenschifffahrt wohl jemals gegeben hat.

Bei Tschuwaschen und Tataren

Unmerklich schwebt über der Wolga die Sonne auf ihrer Bahn; jede Stunde ist alles ringsum neu und verändert; wie üppige Falten im reichen Kleide der Erde ziehen sich grüne Berglehnen hin; an den Ufern liegen Städte und Dörfer, sie sind von weitem wie lauter Knusperhäuschen anzusehen...
Aus Maxim Gorki: »Meine Kindheit«

Noch am Abend fuhren wir in die Schleuse Tscheboksary ein und ankerten für die Nacht auf einem günstigen Liegeplatz dicht unterhalb davon. Sehr zeitig am Morgen machte ich mich dann an die Vorbereitungen für die Weiterfahrt, denn wir wollten Kasan noch am selben Tag erreichen. Kasan ist Mittelpunkt der tatarischen Kultur in Russland. Das Land erhielt nach dem Zusammenbruch der Sowjetunion ein großes Maß an Unabhängigkeit, machte aber keine Anstalten, sich von der Russischen Föderation völlig zu trennen.

Über Satellit hatten wir von Alexei Djomin, einem tatarischen Journalisten aus Kasan, eine E-Mail erhalten. Man wollte uns in Kasan empfangen und uns als Gäste willkommen heißen. In der E-Mail hieß es unter anderem:

»Ich habe die Information über Ihre hervorragende Wolga-Expedition von meiner Schweizer Freund Andri Bryner, *Der Landbote* Winterthur bekommen... Ihre Expedition ist die erste deutsche Expedition in letzte zwei Jahrhunderte. Man kann sagen, dass der Entdecker von Tatarstan für europäische Zivilisation wurde der Deutsche Karl Fuchs (1776 – 1846). Er wurde erster Forscher des tatarischen Volkes. Dr. Fuchs wohnte und arbeitete in Kasan bis Ende seines Lebens... Eine Straße von Kasan hat seine Name, wie auch hiesige ›Deutsche Karl-Fuchs-Gesellschaft zu Kasan‹... Der Vorsitzende des ›Deutsches Haus des Tatarstans‹, Herr Victor Dietz, war begeistert, als er erfuhr über Ihre Reise. Er möchte sehr mit Ihnen kennen lernen und er schlägt auch aller mögliche Hilfe vor. Ich werde auch froh, Ihnen zu helfen...«

Nach den Erfahrungen in Tscheboksary war dies eine sehr erfreuliche Nachricht. Alexei Djomin würde uns eine Menge über das Leben in Tatarstan erzählen können. Von Professor Fuchs wiederum hatte ich in dem Buch von Hanno Becker über die Reise Humboldts gelesen. Darin stand über die Ankunft Humboldts in Kasan: »Nachdem die Reisenden sich eingerichtet und aufgefrischt hatten, wurden sie im Universitätsgebäude vom Kurator Mussin-Puschkin und dem Rektor, dem berühmten Mathematiker Lobatschewski, offiziell begrüßt. Humboldt und Rose trafen hier einen guten Bekannten wieder, Prof. Iwan Simonoff, der 1819 bis 1821 an der russischen Antarktisfahrt unter Bellingshausen teilgenommen und sich im Winter 1823/24 in der französischen Hauptstadt aufgehalten hatte. Hier hatte er Rose und Humboldt kennen gelernt... Man zeigte den Reisenden nicht ohne berechtigten Stolz große, schöne Auditorien und das saalartige Senatszimmer, das sein Licht von oben empfing... Die zoologischen und mineralogischen Sammlungen gehörten nicht der Universität, sondern Prof. Fuchs, der eine reiche Kollektion von Ural-Mineralien besaß...«

Für die Strecke von Tscheboksary nach Kasan brauchten wir den ganzen Tag und hatten dabei nicht nur unter den weiter steigenden Temperaturen, sondern auch unter tausenden von Moskitos zu leiden. Die Quälgeister überfielen uns regelmäßig ab fünf Uhr und nutzten auch während der Nacht jede Gelegenheit, uns zu belästigen. Ich löste Ed schon früh am Ruder ab, da die Mückenplage im Fahrtwind etwas erträglicher war.

Am flachen Ufer bot sich uns ein Bild, das ich erst richtig interpretieren konnte, als wir ganz nahe waren: Ein großes Frachtschiff war auf Grund gelaufen und am Strand hochgezogen worden, vielleicht auch bei Hochwasser oben liegen geblieben. Alle technischen Teile, die sich innen und außen abschrauben oder abschweißen ließen, lagen fein säuberlich ausgebreitet neben dem Wrack, und dazwischen weideten die Kühe. Wer wollte diese größtenteils verrosteten Einzelstücke wohl jetzt noch verwenden?

Die Landschaft hingegen war hier besonders attraktiv. »Grüne Wälder, Hügel und kleine Dörfer mit malerischen Holzhäusern«, schrieb ich in mein Tagebuch. An den steilen Ufern fielen wieder

Treppen und Leitern ins Auge, auf denen die Bewohner der höher gelegenen Datschen über die Felswände zum Strand absteigen konnten. Ein großer Teil der Inseln, von denen Humboldt berichtete, war inzwischen vom aufgestauten Wasser überflutet, dennoch sahen wir lange Sandstrände mit Badenden. Es war Sonntag, und wer über das ganze Wochenende Badefreuden genießen wollte, hatte am Waldrand Zelte aufgeschlagen. Nur leider war die Wasserfläche auch hier an vielen Stellen mit Algenteppichen bedeckt.

Kasan und sein Kreml

Am späten Nachmittag machten wir im Yachtklub von Kasan fest. Unsere Ankunft war erwartet worden, wir erhielten sogleich einen Liegeplatz – sogar mit Stromanschluss – und verbrachten einen ruhigen Abend. Am Morgen wurden wir dann vom Vorsitzenden der »Deutschen Gemeinschaft«, Herrn Viktor Dietz, zu einer Rundfahrt durch Kasan abgeholt.

Kasan ist die Hauptstadt der Autonomen Republik Tatarstan, in der auf einer Fläche von 69 000 km^2 immerhin 3,7 Millionen Menschen leben. Von diesen sind über die Hälfte Tataren, Nachfahren der türkischen Stämme des Khanats von Kasan, in das sich das Reich der Goldenen Horde neben den Khanaten Krim und Astrachan schon zu Beginn des 15. Jahrhunderts aufgeteilt hatte. Die Stadt selbst hat etwa eine Million Einwohner.

Viktor Dietz fuhr uns über die Boulevards, die wie in fast allen russischen Städten sehr lang und für uns ungewohnt breit waren. Es gab also kaum ein Problem für den auch hier immer dichter werdenden Verkehr, als hätten die einstigen Erbauer der Stadt schon bei der Planung die heutige Autoflut vorhergesehen. Aber auch die Pferdegespanne der Zarenzeit waren gewiss zahlreich, und außerdem hatte man reichlich Platz, mit dem man großzügig umging, denn etwas »Kleines« oder »Enges« lag und liegt der russischen Mentalität nicht. Mir gefielen diese großzügigen Straßen, die meist auf beiden Seiten von Alleebäumen und Parkanlagen gesäumt waren und über die das Auge frei schweifen konnte. Wir sahen sehr viel Grün, viel mehr, als man es sich bei uns in den meist engen Stadtzentren leisten kann.

Zuerst besichtigten wir den Kreml, eine gewaltige Verteidigungsanlage aus dem 16. Jahrhundert, mit einer fünf Meter dicken und mit 13 Türmen bewehrten Mauer aus weißem Kalkstein. Diese Burg wurde auf Befehl von Iwan dem Schrecklichen erbaut, nachdem es ihm 1552 gelungen war, Kasan zu erobern und dem Moskauer Staat einzuverleiben. Innerhalb der Mauern befinden sich die wichtigsten Verwaltungsgebäude des Staates, unter anderem der Gouverneurspalast, in dem heute der Präsident der Republik residiert, sowie die große orthodoxe Mariä-Verkündigungs-Kathedrale und daneben eine Moschee. Wahrzeichen der Stadt ist der legendäre Sjüjümbike-Turm, ein schiefer Turm aus Backsteinen, um den sich eine Legende rankt. Es heißt, Iwan der Schreckliche sei der Schönheit der tatarischen Fürstin Sjüjümbike verfallen gewesen und habe sie heiraten wollen. Sie aber verlangte zuvor nach einem Turm, der höher sei als die Moscheen Kasans, worauf Zar Iwan binnen sieben Tagen den 57 m hohen Turm

Turm von »Iwan dem Schrecklichen« in Kasan
(Sammlung Prof. Hanno Beck)

errichten ließ. Doch als sie ihn bestieg und über ihr Land blickte, wollte Sjüjümbike Kasan nie mehr verlassen und stürzte sich vom höchsten Gesims in den Tod.

Diese Geschichte mag wahr sein oder nicht, sie symbolisiert auf jeden Fall die Rivalität zwischen Christentum und Islam. Bei unserer Besichtigung sahen wir eine noch im Bau befindliche Moschee, deren Minarett zum Ärger von Sascha und sicher vieler Russen in Kasan ein gutes Stück höher in den Himmel ragte als der Turm der orthodoxen Kathedrale. »Das haben die Tataren mit Absicht so gebaut«, meinte Sascha verbittert, »damit ihr neuer Turm nur ja höher wird als der Turm der russischen Kirche.« Ich war etwas verwundert, überlegte aber dann, dass solche Probleme demnächst auch auf uns zukommen könnten.

Aber die Zeit drängte, deshalb mussten wir den Kreml verlassen. Viktor Dietz fuhr uns zurück in die Stadt. Rasch zeigte uns der liebenswürdige Herr noch die sehr bescheidene evangelische Kirche, an der Restaurierungsarbeiten im Gange waren. Bald standen wir vor dem Deutschen Haus, wo man mit einer Pressekonferenz bereits auf uns wartete. Allein vier Fernsehsender hatten ihre Kameras postiert, und eine Menge Journalisten saßen an den langen Tischen. Bei aller Freude über den schönen Empfang waren wir doch in einer gewissen Sorge, denn wir wollten keinesfalls im russischen Fernsehen erscheinen. Um diese Vorsicht hatte uns Tatjana beim Abschied noch einmal dringend gebeten, andernfalls hätten wir unsere Tarnung verlieren können. Wie groß diese Gefahr tatsächlich war und welche Folgen damit einhergingen, erkannten wir erst viel später. Wie also sollten wir uns bei dieser Pressekonferenz verhalten?

Wenn wir unsere Gastgeber nicht enttäuschen wollten, mussten wir die gestellten Fragen beantworten, andererseits aber so wenig wie möglich über die Hintergründe unserer Expedition verraten. Ich tröstete mich damit, dass Kasan doch recht weit von Moskau entfernt lag und noch viel, viel weiter von St. Petersburg. Aber was sind schon Kilometer bei der heutigen Geschwindigkeit der Datenübertragung? Meine Antworten wurden mir dadurch erleichtert, dass ich in kurzen Sätzen und langsam sprechen durfte, weil ja jedes Wort erst übersetzt werden musste. So waren die

Fragen nach dem Wann, Woher und Wohin leicht zu beantworten. Zum Schluss wollte ein Journalist noch wissen, wie ich die Verschmutzung der Wolga empfunden hätte? Eine gute Frage, aber ich hielt mich zurück. Jede Kritik an den Verhältnissen im Land, besonders wenn sie von Ausländern kommt, wird oft übel vermerkt. Von früheren Reisen wusste ich, dass über den Gast nur Lobendes geschrieben und dass umgekehrt das Gleiche erwartet wird.

Ich grübelte einen Augenblick. Unnötigem Ärger und Hass wollte ich uns nicht aussetzen, denn riskante Erkundigungen und Überprüfungen konnten die Folge sein. Also beschränkte ich mich auf ein allgemeines Urteil: Wir hätten wohl gelegentlich Schmutzflächen auf dem Wasser gesehen, seien dadurch aber in keiner Weise behindert worden, und über die Fischbestände könne ich mir kein Urteil erlauben. Insgeheim sah ich es tatsächlich so: Schuld an der grausamen Verschmutzung hatten die Staumauern und Kraftwerke, aber die ließen sich nicht mehr beseitigen oder umbauen. Sie waren im Lauf der Jahrzehnte völlig in das Wirtschaftsleben integriert worden und deshalb für die Wolgaregion lebenswichtig.

Später zeigte man uns noch einige Räume in der alten Universität. Ich dachte an Humboldt und bewunderte die in langer Reihe aufgehängten Fotografien und Stiche ehemaliger deutscher, englischer und französischer Professoren, die zum Teil als Rektoren am Aufbau der Universität mitgewirkt hatten. Unter ihnen entdeckte ich auch Professor Fuchs, den Forscherkollegen von Alexander von Humboldt. Deutsche Wissenschaftler wurden damals gern in den »Fernen Osten« Europas eingeladen, da für den Aufbau der 1804 gegründeten Universität besonderes Fachwissen und Einsatzfreude gefordert waren. Von der Mitte des 18. bis zur Mitte des 19. Jahrhunderts, soviel wurde mir auch jetzt wieder klar, erlebte Europa hier seine große Zeit. Aber zwei Weltkriege und die russische Revolution haben unwiederbringliche Möglichkeiten der Entwicklung zerstört.

Berühmte Männer haben in Kasan studiert, darunter auch Leo Tolstoi und Lenin, der das Institut allerdings wegen Verbreitung revolutionärer Schriften bald wieder verlassen musste. Zwischen

Deutschen und Tataren bestand seit jeher ein gutes Verhältnis, was diesem Volk ebenso wie den in Russland lebenden und seit über hundert Jahren eingebürgerten Deutschen im Zweiten Weltkrieg zum Verhängnis wurde: Stalin ließ sie allesamt vertreiben und in asiatische Länder umsiedeln.

Leider war meine Zeit für eine längere Besichtigung der Universität begrenzt. Ich musste mich am frühen Nachmittag zum Boot zurückbringen lassen, für kleinere Reparaturen und die täglichen Routinekontrollen. Schließlich waren wir nicht in Mitteleuropa oder einem internationalen Hafen, wo mit gewissem Aufwand fast alle Ersatzteile und Hilfe beschafft werden können. Die Erhaltung unserer Instrumente, Pumpen und anderen Geräte wie Kühlschrank oder Heizung, Ruderanlage, Autopilot und was sonst noch zum Betrieb eines Schiffes auf großer Fahrt gehört, war deshalb neben der Navigation meine wichtigste Aufgabe. Seit Jahren hatte ich auf meinen Weltumsegelungen einen reichen Erfahrungsschatz gesammelt, auf den ich nun zurückgreifen konnte. Diesmal gab es eine Panne am »Watermaker«, und damit drohte unsere Versorgung mit Frischwasser in Gefahr zu geraten – eine absolute Horrorvorstellung, vor allem bei der herrschenden Hitze. Ed hatte versehentlich am Einstellknopf gedreht, der die Stromstärke für die Hochdruckpumpe stabilisierte. Ich hatte meinerseits vergessen, vor dem Einschalten der Anlage den Knopf zu kontrollieren, der normalerweise nicht verstellt wird. Die Pumpe war daraufhin glühend heiß gelaufen, bis die Automatik alles abgestellt hatte. Ich fürchtete schweren Schaden, aber zum Glück waren nur einige Handgriffe nötig, um die Wassererzeugung wieder in Gang zu setzen: Ich stellte den Spannungsregler neu ein, tauschte einen undicht gewordenen Schlauch aus und ergänzte das verdunstete Öl im Getriebe der Hochdruckpumpe. Nach einer Stunde arbeitete sie wieder einwandfrei, und ich konnte die Wassertanks bis zum Rand füllen. Mit Genuss holte ich mir ein Glas des kristallklaren Wassers aus der Leitung und trank es auf einen Zug aus. Das selbst erzeugte Wasser schmeckte mir in diesem Augenblick besser als Champagner.

Abends kam Freund Djomin zu uns an Bord, aber jetzt war Wasser kein Thema, sondern Wodka! Dabei kamen wir nochmals auf

die heikle Nationalitätenfrage zu sprechen. Sascha fragte ihn geradeheraus: »Sind Sie aus dieser Stadt? Und sind Sie ein Tatar?«
»Ich bin Einwohner von Kasan! Ich bin Kasaner!«
»Ist das eine Nationalität?«
»Nein, das ist der Platz, wo ich wohne.«
»Dann sagen Sie, welches Blut fließt in Ihren Adern?«
»Soll ich wirklich alles aufzählen? Also – in mir fließt Zigeunerblut, Tatarenblut, Kosakenblut und russisches Blut, von letzterem am meisten. Und mein Glaube ist russisch-orthodox.«
Damit musste sich Sascha zufrieden geben.

Die Katastrophe der ALEXANDER SUWOROW

Nach Djomins Abschied legte ich noch das neue Kartenwerk, den Band 6 der Wolgakarten, für einen zeitigen Aufbruch am nächsten Morgen bereit, und um 06.30 Uhr am 17. Juni startete ich den Motor. Aber wohin steuern? Wir konnten die Lage des Yachtklubs, in dem wir festgemacht hatten, auf der Karte nicht finden. Er war neu, und die Karte enthielt keine Angaben für Sportboote. Dabei war die Wolga hier fünf Kilometer breit!

Doch irgendwie schlängelte ich mich zwischen ankernden Schiffen, Tonnen und zahlreichen Untiefen hindurch und erreichte wohlbehalten die Mitte des Stroms. Danach hielt ich mich am rechten Ufer, das mit seiner zum Teil felsigen Steilküste überall tiefes Wasser aufwies. Ein Dorf nach dem anderen, jedes mit einem schwimmenden Anlegepavillon, zog an uns vorbei. Häufig überholten uns »Kometas«, die schnellen Gleitboote, die stündlich von Kasan aus verkehrten. Für die großen Entfernungen auf den russischen Strömen und Stauseen waren diese schnellen Luftkissenboote mit wenig Tiefgang ideal. Allerdings schienen sie mir reichlich überaltert, und neue Kometas waren wohl noch nicht gebaut. Öfter hingegen fielen uns alte Luftkissenboote auf, die an Land standen und still vor sich hin rosteten oder auf eine Reparatur warteten.

Es herrschte herrliches, nicht zu heißes Sommerwetter. Die mit grünen Wäldern bedeckten Berge ragten leuchtend in den Morgenhimmel. Was konnten wir uns Schöneres wünschen? Nach zwei

*Die Wolga in der ersten Hälfte des 19. Jahrhunderts
(Sammlung Prof. Hanno Beck)*

Stunden weitete sich die Wolga zu einem großen See, dessen anderes, weithin flaches Ufer kaum mehr zu erkennen war. Den ganzen Tag fuhren wir, Ed und ich abwechselnd am Ruder, auf dem großen Strom. Angelika und Sascha begannen, ihre Reisetaschen zu packen, denn wir hatten einen festen Termin in Uljanowsk.

Feste Termine sind für eine Bootscrew in unbekannten Gewässern eine Belastung, deshalb empfinde ich Verabredungen dieser Art während einer Fahrt immer als Nervenprobe. Diesmal aber waren die Gründe zwingend. Schon in München hatte uns nämlich Freund Logwinow, der russische Generalkonsul, eingeladen, an den Bayerischen Tagen in Moskau teilzunehmen. Dieses große Fest, das die Stadt Moskau alle zwei Jahre als eine Art Oktoberfest zelebriert, wollten wir unter allen Umständen im Film dokumentieren, deshalb planten Angelika und Sascha, mit Flugzeug und Bahn noch einmal nach Moskau zurückzukehren. Hier sollte die Verbindung Moskau–München und die bayerisch-russische Freundschaft in Anwesenheit hochrangiger Persönlichkeiten offiziell gefeiert werden. Es war im Übrigen ein Fest, das die Beweggründe für unsere Expedition gewissermaßen symbolisierte. Leider konnte ich als Kapitän mein Boot nicht für mehrere Tage verlassen, dazu waren die Liegeplätze, das Wetter und die Strömungsverhältnisse an der Wolga zu unsicher. Schweren Herzens musste ich deshalb mit Ed zusammen an Bord bleiben.

Von Kasan aus waren es gut 200 km bis Uljanowsk, wo wir noch am selben Abend ankommen wollten. Daher war Eile angesagt. Um 22.00 Uhr sahen wir die berüchtigte Eisenbahnbrücke von Uljanowsk vor uns in der Dämmerung auftauchen. Mir graute vor ihr. Es war die gleiche Uhrzeit, zu der sich fast zehn Jahre zuvor das furchtbare Schiffsunglück ereignet hatte. Schemenhaft hoben sich die Stahlträger und Pfeiler der Eisenkonstruktion, die so viel Blut gefordert hatten, vom grauen Abendhimmel ab. Ja, hier musste es geschehen sein, hier, unter dem ersten Bogen der zwei Kilometer langen Brücke, die den Strom an seiner schmalsten Stelle überspannt. Nichts regte sich, nur die mächtigen Fluten drängten sich schäumend zwischen den Brückenpfeilern hindurch. Ich hielt so viel Abstand wie möglich, aber ein wenig wurde das Boot von den Strudeln doch zur Seite abgedrängt. Als wir die Stahlkonstruktion hinter uns hatten, atmete ich auf. Sascha wollte fotografieren, aber das dazu nötige Manövrieren verschoben wir auf den nächsten Morgen. Vor der Abfahrt zum Flughafen würde noch Zeit dafür bleiben. Für heute hatte ich genug. Was war hier geschehen?

An einem Sonntagabend, es war der 5. Juni 1983, fuhr eines der größten Passagierschiffe der Sowjetunion, die ALEXANDER SUWOROW, von Kasan die Wolga abwärts in Richtung Uljanowsk und Samara. Das Schiff krachte mit voller Fahrt, also mit 15 Stundenkilometern plus fünf Stundenkilometern Strömung, gegen die Unterkante der Brücke, wodurch das gesamte Oberdeck wie mit einem riesigen Messer buchstäblich abrasiert wurde. Auf dem Oberdeck befand sich zu allem Unglück das Bordkino, das an diesem Sonntagabend voll besetzt war. Keiner der Männer, Frauen und Kinder im Kino überlebte die Katastrophe.

Unvorstellbar muss das Grauen gewesen sein, als die Zuschauer durch die Gewalt der berstenden Eisenteile zerquetscht wurden. Soviel war immerhin vom Politbüro drei Tage nach dem Unglück verlautbart worden. Man wusste auch von 170 Toten. Die Zahl der Verletzten aber war nicht bekannt, und der Hergang des Unglücks blieb Vermutungen überlassen. Eine Regierungskommission wurde zur Untersuchung eingesetzt. Was dabei herauskam, waren wie gewöhnlich abenteuerliche Theorien, aber ganz gewiss nicht die Wahrheit. Soviel war mir klar: Hier musste ein ungeheuerliches menschliches Versagen vorgelegen haben, denn die riesige Brücke war nicht zu übersehen, und ihre Höhe ist in den Stromatlanten genau angegeben. Schon vor Beginn unserer Reise hatte ich von dem Unfall gehört und mir fest vorgenommen, selbst die Wahrheit über den Hergang des Unglücks herauszufinden. Es musste ja noch Leute geben, die etwas mehr wussten, schließlich war es eine Katastrophe, die für die Binnenschifffahrt TITANIC-Ausmaße besaß.

Erst einmal war ich erleichtert, als die riesige Stahlkonstruktion hinter uns zurückblieb. Mehrmals wandte ich den Kopf in dem Gefühl, irgend etwas müsste noch auf das schreckliche Geschehen hinweisen. Aber nichts, keine Gedenktafel, kein Warnschild, auch keine Beschädigung erinnerten an das Vergangene. Unterdessen hatte sich plötzlich starker Wind erhoben, und der Wellengang nahm entsprechend zu. Waren es fliegende Hexen, die an der Unglücksstätte ihr Unwesen trieben?

Die Nachricht von der Schiffskatastrophe erreichte auch die deutschen Zeitungen.

Meine Suche nach einem Liegeplatz blieb zunächst vergeblich, aber später entdeckten wir eine Hafenanlage, hinter deren Mole wir uns verstecken konnten. Während der Nacht ruhten wir uns aus, um am Morgen nochmals zur Brücke zurückzukehren. Nun sahen wir sie bei vollem Tageslicht und fragten uns umso verständnisloser, wie die Katastrophe damals geschehen konnte. »Die müssen geschlafen haben«, meinte Sascha kopfschüttelnd. Die russischen Berichte liefen nämlich darauf hinaus, dass die Durchfahrt verwechselt worden und das Schiff zwischen die falschen Pfeiler geraten sei. Doch so groß war der Höhenunterschied zwischen der zweiten und der dritten Durchfahrt nicht, dass dadurch das ganze 2,5 m hohe Oberdeck abgerissen werden konnte. Es konnte also nicht nur eine Verwechslung der Durchfahrten gewesen sein.

Man wies uns einen Liegeplatz unterhalb des ärmlich wirkenden Yachtklubs zu, direkt an einer staubigen, ungeteerten Straße. Das war einerseits günstig, denn hier konnte Diesel direkt angeliefert werden, ohne den mühsamen Transport in Kanistern. Andererseits wehten von der Straße dichte Staubwolken über das Boot, da bei der Hitze von früh bis spät Fahrzeug auf Fahrzeug zum nahen Freibad rollte. Oft rangierten die Autos vor unserer »Haustür«, um auf der Wiese einzuparken, und die Luft war voller Auspuffgase. Der Staub drang allmählich durch alle Ritzen und machte die »dicke« Luft noch dicker. Eine nicht abreißende Kette von Badegästen zog dicht an uns vorüber und alle, aber auch wirklich alle, wandten den Kopf und betrachteten erstaunt das schöne fremde Boot.

In der Stadt Lenins

Am Vormittag verabschiedeten sich Angelika und Sascha für ihre Reise nach Moskau. Ich beneidete die beiden um das Erlebnis, das ihnen bevorstand, aber für mich musste die SOLVEIG Vorrang haben. Wo war ich also jetzt »gestrandet«? Wie hieß die Stadt – Uljanowsk? Aber das stimmte doch gar nicht! Sie hieß Simbirsk und war 1924 zu Ehren des 1870 hier geborenen W. I. Uljanow alias Lenin in Uljanowsk umbenannt worden. 1991 erhielt sie ihren alten Namen zurück und hieß also jetzt wieder Simbirsk.

Doch die Entscheidung der Regierung fand ein geteiltes Echo in der Stadt, die sich weiterhin gern nach ihrem berühmten Sohn nennt. Und an dieser Spaltung ging sie langsam zugrunde. Sie war zu einer richtigen Provinzstadt abgesunken und bot nach den bedeutenden Städten, die wir besucht hatten, ein eher düsteres Bild der Verarmung.

Sascha hatte vor seiner Abreise schnell noch Kontakt zur örtlichen Presse hergestellt und zwei hübschen, freundlichen Journalistinnen einen Besuch auf der SOLVEIG empfohlen. Am Salontisch berichtete ich mit einiger Mühe von unserer Reise, was nur möglich war, weil eine der beiden ein wenig Englisch verstand. Erregt berichtete sie über Uljanowsk: »Man hat zwar den Namen geändert, aber die alten kommunistischen Seilschaften regieren weiterhin die Stadt. Das bedeutet, dass der Bürgermeister Parteileute in entscheidende Positionen gehievt hat, die ihrer Aufgabe nicht gewachsen sind. Zum Beispiel wurde die Leitung des Schulamts mit ehemaligen Generälen ohne jedes Fachwissen besetzt. Außerdem haben schlimme Fehlentscheidungen der Wirtschaft sehr geschadet. Die Stadt verarmt zusehends.«

»Das Erbe, einst Leninstadt gewesen zu sein, lastet schwer auf dem Ort«, berichtete die Jüngere der beiden. »Früher war Uljanowsk eine Pilgerstätte der Sowjetunion, die organisierten Besucherströme rissen nicht ab. Elf Millionen Besucher wanderten bis zur Wende durch Lenins Geburtshaus.« Und jetzt? »Jetzt geht es in jeder Beziehung abwärts.«

Die Journalistinnen luden mich für den nächsten Vormittag zu einer Stadtbesichtigung ein, was ich mit Freuden annahm. Sie erschienen auch pünktlich, erklärten mir aber: »Die Zeitung besitzt leider kein Auto, dafür ist kein Geld da. Wir müssen alles selbst bezahlen, auch unser Schreibpapier, die Kugelschreiber und Bleistifte.«

»Bekommt ihr denn Honorar für eure Artikel?« fragte ich besorgt.

»Manchmal, aber nicht immer.«

Ich schenkte den beiden einige Kugelschreiber, von denen ich einen reichlichen Vorrat hatte. Um ins Stadtzentrum zu kommen, das ziemlich weit entfernt war, wollten wir an der Hauptstraße einen Wagen anhalten und mieten. Dazu mussten wir allerdings ein ganzes Stück bergauf gehen. Bei der starken Hitze – morgens hatten wir an Bord schon 40 °C gemessen – drang mir der Schweiß aus allen Poren. Die Luft war so heiß, dass der Atem in Mund und Hals schmerzte, und auch die Russinnen hatten Schwierigkeiten. Noch eine halbe Stunde stapften wir bergauf, dann bekamen wir endlich ein »Taxi«. Der Fahrer verlangte einen hohen Preis und Vorauszahlung, aber so sah ich wenigstens etwas von Simbirsk oder Uljanowsk, der Stadt des großen Lenin. Sein Denkmal stand inmitten einer weiten leeren Fläche. Mit ausgestrecktem Arm, wie ein Feldherr, blickte er über den öden Platz. Keine Bewunderer zu seinen Füßen, keine Blumen auf dem Sockel – wie etwa bei Peter dem Großen in St.Petersburg. Im Vorüberfahren glitten einige Prachtbauten vorbei: Stalin-Klassizismus, riesige Säulen, dahinter leere Mauern. Stadtverwaltung. Lenin-Museum? Wir fuhren zum Historischen Museum. Dort war viel Kunst zu sehen, einige herrliche alte Gemälde, auch Modernes, eine ganze Abteilung aber bestand aus der geologischen Geschichte des Ortes, bis in die Stein-

zeit zurück. Plötzlich stand ich vor einer Vitrine mit einer Flasche meines geschätzten Mineralwassers. Meine Begleiterinnen machten mir klar, daß seine Quelle in der Nähe der Stadt sprudelte und das Wasser aus großer Tiefe über uraltes Gestein ans Tageslicht stieg.

»Neu auferstanden!«

Auch Sascha fuhr nach seiner Rückkehr zum Lenin-Denkmal. Das ließ er sich nicht nehmen, denn er verehrte Lenin wohl noch immer. Er fand den Platz ebenfalls leer vor und war enttäuscht. Dann aber traf er einen etwa zehn Jahre alten Jungen und fragte ihn: »Weißt du, für wen dieses Denkmal da steht?«
»Für Wladimir I. Lenin!«
»Und wer war das?«
»Der Vater der russischen Revolution!«
»Wer hat dir von Lenin erzählt?«
»Mama hat mir erzählt... Und dann in der Schule...«
»Was hat deine Mutter dir von Lenin erzählt?«
»Als sie noch klein war, sagte man, dass Lenin so etwas war wie Santa Klaus. Als meine Mutter älter geworden war, hieß es, der Lenin hat das Bürgertum vernichtet.«
»Und jetzt? Gibt es wieder Bürgertum?«
»Jetzt, hier, bitteschön...« Und der kleine Junge zeigte auf das Haus des Bürgermeisters. »Neu auferstanden!«

Helfer und Kritiker

Unzählige Menschen wanderten auf der staubigen Straße an uns vorbei, und immer wieder kamen Interessenten auf das Boot zu, klopften, und wir unterhielten uns dann mit Hilfe der wenigen Worte Englisch, die uns zur Verfügung standen. Auf diese Weise hatte ich die Freude, einen Geschichtsprofessor der Universität kennen zu lernen, der ähnlich wie die beiden Journalistinnen über die unguten Zustände in der Stadt klagte. Er brachte am nächsten Tag einen Freund mit, wohl den bekanntesten Bergsteiger Russlands, der den Mount Everest, den Nanga Parbat und den K2 bestiegen hatte und mit Reinhold Messner befreundet war. Er leistete mir wertvolle Hilfe, besorgte einen Elektriker, der einen verborgenen Kurzschluss in unserem 220-V-System beseitigte, und ließ in seiner eigenen Firma eine Schutzhaube für unseren Außenbordmotor nähen.

Außerdem berichtete er sehr glaubhaft über die Schiffskatastrophe an der Brücke. Demnach fand zur Stunde des Unglücks auf der SUWOROW eine Parteiversammlung statt, an der der Kapitän teilnehmen musste. Als Aushilfe – und das war sein großer Fehler – bestimmte er einen sehr jungen Steuermann-Aspiranten auf seiner ersten Fahrt. Der Junge verwechselte auf der Stromkarte die Brücke bei Uljanowsk mit einer Brücke 200 Kilometer weiter flussabwärts und steuerte deshalb die erste Durchfahrt an, die viel zu niedrig war. Was aus dem Jungen wurde, ist nicht bekannt, aber der Kapitän verlor sein Patent und erhielt eine lange Gefängnisstrafe.

Diese Version wurde mir auch von einem deutschen Ehepaar bestätigt, das am Tag darauf an Bord kam. Er war ein Geschäftsmann aus Koblenz, der eine attraktive Frau aus Uljanowsk geheiratet hatte. Sie hatte sich seinetwegen scheiden lassen und war ihm nach Deutschland gefolgt. Am nächsten Tag erschien bei mir – ich mochte es kaum glauben – ihr erster Mann, ein sympathischer Russe aus Uljanowsk. Er war keineswegs vergrämt, sondern erfreut, dass seine Verflossene wenigstens im Urlaub zurückgekehrt war und mit ihrem neuen Partner bei ihm wohnte. Auch er bot mir seine Hilfe und eine Stadtrundfahrt an, aber ich musste ablehnen, denn Angelika sollte am selben Abend zurückkehren, und ich wollte vorher noch Lebensmittel für die Weiterfahrt besorgen.

Aber nicht immer ging es so harmonisch zu. Ed benahm sich oft recht merkwürdig und versuchte, jeden Kontakt zwischen mir und dem Yachtklub zu unterbinden. Keiner der leitenden Herren des Klubs kam jemals zu uns an Bord. Man verhielt sich distanziert, nur manchmal trafen mich prüfende Blicke. Einmal wurde ich Zeuge einer hitzigen Debatte zwischen Ed und einem offenbar wichtigen Klubmitglied und glaubte, Wortfetzen wie »Nazi« und »Stalingrad« heraus zu hören. Vielleicht lag das aber auch an meiner Nervosität. Ed winkte mir jedenfalls, ich sollte lieber an Bord bleiben, und ich gehorchte sofort. Ohne Sascha fühlte ich mich unsicher, zumal wir uns hier eigentlich recht unvorsichtig benommen hatten. Ich hatte mich ständig auf Deutsch unterhalten, allenfalls noch auf Englisch. Wurde es jetzt gefährlich für mich? Auf einer Bank vor der Hütte des Klubs saß die Nacht über ein Wachmann, ein Rentner wohl, der sich ein paar Rubel verdienen wollte. Er blickte oft zu mir herüber. Jeden Abend, wenn er zum Dienst kam, grüßte er, und ich winkte zurück. Oft unterhielt er sich stundenlang mit Ed auf der Bank. Dankbar fühlte ich die Wellen des Wohlwollens, die von ihm ausgingen, und wenn Lebensmittel übrig waren, bat ich Ed, sie ihm anzubieten. Am letzten Abend winkte er mich zu sich, nahm seine Armbanduhr ab und reichte sie mir. Der Ärmste der Armen wollte mir ein Geschenk machen! Ich glaube, er war im Krieg Soldat gewesen wie ich. Ich bat Ed, ihm die Uhr wenn möglich mit Dank zurückzugeben, aber der Mann lehnte ab.»Kamerad, Kamerad!« hörte ich ihn sagen. Da war nichts zu machen. Ich besitze seine Uhr noch heute.

Die Tage in Uljanowsk waren mit Arbeit und Besuchern sehr schnell vergangen. Nach fast einer Woche kamen Angelika und Sascha von ihrem anstrengenden Moskau-Aufenthalt abends zurück, und wir feierten unser Wiedersehen an der tiefsten und daher kühlsten Stelle des Bootes, in der Pantry am Esstisch. Mit Wodka, Wein und Wasser stießen wir auf eine glückliche Weiterfahrt und auf die nun wieder vollständige Crew der SOLVEIG an. Um sieben Uhr morgens warf ich die Leinen los und verließ den Platz, an dem ich mich all die Tage lang verkrochen hatte, nicht ohne eine gewisse Wehmut. Der Wachmann winkte uns noch lange nach.

Am Lagerfeuer der Marinejugend

Draußen herrschte nur leichter Wellengang, und der Motor brummte mit ruhiger Gleichmäßigkeit. Die Bugwelle platschte leise gegen den Stahl, als es hinausging auf den riesigen Kujbyschewer See, die auf einer Länge von 300 km aufgestaute Wolga, den größten Stausee Europas. Ja, wir befanden uns immer noch in Europa, trotz Tataren, Tschuwaschen und bald auch Kalmücken. Mit unserer SOLVEIG waren wir schon sehr weit nach Osten vorgedrungen, hatten fast 50° östlicher Länge erreicht, etwa die Länge des Persischen Golfs. An die 1500 km waren es allein seit Moskau, davon 1000 auf der Wolga. Ich hatte ein gutes Schiff. Das zu wissen, war ein wunderbar beruhigendes Gefühl in diesen fernen, fremden Gewässern.

Im Lauf des Tages nahm die Hitze weiter zu. An die 40 °C zeigte das Thermometer, und selbst das Wasser war über 31 °C warm. Unter den Bodenbrettern verbreitete der Motor noch zusätzliche Wärme, und auf ein kühlendes Lüftchen konnten wir erst am Abend hoffen.

Und dann entdeckte ich am Horizont mehrere weiße Punkte. Waren das Segel? Ich konnte es kaum glauben, denn bisher waren uns noch nie Segelboote begegnet. Ich griff nach dem Fernglas. Tatsächlich, mehrere Segelboote! Noch dazu mit einem großen waagerechten Rahsegel, wie sie früher von Wikingern gefahren wurden. Malerisch wurde das Tuch vom Wind gebläht. Waren es denn nicht die Wikinger gewesen, die Rus und Waräger, die einst von Skandinavien aus unter Fürst Rurik ins Land der Slawen vordrangen, als Händler und Siedler? Sollten diese Kutter – denn bei der Annäherung erkannte ich, dass es Jugendkutter waren – an die Wikingerzeit erinnern? Bei achterlichem Wind segelten die Boote sogar recht schnell, mit weiß schäumender Bugwelle und in aufrechter Lage. Jeweils vier bis fünf Jungen bedienten Segel und Ruder: ein schöner Sport!

Wie im Traum zogen Dörfer mit braunen Holzhäusern und verfallene Kirchen an uns vorbei. Am rechten Ufer, an dem wir entlang fuhren, bedeckten tiefgrüne Wälder die steilen Hügel, nur ab und zu hatten Flüsse und Bäche tiefe Schluchten in die Hänge gegraben. In diesen Buchten hatten sich im Lauf der Zeit weiße Sandstrände gebildet, und auf einem davon entdeckte ich gegen Abend eine Reihe Kutter, vielleicht dieselben, die wir zuvor von fern gesehen hatten. Man hatte sie auf den Strand hinauf gezogen, und dahinter war eine Schar Jungen damit beschäftigt, ihre Zelte für die Nacht aufzuschlagen und Holz für ein Lagerfeuer heranzuschaffen. Die Szene war absolut filmreif, deshalb nahm ich Kurs auf den Strand. Hier konnten wir die Nacht verbringen.

Um das Boot bei einer Windänderung nicht zu gefährden, ankerte ich in respektvoller Entfernung vom Land. Dann machten wir uns ohne Zögern im Schlauchboot auf. Sascha ging sofort auf den Jugendführer zu und erklärte ihm, dass er einige Filmszenen von ihrem Lagerleben drehen wollte. Wie fast immer hatte er auch hier keine Schwierigkeiten. So setzten wir uns unter die Bäume und beobachteten aufmerksam das rege Treiben. Ich bewunderte die Disziplin, mit der die Jungen gezielt und ohne Lärm eine beachtliche Menge Holz sammelten und nebenbei die am Strand liegenden Boote aufräumten: Die Segel wurden geborgen, die Leinen aufgeschossen und die Riemen für den nächsten Morgen bereitgelegt. Zweifellos war die in der Sowjetzeit staatlich geförderte Ausbildung junger Marinepioniere für die Disziplin ausgesprochen günstig, und das Fehlen entsprechender Jugenderziehung bringt heutzutage echte Probleme mit sich. Aber die damit verbundene politische Indoktrinierung hat sich auch katastrophal ausgewirkt.

Sascha wartete den Einbruch der Dämmerung ab, um das Lagerfeuer und den großen Kochtopf darüber aufzunehmen. Der Jugendleiter hatte Kartoffeln, Gemüse und Fisch für den Eintopf mitgebracht, und die Jungen hockten nun um das Feuer und schälten Kartoffeln. Nach und nach landete alles im Topf und wurde kräftig gerührt. Sascha holte seine Gitarre und sang ein paar Lieder, kleine Wellen murmelten zwischen den Steinen am Strand, und dahinter glänzte der See im Mondlicht. Noch lange Zeit blieb ich im Schlauchboot am Strand sitzen, um die Stimmung zu genießen und das Glücksgefühl auszukosten, das der durch nichts gestörte Abendfriede an der Wolga in mir auslöste. Erst viel später pullten wir mit Ed zurück zu unserem modernen Boot, das wie aus einer anderen Welt entsprungen schien. Die Dunkelheit der Nacht hatte die beiden so verschiedenen Welten einander näher gebracht.

Altrussische Erziehung

Am Morgen holten wir unseren Anker schon zu früher Stunde auf, denn wieder stand uns eine weite Fahrt bis zu unserem nächsten Ziel bevor, den Städten Togliatti und Samara. Über 170 Kilometer hatten wir am Vortag zurückgelegt, heute würden es noch einmal so viele werden. Auch die Jugendgruppe war schon eifrig damit beschäftigt, ihre Zelte abzubrechen. Nur Wind gab es so gut wie keinen. Über der riesigen Wasserfläche des Sees lag ein dichter Dunstschleier, und nach neun Uhr wurde es wieder unerträglich heiß. An diesem Tag wollten wir ein historisches Wolgaschiff besichtigen, nur etwa 10 km entfernt, auf das uns der Jugendleiter hingewiesen hatte. Wir fuhren in die angegebene Richtung und suchten die Ufer mehrerer Buchten ab, zunächst jedoch ohne Erfolg. Kein Dorf – kein Schiff!

Gerade als wir die Suche aufgeben wollten, entdeckten wir gegen Mittag in der schmalen Mündung eines kleinen Baches das Schiff. Daneben ein leerer Strand, ein Sonnenschirm und darunter auf Klappstühlen drei Frauen und ein Mann. Sie drängten sich dicht zusammen, damit jeder noch ein wenig Schatten bekam. Anscheinend hatten sie das Museum im Dorf besucht und unterhielten sich nun angeregt. In Originalgröße, etwa 20 m lang, anschaulich, wenn auch etwas grob nachgebaut, trug das Schiff stolz am Bug einen geschnitzten Pferdekopf. War das den alten Wikingerschiffen nachempfunden oder den ersten russischen Wolgaschiffen? Ich kletterte an Bord, sah mich um und suchte günstige Winkel für meine Fotos. Die Aufbauten, der achterliche Einstieg in die Kajüte, alles befand sich in gutem Zustand. Aber wer engagierte sich da so begeistert für die Vergangenheit?

Trotz der unglaublichen Hitze machten sich Angelika und Sascha auf den steilen Weg zum Dorfmuseum. Das Dorf diente gleichzeitig als eine Art Jugendzentrum, unterhalten von einer speziellen Gruppierung der orthodoxen Kirche. Am Nachmittag kamen Angelika und Sascha erschöpft an Bord zurück und erzählten eine merkwürdige Geschichte: »Dort werden Waisenkinder betreut, im streng nationalen Geist der alten Ritter oder Wikinger. Sie tragen Helme und Schwerter, dazu Panzer um den Leib, und haben ihr Dorf mit einer Festungsmauer umgeben. Oder sollen die gepanzerten Ritter slawische Krieger darstellen, die sich gegen die Wikinger zur Wehr setzen?«

Wie dem auch sei, diese Art der historischen Erziehung im nationalen Geist der vorzaristischen Epoche war wohl ein Traum des Aufsicht führenden Priesters, den er sich erfüllt hatte in einer Zeit, in der viele Russen glaubten, das Rad der Geschichte zurückdrehen zu können. Ein wilder Traum! Hier möchte ich einige Sätze aus den Tonaufnahmen wiedergeben, die Sascha von Bewohnern des Museumsdorfes aufgenommen hat:

»Früher haben die Regierungen die Kirchen zerstört, aber jetzt hilft uns der Staat beim Aufbau. Gut, dass sie hier die Waisenkinder hergebracht haben, denn das ist wichtig für ihre Erziehung. Sie müssen im russischen Geist erzogen werden, darum gibt es hier auch eine Schule für sie. Die ganze Architektur ist so großzügig angelegt, dass die Kinder sich frei fühlen und spüren, dass sie neben der Wolga leben.« Die »Mama« genannte Erzieherin des Museums stand vor einer Burgruine und fuhr fort: »Vater Fiaktist verwirklicht hier eine Idee, die er schon seit seiner Jugend im Kopf hatte. Er wollte damals die russische Kultur von Grund auf kennenlernen, deshalb ging er mit 16 Jahren auf eine Kunstakademie bei Moskau und wurde Holzschnitzer. Dann trat er ins Kloster ein und blieb dort viele Jahre, um geistige Erfahrungen zu sammeln. Aber seine Ideen aus der Jugend, russische Kinder nach alter Tradition zu erziehen, die hat er nie vergessen. Dazu muss man eine alte Festung wieder aufbauen, meint er, und die Kinder so erziehen, wie unsere Fürsten erzogen wurden. Seit zwei Jahren bauen wir nun schon... Unser Priester will, dass wir uns selbst versorgen mit Gemüse- und Obstplantagen, dass wir hier ein kleines, unabhängiges Land schaffen. Die Kinder arbeiten in diesem Garten und lernen, mit Tieren umzugehen. So wie es einst war, so soll es weitergehen, um etwas Gutes für das Vaterland zu tun, um die Kraft, die Gott gibt, dem Vaterland weiterzugeben, aber auch, um es zu verteidigen...«

Nach Angelikas Bericht tranken wir Tee und holten anschließend den Anker auf. Ich steuerte das Boot wieder hinaus auf die Wolga, um einige Eindrücke reicher. Wieviel hatte sich doch seit dem Vorabend ereignet! Das Ferienlager der Marinejugend, dann das Museumsdorf des Vater Fiaktist und sein Wikingerschiff... Ich war froh über diese Erfahrungen, gaben sie mir doch neben vielen anderen Begegnungen ein Gefühl dafür, was zehn Jahre nach der Wende in Russland gedacht und getan wurde und mit welchen Ideen und Hoffnungen, mit wieviel Mut die Menschen ihre Armut, die zweifellos zur Zeit herrschte, bewältigen und überleben wollten.

Die Wolga an der Grenze zu Kasachstan. Hier leben in der Stadt Engels noch einige Deutsche, die Stalins Verfolgungen überstanden haben. Doch die große Zeit der Wolgadeutschen, die einst von Katharina der Großen ins Land gerufen wurden, ist für immer vorbei.

In Stalins Fluchtburg

*Von der Vernunfthöhe herunter
sieht das ganze Leben wie eine böse Krankheit,
die Welt einem Tollhaus gleich.*
  Johann Wolfgang von Goethe: An Voigt, 1798

Bis Togliatti war es nicht mehr weit, und dort erwartete uns die nächste Schleuse, eine mächtige Doppelanlage. Die Stadt selbst wollten wir nicht besuchen, zu viele Warnungen hatten wir über dieses Industriegebiet gehört. Man sprach von einem Zentrum der Banditen, und ich habe auf meinen Abenteuerfahrten immer versucht, ein Gleichgewicht zu halten zwischen der Gefahr und dem zu erwartenden Erlebniswert. Palmiro Togliatti war der bekannteste und einflussreichste Kommunistenführer Italiens gewesen – waren mit seinem Namen auch Mafiaverbindungen an die Wolga gelangt? Wir wussten es nicht, aber die Warnungen genügten uns, und außerdem waren in Togliatti kaum Sehenswürdigkeiten zu erwarten. Ganz anders verhielt es sich mit Samara, unserem nächsten Ziel. Samara ist eine Millionenstadt, die vor Zeiten als die heimliche Hauptstadt der Sowjetunion galt und immer noch ein großes Kultur- und Wirtschaftszentrum darstellt.

Also auf nach Samara! Vorbei an Togliatti steuerten wir auf die großen Schleusen zu. Und dort hatten wir nochmals eine unerwartete Begegnung: Im Schleusenhafen lag eines der großen russischen Passagierschiffe, wahrscheinlich auf der berühmten österreichischen Schiffswerft in Korneuburg erbaut. Im Näherkommen konnte ich den Namen lesen, es war die ALEXANDER SUWOROW, das Unglücksschiff von Uljanowsk!

Sascha und Angelika stiegen rasch über das Deck eines Ausflugsbootes auf den Kai und nahmen von dort aus Kontakt auf mit der Besatzung der SUWOROW. Wir wollten Filmaufnahmen von dem Schiff machen und weitere Auskünfte über den Hergang des Unglücks erfragen. Mit Ed zusammen wartete ich im Boot, bis die beiden nach einer Stunde das Signal gaben, sie wieder abzuholen. Doch wirklich Neues hatten sie nicht erfahren. Wir hätten uns denken können, dass die Besatzung nicht mehr sagen durfte als das, was seit langem offiziell bekannt war: »Das Schiff sollte die dritte Durchfahrt passieren, fuhr aber durch die niedrigere sechste...« Ein Offizier hatte noch hinzugefügt: »Als unsere Kommission nach Uljanowsk kam, waren wir von dem Anblick erschüttert. Wir sahen viele Leichen und Blutlachen überall.« Sascha fragte auch einen weiblichen Fahrgast, ob sie von dem Unglück wisse. Ihre Antwort war klar und eindeutig: »Ja, ich weiß davon. Aber man muss der Mannschaft vertrauen – so etwas passiert nur einmal.«

Ein Schiffsfriedhof

Es gibt Tage, an denen hat man einfach Glück. So ein Tag war auch dieser 24. Juli, denn obwohl wir wegen der SUWOROW schon länger vor der Schleuse gelegen hatten, ohne uns anzumelden, öffnete die Schleusenwärterin nach unserem Anruf sofort die Tore, und wir konnten in die Kammer einfahren. Alles ging gut, aber dann folgte wieder ein Schreck: Der anscheinend völlig verwirrte Ed gab ohne jede Not Auskünfte über unsere fragwürdige russische Registrierung in St. Petersburg. Sascha hatte das Gespräch mitgehört und war entsetzt. Was war nur los mit Ed? Er wusste doch Bescheid, fürchtete selbst immer, dass wir in einer Schleuse entlarvt werden könnten. Ich vermochte die Gefahr nicht zu beurteilen, da ich das Gespräch nicht verstand, und überließ es deshalb Sascha, Ed zurechtzuweisen. Zum Glück blieb seine Indiskretion ohne Folgen.

Zwischen der ersten und zweiten Schleusenkammer durchfuhren wir eine kurze Hafenstrecke, wo mehrere der großen Wolga-Don-Frachter lagen, die, offenbar außer Dienst gestellt, einer unsicheren Zukunft entgegensahen. Auch in anderen Häfen hatten wir immer wieder Schiffe gesehen, die hoffnungslos vor sich hin rosteten. Wie war es möglich, dass der Verkehr auf der Wolga so nachgelassen hatte? Die russische Wirtschaft hätte sich doch allmählich erholen müssen, die Voraussetzungen dafür waren gegeben. Vor allem standen alle wichtigen Rohstoffe im eigenen Land zur Verfügung, mehr als anderswo in Europa. Allein schon die riesigen Vorkommen an Öl, Gas und Kohle hätten der Industrie eigentlich einen Aufschwung ermöglichen müssen. Aber es fehlte wohl an Erfahrung. Schon zur Zeit Peters des Großen waren fast alle Gebrauchsgüter aus dem Westen importiert worden.

Unterhalb der Schleuse erschwerten große Sandbänke die Navigation. Prompt verwechselte Ed die Tonnen, und wir bekamen leichte Grundberührung. Dafür war es dann in dem flachen Wasser nicht schwer, einen sicheren Ankerplatz für die Nacht zu finden. Wir ließen das Eisen fallen und erlebten den ersten kühlen Abend seit langer Zeit. Was für eine Erleichterung! Doch leider blieb der tägliche Mückenansturm nicht aus. Wie an den Abenden zuvor wurden wir von tausenden der kleinen Bestien gequält und beschlossen, endlich einen wirksamen Schutz für Türen und Fenster zu konstruieren. Das war Eds große Stunde. Er half uns, indem er passende Rahmen baute und sie mit feinmaschigen Netzen bespannte, die er längst gekauft hatte. Ich konnte nur staunen, mit welcher Geschwindigkeit er als gelernter Tischler die Rahmen anfertigte und einpasste. Von da an waren wir wenigstens innerhalb des Bootes vor den lästigen Insekten besser geschützt und konnten in Ruhe essen. Leider waren wir dennoch die Plage nicht ganz los, denn auf rätselhaften Wegen drangen immer noch einige Tierchen ein, die ich vor dem Schlafen mit Spray vertrieb.

Nach dem kühlen Abend erlebten wir auch einen angenehmen Morgen. Endlich schien die schlimmste Hitze überwunden zu sein. An den Ufern der Wolga, die hier noch nicht wieder zum See aufgestaut war, sahen wir zum ersten Mal schwere Verwüstungen durch Hochwasser. Holzhäuser waren von ihren Sockeln gerissen und ein Stück stromab geschleift worden, ganze Reihen von Bäumen und Sträuchern lagen entwurzelt auf dem Strand. Es müssen schlimme Tage gewesen sein, als der gewaltige Strom meterhoch über seine Ufer getreten war und alles, was er greifen konnte, mit sich riss. Dabei war die Landschaft hier besonders romantisch, und die umgestürzten Bäume wirkten wild und malerisch.

Wohlstand in Samara

Bald wurde der Strom wieder breiter, und zu beiden Seiten fielen uns neu erbaute Häuser auf, die reihenweise eines neben dem anderen standen. Hier mussten wohlhabende Menschen leben, offenbar wurde genügend Geld verdient. Die Landschaft erinnerte mich streckenweise an die untere Donau mit ihren Sandstränden, Inseln und wunderbaren Laubbäumen. Am Ufer konnte ich einen Klosterneubau und sogar eine neue Kirche erkennen. Dass

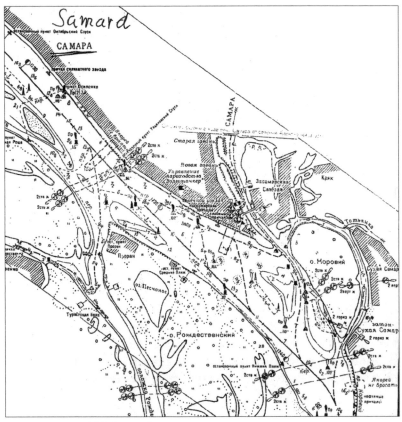

Ansteuerung und Hafen von Samara:
Das schmale Fahrwasser ist vielfach geteilt.

Russland in einer Aufbauphase steckte, war auch hier wieder deutlich zu sehen. Ich freute mich, als eine noch nicht ganz fertige Datscha nach der anderen am Ufer in der Sonne glänzte.

Gegen Abend näherten wir uns der Großstadt Samara, und bald entdeckte ich auch die Anleger und Boote eines Yachtklubs. Zum ersten Mal fanden wir einen richtigen Yachthafen mit mehreren Schwimmstegen. Sogleich fielen uns auch einige sehr teure Schiffe amerikanischer Bauart ins Auge, Segelboote wie luxuriöse Motoryachten, die neben alten russischen Sportbooten lagen. In Samara herrschte offenbar beachtlicher Wohlstand. Ein Platz für Besucher war denn auch nicht frei, deshalb mussten wir ankern und das Heck mit einer Leine am Kopf des Stegs belegen.

Unser Empfang im Klub war ausgesprochen freundlich. Man bot uns jede benötigte Hilfe an, ein Angebot, das wir schon bald in Anspruch nahmen, denn in der Enge des Liegeplatzes geriet unsere Kette über die Ankerleine eines Seglers. Wir konnten die Leine nicht selber klarieren, deshalb holte Sascha einen Taucher zu Hilfe, der Kette und Leine sehr schnell entwirrte. Ein weiteres Problem war die Wasserversorgung. Die aufgestaute Wolga war so stark verschmutzt, dass ich in den letzten Tagen lieber kein Trinkwasser produziert hatte, um die Filter zu schonen. Mit einem mehrfach verlängerten Schlauch ließ sich jedoch die Wasserleitung des Klubs erreichen, und so konnte ich unsere Tanks wieder auffüllen.

Die Gebäude des Klubs lagen recht nahe am Zentrum der sehr gepflegten Stadt. Ein Stück außerhalb des Klubgeländes zog sich ein breiter Sandstrand hin, den die Fähren anliefen, die jeden Tag hunderte von Werktätigen zu ihrem Arbeitsplatz auf dem anderen Ufer oder flussaufwärts brachten. Die Fähren landeten für meine Begriffe sehr abenteuerlich, denn es gab keinen Kai. Das Schiff fuhr mit Schwung ein Stück auf den Sand, und die Passagiere stiegen vom Vorschiff über eine Treppe ein oder aus. Der Steuermann musste darauf achten, dass das Heck mit der Schraube tief genug im Wasser blieb, damit sich das Schiff mit eigener Kraft in den Strom zurück ziehen konnte. Auf diese Weise wurde viel Geld gespart, das sonst für den Bau von Landungsbrücken benötigt worden wäre, und auch der Natur blieben Kaianlagen aus Beton erspart. So landeten dort jeden Tag an die 30 Fähren und Frachtschiffe!

Eine Zapfstelle für Bier

Unmittelbar hinter dem Strand sah man über einer hohen Mauer, die wohl dem Schutz vor Überflutung diente, die Dächer einer großen Fabrikanlage. An ihrem Seiteneingang herrschte reger Publikumsverkehr. Was wurde dort hergestellt? Bald löste sich das Rätsel: Es war eine ehemals deutsche Brauerei, die dort ihr gutes Bier braute und von früh bis abends einen beliebten Straßenverkauf eingerichtet hatte. Einer der Braumeister stammte sogar aus unserem Landkreis in Oberbayern.

Die Biertrinker kamen mit Taschen und Säcken voll leerer Flaschen, sowohl aus der Stadt als auch mit Schiffen von nah und fern, und ließen sich den Gerstensaft einfüllen. Das war natürlich billiger als eine fertige Flasche im Laden zu kaufen, zumal Flaschen ziemlich knapp waren. Hier fehlte die Produktion, oder die Menschen hatten zu wenig Geld, um sich neue Flaschen zu leisten. Entsprechend lang war zu bestimmten Tageszeiten die Schlange der Wartenden. Ich bin kein Biertrinker und konnte deshalb kein Urteil abgeben, aber Sascha meinte, das frische Bier von Samara sei besonders gut. Er stellte sich mit Kamera und Mikrofon neben die Wartenden und unterhielt sich mit ihnen. »Autostopp ist unser Hobby, denn Reisen ist teuer«, meinte ein Student mit Katze. Zufrieden schnurrte sie auf seinen Schultern und blinzelte verschlafen. »Aber Geld für Bier finden wir immer, denn unser Bier ist besser als das in Bayern. Das beste Bier überhaupt!«

Derselben Meinung waren auch ein Dutzend junger Mädchen. Stolz verkündeten sie: »Wir sind ab heute Studenten der Theaterwissenschaft und werden einmal Regisseure. Uns wird man in ganz Samara kennen, nein, in ganz Russland!« Ich wollte wissen, wie die jungen Leute heute über Stalin dachten. Die dunkelhaarige Nadja überlegte kurz, dann sprudelte sie los: »Stalin war eine widersprüchliche Persönlichkeit, mit positiven und negativen Seiten. Er hat für Russland Gutes und Schlechtes getan. Er ist mit schuld an dem Krieg zwischen Russland und Deutschland. Neben unserer Hochschule liegt der Bunker von Stalin – es ist nicht weit.«

37 Die Wolga richtet mit gewaltigen Hochwassern jedes Jahr Schäden in der Natur an.

38 Im Schlepp des Arbeitsbootes der Taucher konnte Angelika ungestört filmen.

39 Wald und Felsen – SOLVEIG VII sucht einen Ankerplatz vor dem Steilufer der Wolga.

40 Die Kirche in Winnowka. Ein Ölgemälde dieser Kirche ist in der Tretjakow-Galerie in Moskau ausgestellt.

41 Am Ufer des Don, nahe der Mündung in das Asowsche Meer.

42 Artur Heinrichowitsch Karl neben Angelika und Rollo im Deutschen Haus in Engels.

43 In Saratow lagen wir längsseits eines alten Fischtrawlers.

42

43

44 Die Sonne geht unter – nicht über der Tundra, sondern über den Sandbänken der unteren Wolga. Es gibt dort keine Staumauer, der große Strom sucht sich sein Bett wie zu Urzeiten im Steppengebiet am Kaspischen Meer.

45 Denkmal für die bei Stalingrad gefallenen Marinesoldaten.

46 Unsere Freunde, die Taucher aus Murmansk, die bei der Hebung der KURSK mitgewirkt haben. Dazwischen: Angelika und Rollo.

Nun wussten wir, dass es diesen Bunker, ein ganz persönliches Versteck des großen Vorsitzenden, tatsächlich gab! Zwei Jahre zuvor hatten wir Stalins Datscha bei Sotschi am Schwarzen Meer besucht und dabei erfahren, dass er von einer so krankhaften Angst um sein Leben befallen gewesen war, dass er zum Beispiel niemals sein Schwimmbad betrat. Am späten Abend gegen 23.00 Uhr brachen wir zur Erkundung des geheimnisvollen Bunkers auf. Er lag etwas oberhalb des Klubs in der Stadtmitte. Wir gingen an der Brauerei vorbei, danach an dem prächtigen Theater und standen kurze Zeit später — ich mochte es nicht glauben — vor der völlig unauffälligen Tür zum unterirdischen Befehlszentrum von Josef Stalin. Es war ein ganz gewöhnlicher Hauseingang.

Ich musterte die einfache Holztür und fragte mich, ob ich nicht doch Opfer eines Scherzes geworden sei. Der weiß getünchte Gang war leer, wir kamen außerhalb der normalen Öffnungszeit, nur der vorher von Sascha verständigte Wächter begleitete uns. Wir wollten verbotenerweise fotografieren und filmen, deshalb durften keine weiteren Mitarbeiter anwesend sein.

Nur mit eigener Hände Kraft...

Zögernd tappten wir zum Aufzug, der uns in die Bunkerräume bringen sollte. Aber vorher konnten wir einen Blick in die Tiefe der riesigen Treppenanlage werfen, die bis unter das Niveau des Stausees führte. Ich wollte abwärts lieber zu Fuß gehen, um das gigantische Bauwerk intensiver zu erleben. Der Schacht hatte die Höhe eines zwölfstöckigen Hauses — etwa 36 Meter. Während des Abstiegs zeigte uns der Führer verschiedene Sicherheitseinrichtungen wie Feuerlöscher, Telefone und Gasschutzgeräte. Bis zur Perestroika hatte niemand von diesem Versteck gewusst, obwohl der deutsche Geheimdienst etwas ahnte, denn bei der Truppe ging damals das Gerücht um, dass die Sowjetregierung aus Moskau geflohen sei. Es ist ein merkwürdiges Gefühl, wenn man Geschehnisse, die man selbst miterlebt hat, später als historisch erzählt bekommt.

Unser Spezialist erklärte uns die Einzelheiten: »Der Bunker wurde 1942 errichtet, als Bomben- und Gasschutzraum. Die deutsche Wehrmacht stand vor Moskau, und es musste mit der Eroberung oder Einkesselung der Hauptstadt gerechnet werden. In nur neun Monaten bauten damals 600 Arbeiter dieses Versteck für Stalin.« Und mit Nachdruck fügte er hinzu: »Alles musste in Handarbeit gegraben werden, denn es durfte keinen Maschinenlärm geben, niemand sollte Verdacht schöpfen.« Unser Führer zeigte auf den Feuermelder. »Der Bunker ist bis zum heutigen Tag voll funktionsfähig und wird regelmäßig bei Katastrophenschutz-Übungen getestet.« Es muss eine ungeheuerliche Anstrengung gewesen sein, in solchen Tiefen nur mit der Kraft der Hände zu graben. Die russischen Bauarbeiter kamen mir vor wie Übermenschen.

Unten sahen wir zwei Stockwerke mit Konferenzräumen, Arbeitszimmern und schließlich, ganz unten, den Arbeits- und Schlafraum für Josef Stalin. Dort hing ein telegrafischer Befehl an der Wand mit folgendem Text: »November 1941 – absolut geheim! Besonders wichtig! Das Zentralkomitee für Verteidigung hat beschlossen: Die Hauptstadt Moskau wird nach Samara verlegt. Alles, was nicht evakuiert werden kann, muss vernichtet werden, einschließlich der Fabriken, der Institute sowie der gesamten Wasserleitung und der Kanalisation. Für die Durchführung dieses Befehls ist das KGB verantwortlich. Josef Stalin.«

Quälende Erinnerungen

Auf dem Tisch lagen wichtige Dokumente des Genossen Stalin und seine Pfeife. In den langen Kriegsnächten hatte er ununterbrochen geraucht, tief versunken in Gedanken. An der Wand hing eine große Karte mit dem Frontverlauf von 1941, und diese Karte war es, die meine Erinnerungen vollends wach rief, als sei alles erst gestern geschehen. Meine Einheit, eine Aufklärungsstaffel der Luftwaffe, hatte damals in Rschew gelegen, nur 200 km von Moskau entfernt. Wir erwarteten täglich den Befehl, den Vormarsch in Richtung Moskau fortzusetzen. Es konnte sich nur noch um Tage handeln, bis wir wieder unsere Fahrzeuge besteigen würden. So dachten wir jedenfalls...

Im Geist stand ich als Wachsoldat wieder am Oberlauf der Wolga, an ihrem grünen Ufer. In trübe Gedanken verloren, ging ich meine vorgeschriebenen Runden, den Karabiner über der Schulter, den Stahlhelm in die Stirn gezogen, in der grau-blauen Uniform eines Gefreiten der Luftwaffe. Es war im Frühjahr 1942, und neben der Brücke, die ich zu bewachen hatte, fielen jede Nacht sowjetische Bomben. Die Brücke selbst aber wurde nie getroffen. Der deutsche Vormarsch auf Moskau war seit dem Winter zum Stehen gekommen, und uns alle beschäftigte die Frage, wie es weitergehen sollte. Hier im Bunker sah ich nun 60 Jahre später die Karte mit der Frontlinie, die ich damals so oft in unsere Bildpläne eingezeichnet hatte.

Damals war ich gerade vom Urlaub an die Front zurückgekehrt. Zwei Wochen hatte ich bei meinem Onkel in Dresden verbracht, der als Major im Generalkommando Dienst tat. Er war, ebenso wie ich, ein leidenschaftlicher Gegner der NS-Regierung – oder der »NS-Bande«, wie er zu sagen pflegte –, und er prophezeite mir die unabwendbare Niederlage Deutschlands.

Später erfuhren wir von Morden, die SS-Einsatzgruppen und Braunhemden hinter der Front verübt hatten, während bei uns strengste Disziplin herrschte. Jeder wäre drei Tage bei Wasser und Brot eingesperrt worden, der einer Bauersfrau auch nur ein Hühnerei gestohlen hätte. Wir mussten Lebensmittel grundsätzlich bezahlen, die wir von den Bauern erhielten, und durften nur nehmen, was uns die Zivilisten freiwillig verkauften. Die Bevölkerung war uns auch keineswegs feindlich gesinnt, niemals hörten wir ein böses Wort oder sahen eine ablehnende Geste. Wohl deshalb gelangen der Wehrmacht am Anfang auch die schnellen Erfolge, als hunderttausende russischer Soldaten freiwillig die Waffen streckten. Monate später allerdings änderte sich die Lage schlagartig, als die Wahrheit über die Verbrechen unserer Regierung und von Teilen der Armeeführung unter der russischen Zivilbevölkerung bekannt wurde.

Diese und ähnliche Gedanken gingen mir durch den Kopf, als ich um Mitternacht im Stalinbunker von Samara stand, 36 m unter der Erde, und mir die Lage von damals ins Gedächtnis rief. Leicht benommen ließen wir uns mit dem Fahrstuhl wieder auf Straßenniveau bringen und traten hinaus ins Freie. Die Dunkelheit schien mir noch schwärzer geworden zu sein. Bewusst musste ich mich daran erinnern, dass etwa zwei Kilometer entfernt jetzt mein Boot lag, friedlich festgebunden am Schwimmsteg des Yachtklubs. Doch die Erinnerungen an die Kriegszeit verfolgten mich noch bis in den Schlaf. Warum, so fragte ich mich, hatte ich überlebt? Und warum war ich jetzt wieder in Russland? Aber dieses Russland hatte nichts mehr gemein mit der Sowjetunion, die russischen Menschen suchten ihrerseits die Verbindung zum Westen Europas, und als Deutsche waren wir inzwischen willkommen.

Am Morgen nach dem aufwühlenden Besuch im Stalinbunker schliefen wir länger als sonst und frühstückten erst im Lauf des Vormittags. Wir brauchten Zeit, um die Eindrücke der Nacht zu verarbeiten. »Lass uns erst heute Nachmittag weiterfahren«, schlug Angelika vor. Ich meinte auch, wir hätten eine kleine Pause verdient. Noch einmal wollten wir das große Angebot an frischen Lebensmitteln, hauptsächlich an Obst und Gemüse, nutzen. Wie immer machte sich Ed mit einer Liste Saschas zum Einkauf auf dem Markt bereit. Er schleppte auch einen Rucksack mit zehn Flaschen Mineralwasser herbei und die eine oder andere russische Spezialität, die er dann für sich und Sascha zubereitete. Seine Fähigkeiten im Haushalt waren beachtlich, und er hatte eine geschickte Art, mit Töpfen und Tellern umzugehen.

Alles Gemüse und Obst, das uns auf den Märkten angeboten wurde, war von beeindruckender Qualität. Das war mir schon in Jaroslawl aufgefallen und hatte sich seither in allen Städten bestätigt. Es gab keinen Zwischenhandel, der längere Transportwege erfordert hätte. Die Bauersfrauen verkauften ihre Ernte selbst auf dem Markt, und es machte Freude, von Stand zu Stand zu gehen, weil jeder ein anderes Sortiment anzubieten hatte. Seit meiner Kindheit, als meine Mutter noch selbst einen großen Obstgarten bewirtschaftete, hatte ich nicht mehr so reife und saftige Früchte genossen.

Diese Erfahrung führte dazu, dass unsere Reserven an Fleisch- und Fischkonserven, aber auch an Gemüse in Dosen, die wir in Hamburg und Helsinki besorgt hatten, noch ziemlich vollzählig in der Bilge schlummerten. Aber wer weiß, sagte ich mir, vielleicht würden wir noch froh sein, auf eigene Bestände zurückgreifen zu können? Vor uns lag ein großer und besonders wichtiger Teil unserer Expedition. Wir wollten einen weiteren Blick in die Vergangenheit wagen und versuchen, in Saratow und Engels Informationen über das frühere und jetzige Schicksal der Wolgadeutschen zu sammeln.

Nach zwei Stunden Fahrt sahen wir auf der rechten Seite ein Dorf, das mit seinen alten Holzhäusern und seiner halb verfallenen Kirche sehr romantisch wirkte. Das musste Winnowka sein. Gegen 16.30 Uhr ankerten wir auf der gegenüberliegenden linken Seite des Stroms, wo in der Karte ein Ankerplatz eingezeichnet war. Auch hatten wir dort eine umfangreiche Anlage entdeckt, mehrere langgestreckte Gebäude, vermutlich ein Sanatorium oder Freizeitzentrum. Nachdem der Anker auf flachem Wasser gefallen war, brauste Sascha im Beiboot sogleich auf die Anlage zu. Nach einer Stunde kehrte er zurück und berichtete, dass das Sanatorium einer großen Firma gehörte und mit Schwimmbad, Fit-nessraum und Sportanlagen sehr komfortabel ausgestattet, aber nicht öffentlich zugänglich sei. Also gingen wir wieder ankerauf.

Das Ende aller Pläne?

Meine Handgriffe waren Routine: Motor starten, Welle einkuppeln. Aber kaum hatten sich die Flügel des Propellers gedreht, da rumpelte es knirschend, und das ganze Boot vibrierte. »Stopp! Stopp!« schrie Angelika. Ich hatte die Kupplung bereits getrennt, aber der Schreck saß tief. Der Motor rauchte vor Überlastung. »Das war's wohl«, murmelte ich entsetzt. Und zu Angelika: »Lass den Anker wieder runter!«

Nichts ging mehr. Getaucht schwamm Ed unter das Boot, kam aber schnell wieder hoch: »Es ist Metall im Propeller, da kann ich nichts machen.«

»Ist am Propeller eine Beschädigung zu sehen?«

Ed tauchte nochmals und steckte dann den Kopf aus dem Wasser. »Ich kann keinen Schaden erkennen. Aber es muss ein langer Draht sein, der sich um die Flügel gewickelt hat.«

Also bestand keine Aussicht, bei einem kurzen Tauchgang den

mit großer Kraft aufgedrehten Draht zu entfernen. Ein Taucher mit Flasche musste her! Doch wo sollten wir den finden? Ich war verzweifelt. Wie hatte das passieren können? Ich war doch noch gar nicht gefahren! Das Wasser war ziemlich klar, und wir hatten nichts gesehen, auch kein Hindernis bemerkt, als wir ankerten. An einen neuen Startversuch war nicht zu denken. Was nun?

Wir wussten alle drei: Ein professioneller Taucher mit Flasche und Werkzeug war allenfalls im 40 km entfernten Samara zu finden. Sascha war sofort bereit, nochmals zum Sanatorium zu fahren und von dort mit dem Yachtklub zu telefonieren. Er kannte den einen oder anderen der Funktionäre mit Namen. Das war unsere einzige Hoffnung! Ich drückte ihm unser kleines Funkgerät in die Hand: »Bitte ruf mich an, sobald du etwas weißt.« Ich zählte die Minuten, aber erst nach einer Stunde kam die Nachricht: »Ich habe den Klub erreicht. Sie versuchen, einen Taucher zu finden, im Moment ist keiner da.«

»Und wann kommst du zurück?«

»Morgen früh. Die Leitung hat mich eingeladen, für die Filmaufnahmen hier zu bleiben, und mir ein Zimmer zur Verfügung gestellt.«

Meine ganze Hoffnung ruhte nun auf dem Klub in Samara und seinem Taucher. Ich versuchte, mir auszumalen, was geschehen würde, wenn das Boot aus dem Wasser musste. Vielleicht war doch ein Schaden an der Welle entstanden, dann hätten wir nach Samara zurück geschleppt werden müssen. Nur dort gab es einen Kran, der das Boot heben konnte. Alle unsere weiteren Pläne waren plötzlich in Frage gestellt. Wieder wurde mir klar, auf welch unsicheren Füßen der Erfolg unserer Expedition stand und wie hoch das Risiko eines Scheiterns war.

Ich war wie vernichtet, und auch Angelika fühlte sich krank, hatte sogar etwas Fieber. Ich hatte mir einen Muskel in der Brust gezerrt oder eine Rippe angebrochen, wahrscheinlich bei den Vorbereitungen für Eds Tauchgang. Quälende Gedanken verfolgten mich in den Schlaf. Nach einem kurzen Frühstück, Angelika lag noch immer krank in der Koje, rief ich Sascha an. Er meldete sich sofort: »Ich habe den Taucher erreicht und mit ihm selbst gesprochen. Er kommt gleich.«

Schwerarbeit für Taucher

Ein schwerer Druck wich von mir, ich schöpfte neuen Mut. Jetzt hieß es, möglichst gutes Werkzeug für die Reparatur bereit zu legen. Das Boot mit dem Taucher, ein modernes amerikanisches Speedboot, traf schon zehn Minuten nach dem Funkgespräch ein, und ohne jede Verzögerung begannen die Arbeiten. Der Fahrer des Bootes, ein Tauchmeister, etwa 45 Jahre alt, war der Chef des Teams und kümmerte sich um die Geräte und die Sicherheit des Tauchers, eines sehr jungen Mannes, der sofort unter das Boot schwamm, um sich einen Überblick zu verschaffen. Sie sprachen kaum. Es sei viel Arbeit, meinte der Taucher nur kurz auf Englisch. Er müsse mit seinen Kräften sparsam umgehen, deshalb bat er seinen Chef, unser Boot mit seinem kleinen und leichten Flitzer über eine Sandbank in der Nähe zu ziehen, wo er bei der Arbeit unter Wasser stehen könne.

Als er nach einer Viertelstunde wieder auftauchte, fragte ich ihn, ob der Propeller beschädigt sei. Er verneinte. »Der Propeller ist völlig in Ordnung, aber ein Stahlseil hat sich um den Schaft gewickelt, ein Souvenir aus dem großen Stahlnetz des Elektrizitätswerks.«

Sehr schnell und professionell ging der Mann ans Werk. Er arbeitete hart, fast zwei Stunden lang. Die Sauerstoffflasche war am Ende leer, aber wir konnten wieder fahren. Ich atmete auf. Der Propeller war völlig unbeschädigt geblieben, was ich meiner Vorsicht zu danken hatte, beim Start nur ganz wenig Gas zu geben und sofort zu stoppen, als ich das Geräusch hörte. Stück für Stück, in zahlreichen Tauchgängen, hatte der junge Mann das lange und dicke, fünfadrige Kabel mit Zange, Messer und Säge, die ich ihm reichte, aus dem Propeller geschnitten.

Unterdessen war Sascha vom Sanatorium zurückgekehrt und hatte in dem völlig überladenen Schlauchboot eine charmante Fracht mitgebracht: drei attraktive junge Schwestern, von denen er an Bord eine Reihe Fotos machte, um sie später einer Zeitschrift anzubieten. Bei einem Wodka-Tonic berichteten die beiden Taucher von den Schwierigkeiten ihrer Arbeit unter Wasser. Außer dem dicken Kabel sei noch eine lange dünne Angelschnur zu einem festen Knäuel um die Welle gewickelt gewesen. Ich zahlte einen mäßigen Preis in US-Dollar und in Rubel für die geleistete Schwerarbeit. Die Höhe der Summe blieb mir überlassen, es wurde keine Forderung gestellt. Ich kann mir nicht vorstellen, dass wir irgendwo auf der Welt freundschaftlicher behandelt worden wären als von diesen zwei Männern aus Samara. Ihre selbstverständliche, professionelle und unaufdringliche Hilfe beeindruckte mich tief. Auf jeden Fall hatten wir es ihnen zu verdanken, dass wir unsere Expedition so bald und ohne Behinderung fortsetzen konnten.

Kühe in der Kirche

Angelika, der es inzwischen wieder besser ging, holte den Anker auf. Wir blickten uns gründlich um, ob weitere Kabelreste herumlagen, sahen jedoch nur Sand auf dem Grund der Wolga. Ich startete den Motor und gab vorsichtig Gas. So überquerten wir den Strom nach Winnowka und erlebten auch dort wieder unerwartete Gastlichkeit. Obwohl der einzige Anlegeponton nur dem Fahrgastverkehr diente, winkten uns eine Frau und zwei Männer heran. »Ihr könnt hier festmachen«, riefen sie, »ihr müsst den Platz nur später für kurze Zeit räumen, wenn das Schiff kommt und die Gäste aussteigen.«

Als wir uns später an Bord zu einer Teestunde mit dem Empfangskomitee zusammensetzten und ihnen das Boot zeigten, stellte sich heraus, dass der eine, etwa 50-jährige Mann lange Zeit bei der Sowjetarmee in Dresden stationiert gewesen war und deshalb etwas Deutsch sprach. Ich freute mich mächtig, ihm von meiner einstigen Heimatstadt und unserer Reise erzählen zu können. So schlug uns auch hier eine herzliche Deutschfreundlichkeit entgegen, die wir in Russland nun schon so oft erlebt hatten.

Wir wollten das Dorf kennen lernen und machten uns auf den Weg, einen ziemlich hohen Steilhang hinauf. Dahinter entdeckten wir begeistert viele schön verzierte Holzhäuser. Lange blieb ich vor einem besonders kunstvoll gestalteten kleinen Bauernhaus stehen und versuchte mir vorzustellen, seit wann es wohl hier stand. Vielleicht seit der Zarenzeit? Wann sonst war mit so viel künstlerischem Ehrgeiz gebaut worden? Besonders die Fensterrahmen waren reich mit Schnitzwerk versehen, wobei jedes Haus seinen eigenen Stil zeigte. Keine zwei Häuser sahen gleich aus. Welch ein Gegensatz zu den eintönigen Wohnblöcken der Arbeitersiedlungen!

Das auffälligste und künstlerisch wertvollste Gebäude im Ort war die Kirche, obwohl sie fast völlig verfallen als Ruine am Abhang stand, wo sie, vom Fluss aus gesehen, die Uferlandschaft vollkommen beherrschte. Sascha sprach mit den Dorfbewohnern und erfuhr, dass diese Kirche als Kuhstall Verwendung fand und an eine Renovierung vorläufig nicht zu denken war. Bedrückt kehrten wir zum Boot zurück, um den Liegeplatz für das Passagierschiff frei zu geben.

Im Saratower Stausee gab es keine Buchten und somit auf der rechten Seite auch nur wenige geschützte Ankerplätze. Alle kleineren Boote wurden auf den Strand gezogen. Die Wassertiefe war beachtlich, sie betrug nahe am rechten Ufer schon um die 17 Meter. Dahinter stiegen die Hügel steil an. Die Breite des Stroms betrug hier nur zwei Kilometer, was uns nach dem riesigen Samaraer Stausee fast schmal vorkam. Jedenfalls konnte man ohne weiteres von einem Ufer zum anderen blicken. Das linke Ufer ging über in flaches Steppenland, wo die Navigation durch Sandbänke und Untiefen sehr erschwert wurde.

Kostbares Wasser

Am Morgen weckte mich ein gleichmäßiges Rumpeln unter dem Boot. Es war sieben Uhr früh, und wir lagen wieder an der Brücke fest. Was rauschte und klapperte da so merkwürdig unter dem Kiel? Das Erlebnis mit dem kabelumwickelten Propeller noch im Kopf, schreckte ich hoch und sprang an Deck, konnte aber keine Ursache für das andauernde Rumpeln entdecken. Ringsum war es still, nichts war zu hören. Doch unten im Boot hörte ich das Rumpeln wieder.

Es musste also ein Motor sein, der im Wasser lief, weil Wasser den Schall viel besser leitet als die Luft. Aber kein Boot war in der

Nähe, und unsere Freunde im Wohnschiff schliefen noch. Erst einige Tage später wurde mir die Ursache klar: Die meisten Hausbewohner hatten sich eigene Wasserrohre für Garten und Küche über die Böschung hinunter in den Strom verlegt, an deren Ende jeweils eine Motorpumpe das Flusswasser den Steilhang hoch drückte. Das war ein Fortschritt, denn in früheren Zeiten hatten wohl die Frauen das Wasser in Eimern an der Felswand hochgezogen. Waren die Menschen deshalb »arm«? Ich glaube es nicht. Der mächtige Strom versorgte sie auf jeden Fall mit genügend Wasser, damals sogar noch mit sehr sauberem Wasser für Haus und Felder. Viel schlechter ging es sicherlich der Bevölkerung in den wasserarmen Steppengebieten im Südosten und in Sibirien.

Aber mir wurde nun klar, weshalb mich der Reporter bei der Pressekonferenz in Kasan nach meiner Meinung über die Wasserqualität gefragt hatte. Das Wasser der Wolga ist durch die Aufstauung in unverantwortlicher Weise verschmutzt und geradezu gefährlich für die Gesundheit. Hätten wir das Flusswasser an Bord zum Waschen oder Kochen verwendet, wären wir sicherlich krank geworden. Wie lebten die Menschen an Land nur mit dieser dreckigen Brühe? Häufige Krankheiten waren uns in den Dörfern jedenfalls nicht aufgefallen. Ich erinnerte mich, dass meine Mutter, die in der Landwirtschaft groß geworden war, immer sagte, wenn ich mich über Schmutz im Essen beschwerte: »Dreck scheuert den Magen!« Auch lehnte sie es ab, kleinere Wunden zu verbinden. Selbst heute noch, und das empfand ich als große Erleichterung auf meinen Abenteuerreisen, muss ich bei kleinen Verletzungen niemals ein Pflaster aufbringen.

Unterhalb von Winnowka wurde das Ufer wildromantisch. Senkrecht stiegen besonders an den Flussbiegungen zerklüftete Kalkfelsen in die Höhe. Dahinter vermuteten wir weite trockene Grasflächen und vielleicht auch da oder dort eine Straße, die eine Verbindung schuf zur nächsten Stadt. Zwischendurch wurde das Ufer plötzlich wieder flach, und wir sahen einige neue Dörfer mit zum Teil eher geschmacklosen Bauten, die sich von den alten Dörfern mit ihren malerischen Holzhäusern stark unterschieden. Einmal grüßte sogar ein richtiges »Schloss« von einem Hügel herab, die Imitation einer alten Burg mit Zinnen. Es sah aus wie die

Pappmascheeburgen für Kinder. Der Anblick war grotesk, aber die Freude der Russen an derart pompösem Luxus war uns schon verschiedentlich aufgefallen. Erfreulich fanden wir es trotzdem, dass so viel neu gebaut wurde.

Slalom um leere Flaschen

Auch mit Fischerei waren die Menschen hier intensiv beschäftigt, entweder als Freizeitfischer oder zum Broterwerb. Immer öfter sahen wir zu unserem Schrecken auf dem Wasser leere Flaschen, die als Markierung für ihre Netze dienten. Manchmal waren es sehr lange Netze, dann mussten wir unsere Augen anstrengen und gemeinsam die Wasserfläche in allen Richtungen nach Flaschen absuchen. Nicht immer waren sie gut zu sehen, und es verlangte ganze Konzentration, wenn wir nicht nochmals einen Propellerschaden erleiden wollten. Meine Nerven waren entsprechend angespannt, und ich ließ Ed jeweils nur für kurze Zeit ans Ruder, wofür er durchaus dankbar war. Der Slalom um die weißen und braunen Flaschen war aber auch ziemlich lästig, doch wir mussten froh sein, dass die Netze überhaupt markiert waren.

Eine ordentliche Markierung der Netze mit farbigen Tonnen wäre hilfreich gewesen, aber wir mussten bedenken, wo wir waren: in einem Land, in dem selbst leere Flaschen kaum zur Verfügung standen. Dafür erlebten wir eine Landschaft, die seit Jahrtausenden kaum eine Veränderung erfahren hatte, wenn man vom höheren Wasserstand durch die Staudämme einmal absah. Die Berufsschifffahrt war von diesen Problemen weniger betroffen. Zum einen legten die Fischer ihre Netze nicht in die tiefe Fahrrinne, deren Lage sie natürlich genau kannten, zum anderen war eine Leine oder ein Netz im Propeller bei einer Antriebskraft von über 2000 PS kaum zu spüren. Und letztlich hatten die Schiffe, die oft wochenlang unterwegs waren, gewiss einen Taucher mit Ausrüstung an Bord.

Mittags fuhren wir unter der großen Eisenbahnbrücke durch, die der junge Steuermann der SUWOROW mit der Brücke in Uljanowsk verwechselt hatte. So weit hatte er sich in der Karte geirrt! Sie war bedeutend höher als die in Uljanowsk, auch ein großes

Schiff musste hier keine bestimmte Durchfahrt suchen. 13 mächtige Pfeiler trugen die breite Konstruktion, auf der ein Bahngleis und die Straße verliefen. Sie war eine der letzten Brücken über die sehr breite Wolga, an deren Unterlauf wir uns inzwischen befanden. Über sie lief der wichtige Verkehr zwischen Moskau und Orenburg in Richtung Ural.

An der Ostgrenze Europas

Unerwartet wehte uns am Nachmittag der Wind mit Stärke fünf entgegen und bremste unsere Fahrt. Er wirkte sich besonders hemmend aus, weil er auf der großen Wasserfläche einen beachtlichen Seegang aufwarf, der mit großer Wucht gegen unseren breiten Bug drückte. Im Übrigen war das Wetter mit einer Temperatur von 24 °C noch angenehm. Ins Tagebuch schrieb ich an diesem Nachmittag: »Ich empfinde immer mehr die ungeheure Weite des Landes. Noch zwei Tage, dann werden wir die nächste große Stadt erreichen: Saratow. Häufig sehe ich Autos auf dem braunen Gras des Ufers, ohne dass eine Straße erkennbar wäre. Man fährt einfach querfeldein. Hier wären Geländewagen wirklich sinnvoll.« Es wurde immer deutlicher, dass wir die Ostgrenze Europas erreicht hatten. Auf der anderen Seite des Stroms dehnten sich die großen Steppengebiete Asiens. Jetzt fehlten nur noch die Steppenreiter...

Ich machte mir Gedanken um die Zukunft dieses riesigen Landes. Russland ist allein schon mächtiger und reicher als das ganze übrige Europa, zumindest was die natürlichen Ressourcen betrifft. Und die technische Entwicklung, vor allem im Bereich der Kommunikation, macht ein so großes Land überhaupt erst regierbar. Die Aussichten auf eine erfolgreiche und gesicherte Zukunft waren für Russland noch nie so gut wie heute. Der wirtschaftliche Tiefpunkt nach der Perestroika war überwunden, überall wurde gebaut, und die Geschäfte waren voller Waren, teils importiert, teils aus dem Inland. Doch überall lag noch Schrott herum. Zuviel rostete vor sich hin und wurde nicht repariert. Andererseits half das vielleicht, die sowjetische Misswirtschaft zu demonstrieren und als abschreckend in Erinnerung zu behalten.

Meine Grübelei wurde unterbrochen, als wir uns am Ende des Stausees der nächsten großen Schleuse näherten, der von Balakowo, einer eher unbedeutenden Stadt. Wir wollten dort nicht an Land gehen, sondern so schnell wie möglich unsere Fahrt fortsetzen. Nur Ed nützte die Wartezeit, um in der Stadt frische Lebensmittel zu besorgen.

Unterhalb des Schleusentors empfing uns eine völlig veränderte Landschaft: Oben noch der große Stausee und die Mauer, unten ein nicht regulierter, natürlicher Fluss mit zahlreichen, vom flachen Wasser überspülten Sandbänken und einem in ständigen Biegungen sich durch den Sand wühlenden Fahrwasser. Wir erlebten ein Stück Urlandschaft. Herrliche Laubbäume breiteten ihre Äste aus, in deren Schatten Kühe und Schafe weideten. Hier wollte ich ankern, bevor wir am nächsten Tag in der Millionenstadt Saratow festmachen würden.

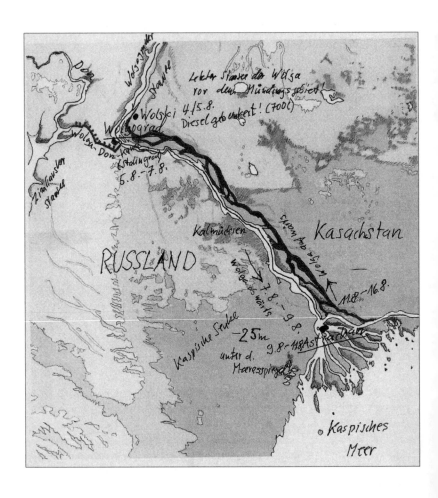

Die Schicksalsstadt

Die deutschen Armeen stießen vom Don und vom Kuban zum Kaukasus vor. Sie erreichten die Küste des Kaspischen Meeres. Sie erreichten die Wolga. Der Name Stalingrad wurde genannt. Die Generäle im Hauptquartier waren voller Siegeszuversicht. Die Unholde der braunen und schwarzen Garden begannen davon zu träumen, auf der Krim sich anzusiedeln. Die Ostgoten wurden als Vorläufer herangezogen und sollten ihnen das moralische Recht dazu geben. Dass deren Spur aus der Geschichte verschwunden war, davon wollte der »Große Feldherr« nichts wissen.

Peter Bamm

»Eben überholt ein Schubverband von 180 m Länge während der Begegnung mit uns gleichzeitig einen nur etwas kleineren Schubverband: drei Fahrzeuge nebeneinander im Fahrwasser!« Diese Zeilen schrieb ich ins Tagebuch, erschrocken über die Selbstverständlichkeit, mit der ein solches Manöver ausgeführt wurde. Ohne warnendes Hornsignal, ohne die leichteste Kursänderung! Gelassen nahmen die russischen Kapitäne die Situation so hin, wie sie sich ergab. Aber die Wolga ist groß, und der Platz reichte tatsächlich für alle drei. Auf der rechten Seite des Stroms zog eine steile Küste vorbei mit Hügeln, die aussahen wie abgeschnittene Brotlaibe, weil sie in Jahrtausenden von der Flut abgeschliffen worden waren. Die Eintönigkeit wurde durch niedrige Wälder und Steppengras noch verstärkt.

Auf der linken Seite passierten wir die Ortschaft »Karl Marx«. Hier hatten im 18. Jahrhundert die Siedlungen der Wolgadeutschen geblüht, von denen nur eine einzige kleine Gemeinde übrig geblieben ist. Mit großer Spannung näherten wir uns der bedeutenden Industriestadt Saratow auf dem rechten Ufer. Wir wollten hier zwei Tage bleiben, um Verbindung mit den Nachkommen der

Wolgadeutschen aufzunehmen, von denen einige ihrem Strom, der für sie zum Inbegriff der neuen Heimat wurde, treu geblieben sind. 1762 waren sie von der Zarin Katharina der Großen als Kolonisten ins Land gerufen worden, um das fruchtbare Gebiet der unteren Wolga zu besiedeln und gegen die Tataren zu sichern. Von Stalin während des Zweiten Weltkriegs nach Kasachstan, Kirgistan, Tadschikistan, Aserbeidschan und andere östliche Staaten vertrieben, enteignet und misshandelt, durfte und wollte nach der Perestroika nur ein kleiner Teil von ihnen an die Wolga zurückkehren. Die meisten machten von der Möglichkeit Gebrauch, als »Aussiedler« in der alten Heimat Deutschland wieder Fuß zu fassen. Wie wir wissen, geschieht auch dieser Wechsel nicht ohne große Reibungen und Schwierigkeiten.

Neugierig steuerte ich mitten hinein in die Großstadt, um einen Liegeplatz im Zentrum zu finden. Doch bei der Vorbeifahrt an den Uferanlagen stellten wir fest, dass es hier keinen wirklich geeigneten Platz für uns gab. Saratow verdankt seine Entstehung einer Festung, die 1590 zum Schutz der Handelsstraße über die Wolga angelegt wurde. Bis ins 18. Jahrhundert hatte sich aus der Zitadelle eine blühende Handelsstadt entwickelt. Von der damals gegründeten Altstadt ist so gut wie nichts mehr übrig, dafür wurden wichtige Industriewerke angesiedelt. Außerdem ist Saratow heute ein Zentrum der Personenschifffahrt: Riesige Abfertigungsgebäude ziehen sich an den Ufern hin, und davor liegen die bekannten Wohnschiffe, schwimmende Bürohäuser, die als Anlegestellen für die Großen ausgebaut sind – aber nicht für kleine Besucher wie uns. Auch die Güterschuppen und der Handelshafen am Stadtrand boten keinen Platz für ein Sportboot.

Der Fisch ernährt sie alle

Doch bei der ersten Vorbeifahrt war mir ein Wohnschiff aufgefallen, das offenbar mit dem Personenverkehr nichts zu tun hatte. Längsseits hatte ein großer, ziemlich vergammelter Fischtrawler festgemacht, der anscheinend keine Besatzung an Bord hatte. Sehr langsam schob ich die SOLVEIG dicht an den Fischer heran. Niemand war an Deck. Wir belegten unsere Leinen an Pollern und rostigem Gestänge, klemmten so viele Fender wie möglich zwischen unsere glänzende Bordwand und den verrosteten Kahn, und Sascha rief zum Wohnschiff hinüber. Dort rührte sich etwas. Aus der Tür traten einige Männer und eine Frau, die den unerwarteten Gast erstaunt musterten. Wie immer hatte Sascha mit seinen Verhandlungen Erfolg. Auch diese Menschen erlaubten uns hilfsbereit, dass wir beim Nachbarn festmachten.

Noch am selben Nachmittag erkundigte sich Sascha beim deutschen Konsulat: Gab es hier überhaupt noch Deutsche? Seit langem bemühte sich unsere Auslandsvertretung, allen ausreisewilligen Russlanddeutschen die Einreise in die alte Heimat zu ermöglichen. Die Amtsräume der jetzigen Wolgadeutschen seien in Engels, sagte man ihm, auf dem gegenüberliegenden Ufer, ebenso das Deutsche Kulturzentrum. Er erfuhr auch den Namen des Leiters: Arthur Heinrichowitsch Karl. Bei ihm meldete uns Sascha telefonisch als deutsches Journalisten- und Fernsehteam für den nächsten Vormittag an.

Unterdessen betrachtete ich neugierig das Deck des Fischtrawlers. Einen solchen Haufen verrosteten Materials hatte ich bisher nur bei unserem Versteck in Moskau gesehen. Alles war beschädigt, verbogen oder durch mangelnde Pflege unbrauchbar geworden. Das große Fangschiff war aber dennoch in Betrieb. Später sah ich den Kapitän ins Brückenhaus klettern und grüßte. Er hatte nichts dagegen, dass wir neben ihm festmachten, solange wir nur abends den Platz freigaben, weil er ablegen wollte. Mit diesem Wrack fuhr der Mann also auf das Wolgameer hinaus? Ließ es sich überhaupt noch manövrieren? Aber ja! Als sei dies ganz normal, machten er und zwei Mann Besatzung gegen Abend ihre halb zerrissenen Leinen los und fuhren stromabwärts davon. Danach banden wir direkt am Wohnschiff fest. Die dort lebende vielköpfige Familie betrieb einen gut gehenden Fischhandel. Jeden Tag wurde an der Gangway ein Tisch mit frischem Fisch aufgestellt. Sehr schnell bildete sich dann eine lange Schlange kauflustiger Hausfrauen, und nach einer halben Stunde war der Tisch leer, die Schlange löste sich auf.

In den unteren Räumen des Pontons waren Kühlräume eingerichtet, wo die Ware gelagert wurde. Deshalb hatte das Schiff eine gute Stromversorgung, und wir durften unser 220-Volt-Kabel mit allen Geräten ans Netz der Stadt anhängen. Sascha berichtete uns, dass der Strom »schwarz« bezogen würde, mit einem eigenen Kabel hätten die Männer das Stadtnetz direkt angezapft. Ob dem nun so war oder nicht, ich fand es jedenfalls sehr großzügig, wie wir versorgt wurden.

Eine deutsche Enklave

Am nächsten Morgen fuhren wir mit einem Mietwagen über die drei Kilometer lange Brücke nach Engels ins Deutsche Zentrum. Die Stadt machte einen gepflegten, wohlhabenden Eindruck, weitläufige Parkanlagen milderten die schier unerträgliche Hitze. Als wir vor der angegebenen Adresse standen, war ich überrascht:

Kaiserin Katharina II. – Die Große
Sie stammte aus einer deutschen Fürstenfamilie und rief deutsche Bauern und Handwerker in das Land an der Wolga.

Es war ein vornehmes Gebäude mit einer imponierenden Fassade, vielleicht ein Teil der Stadtverwaltung. Arthur Heinrichowitsch empfing uns etwas zurückhaltend, aber freundlich.

Ausführlich erzählte er uns, wie das Kulturzentrum gegründet worden war und was er seither erreicht hatte, voller Stolz auf seine Arbeit und seine Mitglieder. »Viele Gruppen aus Deutschland kommen zu Besuch, erst kürzlich war eine Gruppe aus Bayern da. Viele von uns haben dabei zum ersten Mal gehört, wie bayerische Lieder klingen. Unsere Mädchen haben dann ein deutsches Lied gelernt und es in München gesungen.« An den Wänden standen Vitrinen mit allerlei Andenken: Münchner Bierkrüge, Schnitzereien aus dem Erzgebirge, vor allem aber eine ansehnliche Büchersammlung mit den Gesamtausgaben deutscher Klassiker, mit moderner Literatur, Nachschlagewerken, deutschen Zeitschriften, Kinderbüchern und Videofilmen. Viele Bände waren schon ziemlich alt, und ich überlegte, ob es nicht eine gute Idee wäre, wenn Landsleute ihre manchmal großen Büchersammlungen, die oft aus Platzgründen in den Müll wandern, dem Kulturzentrum als Lesestoff spenden würden. Dagegen spricht eigentlich nur die Tatsache, dass die überwiegende Mehrheit der Wolgadeutschen die deutsche Sprache schon seit langem verlernt hat, was in Anbetracht der Umstände kein Wunder ist.

Arthur Heinrichowitsch sammelte seit über 60 Jahren die Reste der Wolgadeutschen in seinem Zentrum. Einst waren es mehr als eine Million gewesen, aber nur ein Zehntel scheint in Russland geblieben zu sein. Zum Schluss machte er uns auch mit der Archivarin Jerina Jelisaweta bekannt, die eine Lebensaufgabe darin gefunden hat, alle Dokumente zur Geschichte der Deutschen Wolgarepublik zu sammeln und zu archivieren: eine Mammutaufgabe! Ihr gebührt eigentlich ein Orden dafür, dass sie die Verdienste der Wolgadeutschen veranschaulicht, anhand einer Viertelmillion Akten und Dokumente, eingelagert in einem ehemaligen Getreidespeicher. Ihr größtes Anliegen ist es, die Wahrheit über die deutschen Siedler in Russland herauszufinden und zu belegen. Die Räume, die sie dafür zur Verfügung hat, sind kümmerlich und für die geplante Aufgabe auf jeden Fall zu klein. Trotzdem war es ihr möglich, uns binnen weniger Minuten einige Handschriften aus der Zeit der großen Katharina vorzulegen, damit ich sie auf dem Tisch ausbreiten und fotografieren konnte.

Die Lebensumstände der ehemals angesehenen und wohlhabenden Wolgadeutschen schienen mir traurig zu sein. Trotz Unterstützung aus der Bundesrepublik versuchte hier nur ein kläglicher Rest der ehemals noch Millionen zählenden Gemeinde zu überleben. Die Zeit einer wohlwollenden Fürstenregierung war endgültig vorbei, und ihre herausragenden Führerpersönlichkeiten waren gewiss schon von den Sowjets entmachtet oder beseitigt worden.

Die Werft am Hintereingang

Unser Liegeplatz an dem alten Wohnschiff mitten in der Stadt war ideal. Nur etwa hundert Meter entfernt stand ein eindrucksvolles Denkmal der »Mutter Wolga«, von dem eine Freitreppe direkt hinunter zum Ufer führte. Hunderte meist junger Menschen nutzten sie bei der Hitze für ein kostenloses Bad im Fluss, sprangen von der Straße aus ins schmutzige Wasser und stiegen dann über die Treppe zurück auf den Bürgersteig. Auch elegante und sehr gut aussehende Frauen waren darunter, und ich rätselte: Wie konnten sich gepflegte und modisch gekleidete Frauen in diese braune Flut werfen?

Angelika und Sascha führten Interviews mit den verschiedensten Typen und nahmen sie in Bild und Ton auf. So unterhielten sie sich mit einem alten Kapitän der Wolgaschifffahrt und später mit einem jungen Restaurantbesitzer, der ein wohlhabendes Mitglied der Mafia war und auch gar kein Hehl daraus machte. Aus seinem nahen Restaurant ließ er uns sogar ein delikates Fischgericht an Bord servieren. Sein Hauptgeschäft war allerdings der Serienbau kleiner Motorboote aus Aluminium. Das Baumaterial bekam er, auf welche Weise auch immer, von einem Flugzeugwerk, neben dessen Hintereingang am Wolgastrand er seine Werft eingerichtet hatte. So blieben die Lieferungen von Aluminium kaum beobachtet, auf kurze Distanz beschränkt und ohne Transportkosten. Das war sicherlich nicht ganz sauber, aber so konnten wenigstens neue Boote gebaut werden. Die Zustände in Russland erinnerten mich oft an die Verhältnisse in Deutschland während der ersten Nachkriegsjahre.

Vor der Weiterfahrt standen an Bord noch einige dringende Arbeiten an. Ich schlug Ed vor, während dieser Zeit in der Großstadt noch einmal Diesel zu besorgen, da wir neben der Straße lagen und es einfach gewesen wäre, mit einem gemieteten Wagen ein paar hundert Liter herbeizuschaffen. Die Leute auf dem Wohnschiff hätten vielleicht sogar geholfen. Aber Ed lehnte strikt ab. Ich bat Sascha, seine Gründe zu übersetzen, und erfuhr, dass Ed im Yachtklub von Wolskij, der Schleusenstation vor Wolgograd, einen Freund hatte, der ihm behilflich sein würde, Diesel heran zu schaffen. In solchen Fällen nehme ich stets lieber, was mir sicher ist, als mich auf eine Hoffnung zu verlassen, aber Ed blieb stur: Es sei schließlich seine Arbeit und seine Verantwortung, ich solle mir keine Sorgen machen, er kenne den Klub. Er hatte ja wirklich von Anfang an das Tanken übernommen, deshalb wollte ich seinem Wunsch nicht im Weg stehen. Mit einem: »Okay, dann in Wolskij!« beendete ich den Disput. Eigentlich war auch ich sicher, dass Ed diesmal richtig handelte, da er die Wolga und den Hafen von Wolskij kannte. Wir wussten nicht, dass er im Begriff stand, einen schweren Fehler zu begehen, mit dem er uns alle in eine gefährliche Lage bringen sollte.

Nachdem die Wartungsarbeiten erledigt waren, manövrierte ich das Boot am Nachmittag hinaus auf den Wolgograder Stausee. Die Familie der Fischhändler, Vater, Sohn und Tochter, standen an der Reling und winkten uns nach. Dankbar winkten wir zurück. Der Abschied von Saratow kam zu früh. Zwei Tage und ein halber waren sicherlich zu wenig für diese interessante Stadt. Ade, Heinrichowitsch! Hoffentlich kannst du noch lange deine wichtige Arbeit für die kleine deutsche Gemeinde weiterführen! Ade, Jelena, bei dir hätten wir gern noch viele Dokumente der wolgadeutschen Geschichte studiert.

Dörfer in der Steppe

Wieder waren wir unterwegs auf dem fünf Kilometer breiten Strom, dem Wolgameer... Die Sonne brannte vom Himmel, es war unerträglich heiß. Im Boot fand ich alles in guter Ordnung. Der Motor, bei jedem Start meine Sorge, lief schön ruhig mit dem frischen Öl. Abermals schoben wir uns durch dichte Algenfelder, so dicht, dass ich mir um das Kühlsystem Gedanken machte. Aber die Kühlung hatte bisher mit dem verschmutzten Wasser gearbeitet und würde es doch gewiss auch weiter tun? Für diesmal ging alles gut, doch die Gefahr, dass soviel Schmutz die Rohre verstopfte, blieb bestehen.

Ich stand auf dem oberen Deck am Ruder und blickte zum Ufer hinüber. Was ich sah, war reine Steppenlandschaft: verbranntes Gras, kein Baum, kein Strauch. Um uns nur Zeit und Raum, gleichförmig vergingen die Stunden. Gegen Abend wollten wir bei dem Dorf Mederovo ankern. Dort hatte ich auf der Karte eine tief eingeschnittene Bucht entdeckt. Leider war ihr Wasser sehr flach, aber bei etwas Vorsicht sollte der Platz für eine Nacht taugen. Auch hier sahen wir nur kahle Berge und eine verfallene Kirche vor dem alten Dorf.

Mich quälten meine Mückenstiche, und es kamen immer neue hinzu. Unsere Stimmung war gedrückt. Sascha sang leise vor sich hin, und Angelika saß in der nun milderen Abendsonne gedankenverloren auf dem Vorschiff. Doch als ich am Morgen den Anker aufholte, war die Stimmung besser. Das Dorf sah zwar nicht romantischer aus, aber wir hörten das Muhen der Kühe, das Krähen des Hahns und das Quieken der Schweine. Um uns herum war wieder Leben... Über den Himmel hatten sich einige Wolken geschoben, die Sonne kam nicht mehr so knallhart durch wie bisher, deshalb atmeten wir etwas freier. Wir wussten aber, weshalb wir hier nur Steppe sahen und kein grünes Gras, nicht einmal Gärten neben den Häusern, und ich betete jeden Tag, dass mir der »Watermaker« die Treue halten möge. Rund 400 Kilometer waren von Saratow bis Wolgograd über den Wolgograder Stausee zurückzulegen, davon hatten wir 55 km am ersten halben Tag geschafft. Zum Vergleich: Der Bodensee ist nur 65 km lang.

Gegen neun Uhr sahen wir eine traumhaft schöne Bucht. Ich änderte den Kurs und fuhr hinein. Am Ufer lockte ein hübsches Dorf, laut Karte hieß es Achmat, und hier hatte ich sogar genügend Wasser unter dem Kiel, um nach Bedarf manövrieren zu können:

ein Platz zum Verweilen... Aber wir waren doch gerade erst gestartet! Dennoch weckte ich Angelika und später auch Sascha. Beide waren noch müde von der anstrengenden Filmarbeit in Saratow, hatten bis spät in die Nacht Szene auf Szene am Monitor betrachtet und katalogisiert. Sascha raffte sich auf und paddelte mit dem Schlauchboot an Land, um auch hier die malerische Szenerie festzuhalten: Weidenbäume am Ufer und Schilf, dahinter die Hütten. Aber wir mussten weiter, denn wir hatten noch ganz besondere Pläne.

Immer wieder: Propellersorgen

Gegen 15.00 Uhr kam plötzlich eine steife Brise auf, wie aus dem Nichts. Mit lautem Klatschen schlugen die Wellen gegen die Bordwand. Brachte der Vollmond eine Wetteränderung? Als es dämmrig wurde, verlor Ed die Orientierung. Wir gerieten auf gefährlich flaches Wasser und bekamen eine Menge Pflanzen in Propeller und Ruder. Fester und fester wickelten sich die langen weichen Stengel um den Schaft. Himmeldonnerwetter, musste das jetzt sein? In sehr anstrengender, langsamer Fahrt gelang es mir, das Boot wieder auf tieferes Wasser zu bringen und im Rückwärtsgang einen Teil der Pflanzen abzuschütteln. Ich atmete tief durch. Wieder einmal geschafft!

Kurze Zeit später leitete mich Ed ein zweites Mal fehl und wies mir eine Tonne, die es nicht gab. Irgendwie hatte er sich in der Karte geirrt. Zu meinem Schrecken gerieten wir noch einmal in flaches Wasser. Suchend steuerte ich, die Augen immer auf die Anzeige des Echolots gerichtet, langsam und vorsichtig in die Mitte des Sees. Dabei verlor ich unsere Position, da dort keine Fahrwassertonnen ausgelegt waren und die Flusskarte keine Gradeinteilung aufwies. Jetzt half Angelika: Sie entdeckte ein Dorf an der Küste, einige Kilometer entfernt, und dabei auch eine Kirche, die in der Karte eingezeichnet war. Danach konnte ich mich orientieren.

An diesem Abend bereitete Angelika ein besonders gutes Abendessen und brachte damit die Stimmung wieder ins Lot. Aber der mit Pflanzen umwickelte Propeller machte mir Sorgen, denn der Verlust an Motorleistung war spürbar. Zum Glück schaffte ich es, wenigstens einen Teil des Krauts durch »voll zurück« wieder loszuwerden. Unterdessen hatte der Wind bis sieben Beaufort aufgefrischt. Ich steuerte in Ölzeug und Südwester, soviel Wasser flog vom Bug über das ganze Boot, und trotz der Hitze fror ich unter meiner dicken Schutzschicht. Total erschöpft fiel ich gegen Mitternacht in die Koje, nachdem ich endlich eine Ankerbucht gefunden hatte.

Am nächsten Morgen wurde schon das Ankerlichten schwierig, weil der Wind unglaublich stark geworden war und ich das Boot im Kreis laufen ließ, um möglichst viel Kraut mit Vollgas »voraus« und »zurück« aus dem Propeller zu schleudern. Am Nachmittag wieder ein großer Schreck: Plötzlich hörten wir lautes Schlagen und Vibrieren – Geräusche, die wir nur zu gut kannten. Unsere Nerven waren am Ende. Diesmal hatte Ed eine der Flaschen übersehen, die von den Fischern als Markierung ihrer Netze verwandt wurden. Der Motor drehte langsamer, die Vibration wurde immer stärker: ein sicheres Zeichen, dass auch eine Leine aufgespult wurde.

Mit ganz wenig Gas steuerte ich direkt auf das Ufer zu und ankerte auf 20 m Tiefe. Ed war schon in der Badehose, zog die Brille über und tauchte. Schnell reichte ich ihm ein scharfes Messer. Mit einer völlig deformierten Plastikflasche in der Hand kam er wieder hoch. Beim nächsten Tauchgang brachte er eine Angelschnur und einige Schlingpflanzen mit herauf. War's das? Auch diesmal blieb der Propeller unbeschädigt, die Maschine lief anschließend ruhig und fast vibrationsfrei.

Nun mussten wir erst einmal entspannen und beschlossen, die einzige größere Stadt zwischen Saratow und Wolgograd anzusteuern: Kamysin. Wir erreichten die Uferstraße gegen 18.00 Uhr und wurden von einigen Männern sehr freundlich zu einer niedrigen Steinmauer gewinkt, wo sie mehrere Holzboote zur Vermietung liegen hatten. Angelika und Sascha gingen gleich in die Stadt, und Ed »tat Buße«: Er scheuerte das Teakholzdeck und wusch die Außenhaut. Zum Glück verbrachten wir eine sehr ruhige Nacht, denn der Wind hatte sich gelegt, und wir fanden erholsamen Schlaf. Der kalte, stürmische Steppenwind hatte angenehm kühles Wetter mitgebracht, ideal für die Weiterfahrt. Bei vier Beaufort konnte die SOLVEIG ihre normale Geschwindigkeit von 6,5 kn laufen.

Ein kühner Plan

Kamysin lag ziemlich genau auf halber Strecke zwischen Saratow und Wolgograd, dem zu so schrecklicher Bedeutung gelangten ehemaligen Stalingrad. Wir waren sehr sparsam mit der uns zur Verfügung stehenden Zeit umgegangen. Wohl auch deshalb sprach mich Angelika während der Fahrt darauf an, ob ich es nicht von der Zeit her für möglich hielte, die Wolga bis zu ihrer Mündung ins Kaspische Meer zu befahren, statt gleich auf dem Don das Asowsche Meer anzusteuern: eine traumhafte Vorstellung!

Überrascht von soviel Unternehmungslust, antwortete ich: »Ja, aber dann wird es sehr knapp mit der Zeit. Erst muss ich auf dem Stromatlas die Strecke bis Astrachan studieren und ausmessen.«

Ich war wie trunken vor Freude bei dem Gedanken, dass dieser kühne Plan gelingen könnte. Denn dann hätten wir die Wolga bis zu ihrer Mündung befahren! Dabei hatten wir bisher schon einen so aufregenden Törn erlebt, hatten als erste Yacht Russland einschließlich Moskau mit unserem kleinen Boot durchquert – und standen nun vor dem letzten Stück dieses gigantischen Wasserwegs. Es war das Mündungsdelta der Wolga am Kaspischen Meer, das uns noch fehlte. Nie, wenn nicht jetzt, würde sich diese Gelegenheit wieder ergeben.

Die Gedanken jagten sich in meinem Kopf, zu ungeheuerlich schien mir das Vorhaben. War es denn überhaupt möglich? Wir mussten doch die ganze Strecke von Wolgograd bis Astrachan zweimal fahren, erst stromab und dann wieder stromauf, bis wir den Kanal zum Don erreichten. Nein, in der uns verbleibenden Zeit konnten wir das nicht schaffen. Besser nicht mehr daran denken...

Trotzdem holte ich Karte, Zirkel und Lineal heraus. Angelika war bester Laune, und das sollte auch so bleiben. »Mach uns ein schönes Abendessen«, bat ich sie und sah mir die Strecke bis Astrachan genau an. Vielleicht gab es ja eine Möglichkeit, in der beschränkten Zeit wenigstens einen Teil des Plans zu verwirklichen.

Um 18.30 Uhr erreichten wir nach 2530 km Wolgafahrt den Vorhafen der letzten Schleuse bei Wolskij. Ein riesiger Staudamm hielt den großen Strom zurück. Vor dem Schleusenhafen, in dem ein Pulk vorübergehend ausgemusterter Schiffe lag, sah ich schon bei der Annäherung die Gebäude und Stege des Yachtklubs. Die Häuser lagen auf einer kleinen Anhöhe, vor der die Straße entlang führte. Wir erhielten einen Platz am äußersten Ende des langen, hölzernen Schwimmstegs zugewiesen. Der ganze Steg schwankte, wenn jemand den Fuß darauf setzte. Mehr hatte Ed trotz seiner freundschaftlichen Beziehungen zu diesem Klub, von denen er so oft gesprochen hatte, nicht erreichen können. Auf welchem Weg auch immer der Diesel zum Klub gelangen würde, der Transport über den Steg musste lang und unbequem werden. Hatte Ed das nicht mehr gewusst? Glaubte er, mit einem Karren über den Steg fahren zu können? Oder hatte er vergessen, dass wir 1000 Liter benötigten? Ich fürchtete, dass sein schlechtes Gedächtnis Schuld war an der Misere.

Das Dieseldrama

Es kam, wie es kommen musste: Ed war mit seinem Freund über eine Stunde in der Stadt unterwegs und brachte dann mit unseren Kanistern die üblichen 200 Liter mit. Das Taxi war zudem teuer, denn der Yachtklub lag weit außerhalb der Stadt. Ed war total verzweifelt und kaum ansprechbar. Er musste die Kanister nun von der Straße über den Hügel zum Steg und darauf zum Boot tragen. Danach musste er zu allem Überfluss – da wir mit dem Heck hatten festmachen müssen – die schweren Kanister auch noch über die Badeleiter an Deck schaffen. Trotz seiner starken Arme konnte er sie nicht heben, sondern warf sie aufs Teakdeck. Das gab Schrammen und eine ganze Menge verschütteten Diesel. Ich wurde zornig und zeigte auf die Ölflecken. Ed schrie mich wütend an. »Was hat er gesagt?« schrie ich zurück. Sascha übersetzte: »Er hat gesagt, dass er keinen Diesel mehr bringen wird auf dieses Boot!« Das ging mir zu weit. Schließlich hatte er den ganzen Ärger selbst verursacht mit seiner Forderung, erst in Wolskij bei dem angeblichen Freund zu tanken. Mir rutschte der Ton ein wenig aus, und der Krach war fertig.

Sascha kam zu Hilfe und gestand, dass er falsch übersetzt habe. Ed habe gesagt: »Ich werde keinen Diesel mehr auf dem Boot verschütten!« Danach schwiegen wir alle drei. Ed entschuldigte sich später, und ich bat Sascha, das Missverständnis aufzuklären. Wir wurden von unserer gedrückten Stimmung überwältigt. Inzwischen war es dunkel geworden, trotzdem musste Ed die nächste Fuhre Diesel holen. Obwohl ich vor Müdigkeit kaum mehr stehen konnte, half ich bei allen weiteren Kanistern, so gut es ging. Die Schlepperei dauerte bis in die frühen Morgenstunden, dann waren 700 Liter unter unsäglichen Mühen an Bord gebracht und im Tank. Wortlos gingen wir schlafen, verstört und unglücklich trafen wir uns am Morgen zum Frühstück. Ed wollte nichts essen und verursachte beim Aufräumen weitere Ölflecken. Nur Angelika behielt in diesem Chaos wunderbar die Nerven. Ins Tagebuch schrieb ich: »Wir wollen so schnell wie möglich in die Schleuse nach Wolgograd. Dieser Liegeplatz war eine idiotische Idee von Ed, er hat sich dabei selbst am meisten geschadet.«

Die restlichen 300 Liter holte Ed am Vormittag, wieder mit den gleichen Schwierigkeiten. Im Tageslicht sah ich, wie er sich abschleppte. Mit oder ohne eigene Schuld, er tat mir Leid. Ich half ihm bei der Reinigung des Decks, und wir versöhnten uns wieder. Um 10.00 Uhr war der restliche Kraftstoff endlich übernommen, dank Eds Schwerarbeit. Allerdings schwor ich mir, ihm beim Tanken nie wieder die Wahl des Ortes und die Art des Transports zu überlassen.

Freundlicher Empfang in Wolgograd

Schließlich näherten wir uns der Schleuse. Langsam öffneten sich die riesigen Tore, und dann wurden wir abgesenkt. Als sich die unteren Torflügel auftaten und wir aus dem Halbdunkel der Schleusenmauern glitten, lag vor uns eine andere Welt. Im strahlenden Sonnenschein erblickten wir die Ufer der Wolga, wie sie sich vor Urzeiten selbst geformt hatten: endlose, weiß leuchtende Sandstrände, hohe Dünen – ein Anblick wie auf einer Nordseeinsel. Sogleich gerieten wir in die Strömung und fuhren schnell der berühmten, geschichtsträchtigen Stadt entgegen, dem früheren Stalingrad.

Schon aus großer Entfernung konnten wir über den Hügeln die Kolossalfigur der »Mutter Heimat« erkennen, die ihren Arm zum Gedenken an die schreckliche Schlacht und ihren für Russland siegreichen Ausgang machtvoll zum Himmel reckt. Unterhalb des Monuments passierten wir ein Denkmal im Strom, eine künstliche Insel, zur Erinnerung an die Opfer des Kampfes auf der Wolga selbst: Ein riesiger goldener Anker ragte hier in den Himmel.

Nur wenige Kilometer unterhalb des Denkmals entdeckten wir die Anlagen eines Yachtklubs. Der große Schwimmsteg war voll besetzt mit zum Teil sehr ansehnlichen, gut gepflegten Segel- und Motorbooten. Klubhaus und Restaurant standen auf dem schmalen Uferstreifen zwischen dem Strand und einer hohen, steilen Böschung. Ganz oben auf der Höhe lag die Stadt und war vom Fluss aus kaum sichtbar.

Wir erlebten einen überaus angenehmen Empfang und erhielten auch sofort einen guten Liegeplatz zugeteilt, obwohl eigentlich keiner mehr frei gewesen wäre. Was also hatten die vielen Warnungen am Ende zu bedeuten, die ich bezüglich Wolgograd in Deutschland und Russland erhalten hatte? Noch in Saratow hatte man uns gesagt: »Ihr seid überall in Russland freundlich empfangen worden, das wundert uns nicht. Aber in Wolgograd wird das anders ein, darauf müsst ihr euch gefasst machen. Dort sind die Erinnerungen an den Krieg noch allzu lebendig.«

Als erstes trafen wir Mitarbeiter des örtlichen Fernsehens, und schon am nächsten Tag war unsere Ankunft eine Nachricht im Programm der Millionenstadt. Wir führten anregende und aufschlussreiche Gespräche mit den Seglern und Klubmitgliedern, wobei die Einstellung zu Deutschland und zu den Ereignissen von 1943 zunächst nur vorsichtig angesprochen wurden. »Kein Thema«, war die einhellige Reaktion, »das ist Vergangenheit, ist Geschichte.« Unter anderem knüpften wir freundschaftliche Beziehungen zu einer benachbarten Motoryacht, die der Familie des Kapitäns als Sommerwohnung diente. Die Töchter im Alter zwischen 15 und 18 Jahren machten sich durch Rufen und Winken bemerkbar. Sie suchten Kontakt zu den geheimnisvollen Ausländern, die auf einem Boot unter russischer Flagge neben ihnen lagen, aber die Sprache nicht verstanden. Das musste ihre Neugier wecken. Die ältere Tochter hatte etwas Englisch in der Schule gelernt, und mit diesen wenigen Worten versuchten wir uns zu verständigen. Freizügig zeigte sie ihren schlanken Körper im Mini-Bikini und öffnete kokett ihr dichtes, schulterlanges Haar, um von Sascha fotografiert zu werden.

Gegen Abend erschien für kurze Zeit auch der Vater, stellte sich als Besitzer einer Schuhfabrik vor und begann einen unverblümten Flirt mit Angelika. Die aber verstand es großartig, Abstand zu wahren, ohne ihn vor den Kopf zu stoßen. Er war schon einigermaßen beschwipst gekommen, und weil er weiter fleißig dem Wodka zusprach, verlor er später fast ganz die Kontrolle.

Blick von der Hochebene auf den Yachtklub von Wolgograd.
Ich konnte den prächtigen Blick nicht genießen, ohne an die schweren Kämpfe an diesem Ufer zu denken, die 1943 so viele Kameraden das Leben kosteten.
Im Hintergrund: eine neue Wolgabrücke im Bau.

Kleine Fische – gigantische Turbinen

Auf einem anderen Boot, einer Segelyacht, lernten wir eine Journalistin kennen, die uns wertvolle Hilfe für unsere Filmarbeit anbot. Wir verabredeten uns für den nächsten Tag zum Besuch einer Fischzuchtanlage, denn wir hatten ihnen erzählt, dass wir seit zehn Jahren in Deutschland eine Organisation zum Schutz der Delfine leiteten, und damit ihr Interesse geweckt. So erlebten wir als Gäste der Fernsehjournalistin Swetlana – ihren wirklichen Namen möchte ich nicht nennen – einen unvergesslichen Höhepunkt unserer Russland-Expedition. Sie hatte es nach wochenlangen Bemühungen erreicht, dass sie mit einem Fernsehteam des Senders Wolgograd einen der geheimsten Plätze der Region besuchen und filmen durfte: eine Zuchtanlage für den vom Aussterben bedrohten Stör, neu erbaut im größten Kraftwerk der Wolga. Der Zufall wollte es, dass ihre Drehtermine in die Zeit unseres Aufenthalts fielen, deshalb wurden wir ohne viel Aufhebens in ihr Team eingereiht.

Generatoren im großen Wolga-Kraftwerk bei Wolski.

Wir bestiegen einen Sonderbus des Fernsehens, dessen Nummer von allen Wachen vorher notiert worden war, und fuhren zunächst in den äußeren Bereich des gigantischen Wasserkraftwerks, eines der größten in ganz Russland. Den weiteren Weg ins Herz der unter strengster Geheimhaltung betriebenen Turbinenanlage gingen wir dann zu Fuß, beaufsichtigt von einem Sicherheitsbeamten und einem Soldaten. Meine Leica musste ich zunächst aus der Hand legen, fotografierte aber später dann doch. Was mir unvergeßlich blieb: der fantastische Blick auf die Schleusentore, aus denen das weiß schäumende Wasser wie aus einer Düse schoss. In einem unbewachten Augenblick machte ich von diesem Teil des Kraftwerks einige Fotos. Jährlich elf Milliarden Kilowattstunden lieferten die von den Wassermassen der Wolga angetriebenen Generatoren an die Großindustrie im Raum von Wolga und Don.

Staunend betraten wir die Räume des gewaltigen Kraftwerks. Turbinen, höher als ein zweistöckiges Haus, standen da in der Halle, alle Metallteile auf Hochglanz poliert. Ich kam mir vor wie auf einem anderen Stern. Dagegen wirkten die Wasserbecken für die Jungfische fast bescheiden. Groß waren sie auch, denn es ging ja um die Aufzucht der Störe, dieser Lieferanten der begehrten Delikatesse Kaviar. Vom Chef der Zuchtanlage erhielten wir einige Informationen: Aufgrund der gefährlichen Verschmutzung der Wolga, aber auch wegen der nur schwer kontrollierbaren Raubfischerei, waren die Bestände an Beluga und Stör dramatisch zurückgegangen. Mit den neuen Zuchtbecken wollte die Regierung nun helfen, ein Aussterben der wertvollen Fischarten zu verhindern. In aufwändigen Verfahren wurden die geschlüpften Fischbabys eingefangen, unter größter Schonung in eines der Becken verbracht und dort ernährt. Anschließend ging ihr Lebensweg von Becken zu Becken weiter. In jedem der Becken sahen wir Fische verschiedenen Alters, und erst im letzten konnten wir die zu voller Größe herangewachsenen Belugas bewundern, die bis zu zwei Meter lang und 200 kg schwer werden. Ob auf diese Weise die Versorgung der Märkte mit Kaviar erhalten werden kann, dürfte trotz aller Mühen fraglich sein.

»Wir denken an die Zukunft!«

Am Abend saßen wir noch lange beisammen mit unseren Freunden und Nachbarn, und dabei kam – wie könnte es anders sein – die Schlacht um Stalingrad zur Sprache. Die Meinung der russischen Sportler, ob Motorbootfahrer oder Segler, ging dahin, dass der Krieg inzwischen lange genug vorbei sei. »Wir haben das alles nicht miterlebt und denken heute an die Zukunft, nicht an die traurige Vergangenheit. Wir helfen Ihnen gern und sehen Sie hier als unsere Freunde an.« So zeigten sie uns, wo wir das Stromkabel anschließen konnten, und wir hätten im Klubhaus auch sauberes Wasser erhalten, wenn wir es gebraucht hätten.

Die Stadt oben auf dem Hügel wirkte auf uns etwas steril. Natürlich war nach der totalen Zerstörung alles neu erbaut worden und deshalb noch ohne Atmosphäre. Über Stalingrad sind viele Bücher geschrieben worden, und von je her bedeutete es in meiner Erinnerung die totale Niederlage des Nationalsozialismus und seiner Führung. Vor allem aber die ganz persönliche Niederlage Adolf Hitlers, auch wenn es nach dem Februar 1943 noch lange dauern sollte, bis diese Tatsache an der Front und in der Heimat allen zu Bewusstsein kam. Für Stalin aber wurde es der größte Sieg, der mit dem Setzen der roten Flagge auf dem Reichstag in Berlin seine triumphale Vollendung erlebte. Trotzdem wollte es das Schicksal, dass die Rote Armee noch vor dem Ende des Jahrhunderts Berlin und halb Deutschland räumen musste. Geblieben war für beide Seiten nichts als Verzweiflung und Trauer über hunderttausende von Opfern, denen während der folgenden Tage unsere Gedanken galten.

Bei den Vorbereitungen auf die Weiterfahrt überlegten wir erneut, ob wir den großen Wolgastrom nicht doch bis zu seiner Mündung ins Kaspische Meer befahren sollten, um die Reise durch Russland zu vollenden. Es war eine faszinierende Idee, und die Abenteuerlust trieb uns zu dieser neuen Planung. Andernfalls hätten wir schon wenige Kilometer unterhalb von Wolgograd in den Wolga-Don-Kanal abbiegen müssen, um den Don, seine Stauseen und Rostow zu erreichen. Aber nein – wir wollten dieses größte unserer Abenteuer wagen, wollten das schaffen, was noch keine

Yacht aus dem Westen jemals gewagt hatte. Unvergesslich die Minute, in der ich das Steuerrad fester packte und der 90-Grad-Biegung des Stroms unterhalb von Wolgograd folgte. Aus der Ferne sah ich noch das riesige Lenin-Monument, das die Eingangsschleuse zum Wolga-Don-Kanal markierte. Dann zog uns die Strömung, mit der wir bis jetzt in südlicher Richtung gefahren waren, nach Osten, den Gestaden der orientalischen Völker entgegen.

Denkmal des legendären russischen Panzers »T 34« in Wolgograd: Zu Übungszwecken hatte ich mich 1944 von einem erbeuteten T 34 überrollen lassen müssen.

Bei Wolgograd macht die Wolga eine 90-Grad-Biegung nach Süden. Dort beginnt der Wolga-Don-Kanal, der die Wasserstraße auf kurzem Weg zum Don und dem Asowschen Meer weiterführt. Durch mehrere Schleusen werden die Erhebungen überwunden, die die Kaspische Senke vom Asowschen Meer trennen.

An der Küste des Asowschen Meeres liegt Taganrog, der letzte russische Hafen, der seit der Trennung von der Ukraine an Bedeutung ganz wesentlich gewonnen hat. Die gesamte Schwarzmeerküste Russlands ist nach der Perestroika Anfang der neunziger Jahre an die Ukraine gefallen – in den Augen der Russen eine schwere Sünde, weil damit auch der größte Flottenstützpunkt Sewastopol aufgegeben wurde. Der Wert von Taganrog als Überseehafen wird gemindert durch das extrem flache Wasser (oft weniger als drei Meter tief) im Asowschen Meer.

Dem Orient entgegen

»Russland ist groß, und der Zar ist weit.« Die alte Devise gilt heute noch, wenn sich die Russen durchs Leben schlagen, zäh und bereit, vieles zu ertragen, ungläubig und gläubig zugleich, hin und her gerissen zwischen ihrer Liebe zur kleinen privaten Anarchie und dem Wunsch nach einem großen Staat...
                                   Gerd Ruge: »Weites Land«

Wir hatten keine Ahnung, was uns auf dem kaum befahrenen Unterlauf der Wolga an Problemen begegnen würde. Warnungen gab es – wie schon früher – mehr als genug. Trotzdem waren wir fest entschlossen, auch ohne spezielle Papiere oder Genehmigungen durch die Kalmücken-Republik bis an die Grenze von Kasachstan vorzudringen. Denn Astrachan hieß unser Ziel! Wir planten, die ganze Zeit vom ersten Tageslicht bis zum Einbruch der Dunkelheit zu fahren, denn nur so bestand Aussicht, die 1000 Kilometer Hin- und Rückweg in zehn Tagen zu schaffen. Schleusen gab es keine mehr, dazu war der Strom hier zu breit geworden, aber auch keine Städte an den Ufern, wo wir Diesel oder Wasser hätten bunkern können, von einer Werkstatt ganz zu schweigen. Wir kamen in die Steppe!

Astrachan – wer denkt beim Klang dieses Namens nicht an Orient, an Geschichten aus Tausendundeiner Nacht? Tatsächlich leben dort neben Russen auch Chasaren, Mongolen, Tataren und Kalmücken. Besonders vor Letzteren hatte man uns beim Abschied gewarnt. Kalmücken? Von ihnen hatte ich keine Vorstellung, dachte bei ihrem Namen nur vage an Steppe und wilde Reiter. Und jetzt sollten sie uns gefährlich werden?

Die Kalmücken, soviel konnte ich aus dem Atlas ersehen, hatten einen eigenen Staat innerhalb der GUS. Seine Grenze umschloss einen schmalen Streifen von vielleicht fünf Kilometern, der wie ein Brett über der gesamten Breite der Wolga lag. Die Kalmücken besaßen also an dieser Stelle beide Ufer und konnten theoretisch den Fluss sperren. Daher die Warnungen. »Sie kommen in kleinen

Wolgamündung und Kaspisches Meer: Bis zu 28 Meter liegt das Delta der Wolga unter Normalnull, dem Spiegel der Weltmeere. Mehrere unabhängige Staaten sind im Südosten Russlands nach dem Zusammenbruch der Sowjetunion entstanden, darunter Kalmückien, das seither einen kleinen Abschnitt der Wolga kontrolliert, und Tschetschenien, durch das die Öl-Pipeline zum Kaspischen Meer verläuft.

Booten«, so sagte Swetlana, »und bieten eine Menge Dinge, auch gewilderten Kaviar, zum Kauf an. Wer nicht kauft, bekommt Schwierigkeiten bei der Durchfahrt.« Ich nahm die Karte zur Hand, merkte mir genau die Grenzlinie und übertrug diese in den entsprechenden Stromatlas.

»Also bei Kilometer 2837 müssen wir mit den Kalmücken rechnen. Doch bis dahin haben wir noch viel Zeit«, meldete ich Angelika und Sascha. Der erklärte mir sofort, dass viele Völker Russlands die kurze Übergangszeit der Perestroika genutzt hätten, um eine zweifelhafte und nicht immer sinnvolle Unabhängigkeit zu erlangen. Später schlossen sie sich dann wieder in der GUS zusammen, als sie einsehen mussten, dass sie allein nicht überlebensfähig waren. Auch sie empfand man in Russland als einen »verlorenen Krieg«, ohne dass dabei ein einziger Schuss gefallen wäre: diese Landverluste des großen Reiches, das unter den Zaren und später unter den Sowjets mit großen Opfern erkämpft und immer wieder erweitert worden war. So hatten die russischen Menschen Gorbatschow und später Jelzin die, wie sie meinten, »unnötigen« Niederlagen sehr negativ angerechnet. Beide Politiker verloren ihre anfängliche Beliebtheit fast vollständig.

Kaviar von den Kalmücken

Für uns war der Wechsel der Landschaft das einschneidende Erlebnis. Zunächst war das rechte Ufer noch hoch, doch sehr bald nach dem 90-Grad-Knick der Wolga und dem Wolga-Don-Kanal wurden die Ufer flach; riesige Sanddünen beherrschten das Bild. Es war unglaublich heiß, die Sonne brannte auf das Steppenland nieder, und der Wind wehte warm darüber hin. Überwältigend erschienen mir die tausende von Vögeln in diesen Dünen. Es waren meist Möwen, aber auch einige Adler, die sich auf den Inseln wohl besonders sicher fühlten. Nicht nur an den Ufern, sondern auch in der Mitte des Stroms, wo sich die Dünen in Form von Sandinseln oft kilometerlang hinzogen und die Wolga in mehrere Arme teilten, gab der leuchtend weiße Sand dem Strombett sein eigenes Gepräge. Für uns waren die vielen Sandbänke natürlich eine Gefahr, denn jeweils nur einer der Flussarme war als eigentliches Fahrwasser ausgebaggert und besaß genügend Wassertiefe. Diese Landschaft hatte sich wohl seit den Tagen Humboldts kaum verändert, denn irgendwelche Regulierungen oder Baumaßnahmen hatten seither nicht stattgefunden. Er schrieb damals: »Leider hatte die Wolga viele seichte Stellen, Hochwasser versetzten die Sände und erzeugten neue Gefahren. Danach wurden die Wolga-Ufer flach. Zwischen ihnen fließt der durch viele Arme geteilte, aber dennoch überaus mächtige Strom dahin.«

Am zweiten Tag näherten wir uns dem »Korridor« der Kalmücken. Am Ufer sahen wir eine kleine Stadt und an den Anlegestellen fünf große Passagierschiffe. An der Uferstraße entdeckten wir im Fernglas eine Reihe Verkaufsbuden für Andenken, eine neben der anderen. Wir berieten uns kurz und waren dann schnell einig: weiterfahren! Vielleicht würden wir ja auf der Rückfahrt hier einen kurzen Stopp einlegen. Aber wo so viele Touristen waren, mussten wir mit unserem Boot sehr auffallen und dadurch auch der Polizei.

Die wichtigste Einnahmequelle der Kalmücken ist die Raubfischerei, denn die Schutzvorschriften zur Erhaltung der Bestände an Beluga und Stör gelten sehr zum Ärger der russischen Nachbarn nicht in der Kalmückenrepublik. Außerdem fischen die Kalmücken auch im russischen Teil des Stroms, und zwar auf Teufel komm heraus Tag und Nacht. Nach wenigen Minuten hielt denn auch schon ein halbes Dutzend kleiner, offener Holzboote auf uns zu. Als eines neben uns stoppte, zogen sich alle anderen zurück. Wir warfen den Männern eine Leine zu, damit sie nicht ständig rudern mussten, denn die Strömung war ziemlich stark.

Die Fischer hatten mongolische Gesichtszüge mit den typischen Schlitzaugen und waren Buddhisten. Ihr Anblick gab mir das Gefühl, Europa nun endgültig verlassen zu haben. Sie boten uns verschiedene Fische an, darunter einen eineinhalb Meter langen Beluga, aber wir mussten uns auf ein kleineres Format beschränken. Natürlich fehlte auch Kaviar nicht, der in Marmeladengläsern, »heute nacht« frisch abgefüllt, zu einem unglaublich niedrigen Preis angeboten wurde. Die Verarbeitung war wohl, was die Sauberkeit betrifft, etwas zweifelhaft, und statt der drei Gläser kauften wir nur eines, denn der Geschmack – wir durften probieren – war doch ein wenig eigenartig, deshalb trauten wir der Haltbarkeit nicht.

Bei Humboldt wird die einfache Herstellung der Delikatesse sehr gut beschrieben: »Sie ließen sich auch die Zubereitung des Kaviars zeigen. Dabei drückte man lediglich den Rogen mit den Händen durch ein großes Sieb, das auf einem größeren offenen Kasten stand. Die durchgeriebenen Körner wurden dann je nach der voraussichtlichen Aufbewahrungszeit mehr oder weniger stark gesalzen.« Der Begriff »Malossol« auf den Etiketten der Kaviargläser heißt übrigens nichts anderes als »wenig gesalzen«.

Als Naturschützer machten wir uns natürlich auch Gedanken, ob wir durch unseren Kauf die Raubfischerei förderten. Aber angesichts der fünf großen Passagierschiffe, deren Küchenchefs die begehrte Delikatesse gewiss kiloweise an Bord nahmen und all der anderen Schiffe, die hier ihren »Wegezoll« entrichten mussten, fiel unser Pfundglas kaum ins Gewicht. Doch dass die Kalmücken ihre Netze oft quer über den Strom spannen, um alle Fische zu fangen, die stromauf schwimmen, ist eine absolute Katastrophe. Da am Kaspischen Meer ebenso gewildert wird, könnte es in naher Zukunft zu einem Ende der Kaviargewinnung in diesem Gebiet kommen.

Vom Wachboot mit Grüßen

Als etwas unheimlich empfand ich die Begegnung mit den Kalmücken schon, weil eine ganze Flotte von kleinen Booten mit Außenborder, wenn auch in gehörigem Abstand, die SOLVEIG umringte. Zwar wurden wir nicht behindert, trotzdem war ich froh, als das letzte Kalmücken-Kanu um eine Biegung des Flusses verschwand und uns die Wolga wieder allein gehörte. Die Szenerie wurde mit sehr hohen Bäumen an den Ufern und endlosen Stränden noch schöner. Hier, so schien mir, war ein Erholungsgebiet der Bürger von Astrachan. Wir sahen eine große Zahl von Zelten, Autos und Schlauchbooten. Auch Motorboote lagen am Ufer, und überall hing Wäsche auf der Leine. Die Nähe des Kaspischen

Meeres und der großen Ölregion schien für einen gewissen Wohlstand zu sorgen.

Diese Beobachtungen bezogen sich jedoch immer nur auf sehr kurze Strecken, danach erlebten wir Einsamkeit pur, denn Dörfer oder Städte waren einfach nicht vorhanden. Über viele, viele Stunden glitten wir mit unserem Boot stromabwärts, ohne eine Spur menschlichen Lebens wahrzunehmen. Gelegentlich sahen wir eine Fahrwassermarkierung, aber dabei blieb es. Selbst die großen Adler wirkten in der ungeheuren Weite der Sanddünen kleiner, als sie wirklich waren.

Als wir am Abend dieses ereignisreichen Tages den Anker fallen ließen, hatten wir in 13 Stunden und mithilfe der Strömung 220 km zurückgelegt. Wieviel würden wir auf der Rückfahrt gegen den Strom schaffen, die Hälfte? Ich versuchte, nicht lange darüber nachzudenken, sondern die wenige Zeit, die uns in dieser grandiosen Natur blieb, lieber sorglos zu genießen. Die grenzenlose Weite der Steppe ringsum ließ Zeitsorgen ohnehin klein erscheinen. Und der Erfolg unserer Fahrt zum Kaspischen Meer war nun zum Greifen nahe. Damit hatten wir eine – zumindest deutsche – Erstbefahrung vollbracht!

Ich rechnete aus, dass wir am kommenden Vormittag in Astrachan einlaufen würden. Auf den letzten 200 Kilometern verzweigt sich die Wolga in die großen Arme des Deltas, die dann, weit aufgefächert, in das Kaspische Meer münden. Die Hafenstadt Astrachan liegt an einem eher schmalen, dafür aber mit sechs bis zehn Metern tiefen Arm der Wolga. Eine Brücke, zehn Kilometer lang, führt über diesen Arm, eine Insel und über den nächsten Arm zum Festland.

Am Vormittag gegen 10.00 Uhr näherten wir uns dem Zentrum der Stadt. Alle Aufmerksamkeit war auf die Karte und auf die Navigation gerichtet, denn wir steuerten mitten durch den Handelshafen, und an beiden Ufern lagen große Frachtschiffe. Sehr bald näherte sich uns ein Wachschiff. Nur nichts anmerken lassen, sagte ich mir, ruhig weiterfahren, als ob ich genau wüsste, wohin ich wollte. Ich merkte aber, dass wir beobachtet wurden. So spielte ich meine Rolle und blickte immer wieder auf die Karte, die vor mir auf dem Kajütdach lag. Nur jetzt keine Kontrolle! Ich war nervös, fühlte in diesen Augenblicken die Ungeheuerlichkeit unserer Fahrt von Hamburg bis nach Astrachan. Wenn Fragen gestellt wurden, wer würde mir das glauben? Doch das Wachboot begleitete offenbar ein Frachtschiff und steuerte wohl nur zufällig den gleichen Kurs wie wir. Bald entfernte es sich, und ich atmete auf. Dann aber wendete das Boot und lief mit hoher Geschwindigkeit hinter uns her. Ganz leise, um kein Aufsehen zu verursachen, flüsterte ich Angelika zu: »Du, die kommen uns nach!« In mir herrschte Aufruhr, das ganze Drama von Moskau wurde wieder wach. Angelika antwortete beruhigend: »Das glaubst du nur, weil du nervös bist. Die wollen nichts von uns. Reiner Zufall!« Und tatsächlich, nach wenigen Minuten – wir näherten uns gerade einem Wohnschiff, auf dem ein kleiner Markt für Schiffsproviant eingerichtet war – entfernte sich das Wachboot.

Wir durften anlegen und festmachen. Ich war wie erlöst. Und erschrak abermals, als mir Sascha berichtete, der Kommandant des Wachboots hätte sich beim Chef des Proviantladens nach uns erkundigt. Tatsächlich sollten wir gestoppt und bestraft werden, weil ich eine Einbahnregelung missachtet hatte, von der ich nichts wusste. Der Kommandant sah aber, dass wir ortsfremd waren, und ließ uns unbehelligt weiterfahren. Er verzichtete auf die fällige Bestrafung, informierte nur den Ladeninhaber und ließ uns einen Gruß bestellen. Wir waren wieder einmal davongekommen!

Großstadt mit Vergangenheit: Astrachan

Astrachan – welch eine schöne Stadt! Die Fassaden der älteren Häuser waren aufwändig im Stil der Jahrhundertwende gestaltet und die schmiedeeisernen Balkongeländer kunstvoll gefertigte Meisterwerke. Der Weg vom Anlegeplatz bis zum mittelalterlichen, gut restaurierten Kreml im Zentrum und zu den großen Kathedralen war für mich ein Erlebnis. Schon die Allee an der Wasserfront verriet den Wohlstand einer vergangenen Zeit. Viele ihrer alten Häuser waren schon oder wurden noch liebevoll restauriert. Der umfangreiche Handel mit asiatischen Ländern muss seinerzeit viel Geld in die Taschen der russischen Kaufleute gespült haben.

Heute ist Astrachan eine moderne, attraktive Großstadt. Sie wurde als Bastion Europas im Kampf gegen die Perser von Peter dem Großen gebaut, nachdem Iwan der Schreckliche die Stadt 1556 von den Tataren erobert und damit die untere Wolga für die russische Schifffahrt geöffnet hatte. Das eindrucksvollste Bauwerk war für mich der auf Geheiß Peters des Großen errichtete Kreml mit seinen gut erhaltenen elf Türmen und hohen Mauern. Innerhalb des Kreml erhoben sich zwei mächtige Kathedralen, an denen gerade umfangreiche Instandhaltungsarbeiten ausgeführt wurden. Eine Besichtigung war deshalb nicht möglich. Moderne Geschäftshäuser, Museen, Theater, Straßenbahnen und Omnibusse vervollständigten das Bild einer europäischen Großstadt. Seine frühere kulturelle Vielfalt verdankt Astrachan dem Hafen, von dem die Handelsschiffe zum mittleren Osten, nach China und Südwestasien aufbrachen.

Heute kann man noch eine aus dem 19. Jahrhundert stammende persische Moschee sowie die weiße und schwarze Moschee der Tataren finden. Zur Zeit Humboldts gab es hier Handelshöfe verschiedener Völkerschaften, darunter eine persische und eine indische Kaufhalle. Astrachan hatte damals noch eine recht bunte Bevölkerung. Humboldt erwähnt Russen, Kosaken, Armenier,

Veranstaltungsplakat in Astrachan

Tataren, Georgier, Bocharen, Schiwensen, Perser, Turkmenen, Kirgisen, Kalmücken und Inder. Die Russen stellten etwa die Hälfte der Einwohner. In der Sowjetzeit hat der Anteil der asiatischen Bevölkerung dann erheblich abgenommen.

Zufällig geriet ich in ein vollklimatisiertes Delikatessengeschäft, in dem Schweizer Schokolade, italienisches Olivenöl, französische Butter aus der Normandie und verschiedene Sorten Schweizer Käse angeboten wurden. Dieser Laden und die große Zahl teurer Limousinen auf den Parkplätzen ließen auf einen überdurchschnittlichen Wohlstand schließen. Auch die Tradition der Märkte ist erhalten geblieben. Ich bummelte mit großem Vergnügen durch lange Reihen von Verkaufsbuden und staunte über die Vielfalt des Angebots. Da waren nicht nur Stände mit einer Riesenauswahl an Obst und Gemüse, sondern auch Tische mit Teigwaren, Schuhen, Kleidung, Büchern und Werkzeug. Auch hier gab es das Obst und Gemüse in einer bei uns nicht mehr gekannten Qualität zu günstigen Preisen.

Von dem Obst in Astrachan war sogar der Weltreisende Humboldt begeistert: »Ich habe in keinem Erdteil, selbst nicht auf den Kanarischen Inseln, in Spanien oder im südlichen Frankreich, herrlicheres Obst, schönere Weintrauben gesehen als in Astrachan nahe den Ufern des Kaspischen Meeres.« Auf der Promenade, die parallel zu den Mauern des Kreml verläuft, zogen sich die Obststände in endloser Reihe hin. Neben Ansichtskarten und Heiligenbildern wurden auch stundenweise Pferde für Kinder zum Reiten angeboten, und Fotografen standen bereit, um dieses Vergnügen in Erinnerungsbildern festzuhalten. Oft begegneten mir attraktive, herausfordernd angezogene junge Damen in zum Teil extrem enger und kurzer Kleidung. Darin zeigte sich wieder die Emanzipation der russischen Frauen, die mir schon früher aufgefallen war.

Astrachan war unser südlichster Hafen in Russland, inmitten der Kaspischen Senke zwischen Kasachstan und Kalmückien, 26 Meter unter Normalnull. 3000 Kilometer Wolga hatten wir seit Moskau befahren! Damit hatten wir eine Position erreicht, von der ich noch in St. Petersburg kaum zu träumen gewagt hätte. Drei Tage Aufenthalt konnte ich für Astrachan einplanen, leider nicht genug, um die meisten Sehenswürdigkeiten der Stadt zu besuchen, aber doch genug, um einen lebendigen und bleibenden Eindruck von dieser Perle im Osten Russlands mit nach Hause zu nehmen.

Blinder Passagier an Bord!

Leider musste ich mir ernsthaft Gedanken machen über die Rückfahrt, denn mit der Visumsfrist war nicht zu spaßen. Also rechnete ich: 500 km bis zur Einfahrt in den Don, Geschwindigkeit 12 km/Std. Gegenstrom 2,19 km/Std. Tagesleistung bei 12 Stunden Fahrt: 142 km. Abzüglich Strömung blieben 116 km, Fahrzeit dabei ungefähr $4\,^1/_2$ Tage. Bei Abfahrt am 11.8. konnten wir somit am 15.8. vor dem Don-Kanal eintreffen.

Unbarmherzig rückte der Tag der Abfahrt näher. In unserem Proviantladen auf dem Ponton, an dem wir SOLVEIG festgemacht hatten, besorgten wir noch einige Kästen Mineralwasser, dazu Fischkonserven und vor allem preiswerten Kaviar. Am letzten Abend erlebte ich ein völlig unerwartetes Intermezzo. In unserem Laden wurde auch frischer Fisch verkauft, und so war es nicht erstaunlich, dass mehrere Katzen dort ein genussreiches Leben führten. Am letzten Abend gegen 22.00 Uhr, ich hatte mich gerade auf die Koje gelegt, um morgens zeitig aufstehen zu können, sprang durch die Luke über mir plötzlich eine der Katzen auf mein Kopfkissen! Ich erschrak zuerst, freute mich aber dann, als sie neben meinem Kopf liegen blieb und anfing zu schnurren. Ich hatte früher eine Katze besessen und kannte ihre Verhaltensweisen. So war ich sicher, dass sie nachts ihrer Wege gehen würde, aber sie blieb die ganze Nacht bei mir, sanft schnurrend bis zum Morgen. Während des Frühstücks sprang sie einmal kurz an Land, kam aber bald zurück und legte sich wieder auf mein Bett. Als wir die Leinen loswarfen, musste ich meine liebe Katze, die offenbar so gerne mit uns gereist wäre, mit sanfter Gewalt auf den Ponton zurückbefördern. Dort saß sie und rührte sich nicht von der Stelle, bis das Boot in Fahrt kam. Erst dann trottete sie resigniert in den Laden zurück.

Schnell waren wir aus dem Hafengebiet heraus, die Fahrt wolgaaufwärts konnte beginnen. Mit aller Kraft schob unser Diesel das Boot gegen die Strömung. Mittags erreichten wir den »Kalmückenzipfel« auf der Wolga, aber diesmal kam kein Boot auf uns zu, die Anleger für große Fahrgastschiffe waren leer. Umso besser! So mussten wir nicht entscheiden, ob wir »gewilderten« Fisch kaufen sollten. Stattdessen erlebten wir ein großartiges Naturschauspiel. Schon bei der Talfahrt hatte ich mir gewünscht, mit dem Schlauchboot eine der Inseln anzulaufen und über ihren weißen Sand zu wandern. Da wir uns bei den Kalmücken nicht aufgehalten hatten, konnten wir jetzt schon um 18.00 Uhr bei einer besonders schönen Sandbank ankern. Adler und andere Vögel flogen auf, als wir sie im Schlauchboot anliefen und neugierig durch den Sand stapften.

Wir waren völlig allein in der Einsamkeit, nur das leise Gluckern der Strömung und die klagenden Schreie der Möwen waren zu hören. Reiher und Seeschwalben kreisten über uns, auf dem Strand lagen unzählige Muscheln. Draußen schwojte die SOLVEIG friedlich an ihrer Kette. Als wenig später die Sonne in prächtigen Farben unterging, leuchtete der Strom rötlich, und in den kleinen Buchten spielten blaue und grünliche Farben auf dem Wasser. Ein märchenhafter Anblick!

An Bord hatten sich unterdessen wieder unsere alten Feinde, die Mücken, eingenistet. Trotz der feinmaschigen Netze vor Türen und Fenstern flogen sie massenweise in die Kabine. Angelika wurde furchtbar zerstochen, und mir setzte eine Art von ganz kleinen Moskitos dermaßen zu, dass ich den Abendbrottisch fluchtartig verließ. Ich fühlte hunderte der winzigen Plagegeister im Gesicht, im Nacken und in den Haaren. Es war einfach grässlich! Erst gegen Mitternacht wurden es allmählich weniger. Ich sprühte den Schlafraum aus und fiel danach in unruhigen Schlaf. Was blieb, war eine sehr schöne Erinnerung an die wunderbare Naturstimmung und an einen dunkelroten Sonnenuntergang über weißem Sand und spiegelndem Wasser in so prächtigen Farben, wie ich es selten zuvor erlebt hatte.

Die unglaubliche Hitze, die nur kurz nachgelassen hatte, machte uns wieder das Leben schwer. Temperaturen über 30 Grad in der Nacht beeinträchtigten die Entspannung im Schlaf, und die Sonne sorgte schon am frühen Morgen für steigende Temperaturen.

Hinzu kam die langsam durch die Bodenbretter aufsteigende Hitze vom Motor, die wir durch einen im Motorraum eingebauten Ventilator in Grenzen zu halten versuchten. Sascha konnte eine Menge vertragen, aber der ältere Ed schwitzte stark. Ein wenig schwitzten wir alle, deshalb war häufiges Wäschewaschen angesagt. Und wir waren überglücklich, dass wir mit Hilfe des »Watermaker« das für die tägliche Dusche benötigte Wasser zur Verfügung hatten. Dieses Gerät empfand ich während der Hitzeperiode immer von neuem als ein Geschenk des Himmels.

Auf dem stillen Don

Unser letzter Tag auf der Wolga war am 15. August kaum angebrochen, da begegnete uns auch schon ein »Komet«, dieses schnelle Luftkissenboot, das sich auf den großen Strömen Russlands so glänzend bewährt hat. Aber Ed am Ruder passte nicht auf, er nahm den Schwell von der Seite, wir fingen an, hemmungslos zu schlingern, und das Geschirr flog mit einem Rutsch vom Tisch! An den dichteren Schiffsverkehr mussten wir uns eben erst wieder gewöhnen.

Für 11.00 Uhr hatte ich unsere Ankunft vor dem Don-Kanal berechnet, und wirklich konnten wir um diese Zeit die Umrisse der riesigen Lenin-Statue neben der ersten Schleuse erkennen. Eine gewisse Nervosität hatte uns gepackt, denn der letzte Abschnitt unserer Expedition stand bevor. Angelika und ich empfanden einerseits dankbare Freude über die bisher so erfolgreiche Reise, aber auch Wehmut über den nun bevorstehenden Abschied von Russland.

Mir wurde außerdem bewusst, dass die Anspannung der Fahrt so groß gewesen war, dass mir die bevorstehende Überquerung des Schwarzen Meeres in seiner ganzen Länge wie eine Ferienfahrt vorkam, die weiter keine Überlegungen erforderte. Dass wir unser Boot schon einmal zum Bosporus gesteuert hatten, berührte mich kaum. Zu groß war die Furcht, dass in Russland doch noch eine unerwartete Schwierigkeit auftauchen könnte. Am Ende lauteten die Vorschriften im Wolga-Don-Kanal und seinen Schleusen anders als auf der Wolga? Aber alle Sorgen erwiesen sich als unbegründet. Wir hatten keine Wartezeit vor der ersten Schleuse und wurden auch durch die folgenden neun (!) Schleusen zügig weitergeleitet. Oben auf den Schleusenmauern standen oft Händler oder Marktfrauen, die in Körben frisches Obst und Gemüse anboten, ein geschätzter Service für die großen Frachtschiffe, die mit ihrer Zeit sparsam umgehen mussten. Große Freude herrschte jedesmal, wenn Sascha verriet, dass SOLVEIG Deutsche an Bord hatte. Später übernahm er auch den Funkverkehr, machte seine Späße und sorgte damit für noch mehr gute Laune.

Nach Schleuse 9 begann ein längeres Kanalstück, und dann schien unsere Glückssträhne zu Ende zu sein: Trotz Regenschauer und Gegenwind von Stärke 6 versuchte ich, mit bis zu 9,5 Knoten Geschwindigkeit die Schleuse 10 zu erreichen. Aber kurz vor uns wurde ein großer Schubverband eingelassen, und für die SOLVEIG reichte der Platz nicht mehr. Also Schluss für heute! In der kleinen Bucht eines nahen Sees verbrachten wir die Nacht vor Anker. Am Morgen rief Ed die Schleuse an, und wir durften sofort einlaufen, kamen sogar ohne Kontrolle der Dokumente in die Kammer.

Brüderschaft mit Tauchern

Neben uns lag ein Motorschiff der Kanalverwaltung, das eine Gruppe von Tauchern aus Murmansk an Bord hatte. Angelika rief hinüber, und es entwickelte sich ein kurzes Gespräch. Wir weckten Sascha, der normalerweise nicht so früh aufstand, aber jetzt musste er uns helfen. Und wie immer war er sehr erfolgreich: Die Taucher kamen den weiten Weg von Murmansk bis in den Süden Russlands, um ein Schleusentor zu reparieren. Sie boten uns an, bei ihnen längsseits zu gehen und uns von ihrem großen Boot für die nächsten Stunden schleppen zu lassen. Ich war begeistert, denn der Chef der Gruppe gehörte zu den Tauchern, die damals an der KURSK gearbeitet hatten. Er würde mehr über das Unglück wissen als alle Behörden Russlands.

Sascha führte die drei Spitzenleute der Gruppe durch unser Boot, und ich zeigte ihnen außer dem Motor auch die »Watermaker«-Anlage. Da staunten die mit fortschrittlicher Technik sonst wohlvertrauten Spezialisten. So ein Gerät für den kleinen Bedarf hatten sie noch nie gesehen. Und bald staunten sie noch einmal, als sie meinen Mitgliedsausweis vom Klub der KURSK-Angehörigen sahen. Wir unterhielten uns über das Unglück und ob es nicht richtiger gewesen wäre, für die Rettung der Mannschaft die angebotene Hilfe der Amerikaner anzunehmen. Doch die Taucher vertraten eine ähnliche Meinung wie die Angehörigen der Opfer: Ein atomar angetriebenes U-Boot, mit Nuklearwaffen ausgerüstet, sei vielleicht die komplizierteste Waffe, die es überhaupt gebe, und ein technisches Versagen an der einen oder anderen Stelle müsse in Kauf genommen werden. Auch amerikanische und englische U-Boote seien verloren gegangen. Dass die Regierung fremde Hilfe ablehnte, sei verständlich, denn außer den atomaren Sprengköpfen steckten zu viele weitere Geheimnisse in diesem U-Boot. Außerdem wäre es durchaus fraglich gewesen, ob ein Rettungsversuch durch Seeleute, die den Bootstyp nicht kannten, Erfolg gehabt hätte.

Das Nationalbewusstsein und die Opferbereitschaft der Russen kamen noch in anderem Zusammenhang zur Sprache. Der Leiter der Tauchergruppe, Dima, berichtete, dass er in der Sowjetzeit durchaus die Möglichkeit gehabt hätte, nach Dänemark zu fliehen und damit der Diktatur zu entkommen. Aber er habe nach langer Überlegung auf die Flucht verzichtet, um sein Vaterland und seine Familie nicht zu verraten. Er erzählte auch, dass er in der Schule nur Negatives über Deutschland und die Deutschen gelernt habe, dass die Deutschen die schlimmsten Feinde Russlands seien. Jetzt sei er glücklich, in uns wahre Freunde kennen gelernt zu haben.

Schließlich bot er uns an, den gesamten Schiffsboden der SOLVEIG zu untersuchen. Dafür war ich ihm sehr dankbar, denn noch immer wusste ich nicht mit Sicherheit, ob alle Drähte, alle Schlingpflanzen beseitigt oder andere Beschädigungen vorhanden waren. Bei einem Halt stieg er in seine schwere Tauchausrüstung, rief zwei seiner Helfer herbei und sprang dann kopfüber ins trübe Wasser des Kanals. Lange blieb er unten, um den Propeller, das Lager und die Welle zu untersuchen. Zu meiner großen Erleichterung fand er alles sauber und in bester Ordnung.

Angelika kochte eine große Mahlzeit für alle aus unseren Beständen, und von den Tauchern erhielten wir dazu zwei riesige Wassermelonen, groß wie Koffer, die sie in einer der vorigen

47 Die alten Häuser aus der Jahrhundertwende wurden sorgfältig restauriert.

48 Astrachan hat viele grüne Alleen, und die alte Straßenbahn fährt gemächlich klingelnd durch die Innenstadt.

49 Der alte Kreml in Astrachan. Im Hintergrund die Kathedrale.
50 Das riesige Kraftwerk oberhalb von Wolgograd, in dessen unterirdischen Räumen Fischzucht zur Erhaltung des Störs betrieben wird.
51 Während der Schleusung schneiden wir für unsere Taucherfreunde eine Melone auf.

52

53

52 Das bekannte »Schwalbennest« an der Krimküste nahe Jalta. Wir durften dort nicht ankern.

53 Die gefürchtete Küstenwache der Ukraine kontrolliert uns auf offener See.

54 SOLVEIG VII eilt auf den Wassern des Don dem Asowschen Meer entgegen.

55 Angelika trotz Verbot bei Filmaufnahmen in einer der letzten Schleusen.

56 Ankunft in Istanbul
57 Im Hafen von Bali auf Kreta
58 Das herrlich klare Wasser in Bali

59 Säulen des einstigen Karthago (bei Tunis)
60 Die Ruinen von Troja

Schleusen gekauft hatten. So saßen wir dann bei einem kleinen Schluck Wein — die Taucher durften nicht viel Alkohol trinken — an Deck und schlossen Brüderschaft. Es war eines der großen Erlebnisse für uns. Beim Abschied tauschten wir kleine Geschenke aus, und dabei gab es eine Schwierigkeit: Einer der jüngeren Taucher war so beeindruckt, dass er mir als Geschenk etwas sehr Persönliches geben wollte, ein Andenken von einigem Wert. Das konnte ich unmöglich annehmen! Es war nun nicht einfach, dem guten Mann klar zu machen, warum ich das Geschenk ablehnen musste und warum er mir damit dennoch eine große Freude bereitete. Indem ich dies hier schreibe, danke ich dem Freund nochmals für seine spontane Großzügigkeit. Möge er es eines Tages lesen!

Vor Schleuse 13 mussten wir uns verabschieden, denn die Taucher hatten die Station des russischen Wasser- und Schifffahrtsamtes erreicht, wo sie mit ihrer Arbeit begannen. Wir wollten schon in die Schleuse einfahren, da rannte Ed für eine Stunde in den Ort. Er hatte die fixe Idee, für uns einen Wetterbericht einzuholen. Warum nur? Wir hatten doch Barometer, Hygrometer, Thermometer an Bord, auch einen guten Weltempfänger für die Wetterberichte. Aber wir hatten trotz Eds Ausflug Glück und kamen ohne Wartezeit in die Kammer.

Der gefürchtete Stausee

Die Wolga-Don-Wasserstraße verlief zunächst durch Sümpfe und Schilf. Nach 180 km sollten wir einen großen Stausee überqueren, angeblich den größten Russlands. Und da stellte sich heraus, dass Ed und Sascha vor diesem See Angst hatten! Ganz gewöhnliche Angst wie kleine Kinder vor dem großen Wasser. Deshalb war Ed entgegen meiner Anweisung losgerannt, um den Wetterbericht zu besorgen, und diesmal steckte sogar Sascha mit drin. Ich war ärgerlich, sagte aber nichts.

Der Wetterbericht hatte Starkwind von 5 bis 7 Beaufort angekündigt. Ich wollte dennoch bis 20.00 Uhr weiterfahren. Dieser Stausee war doch kein Ozean! Er wies nur kleine Wellen auf. Der Wind hatte zwar etwas aufgefrischt, aber die Lage war für unser Boot völlig unbedenklich. Außerdem hatte ich auf der Karte einen kleinen Hafen namens Nidhniy Tschir gefunden, den wir abends ansteuern konnten. Ohne Rücksicht auf die Herren Bedenkenträger steuerte ich hinaus auf die große Wasserfläche. Angelika verstand es wieder einmal glänzend, die gereizte Stimmung aufzufangen und uns alle zu beruhigen. Der Grund für den Zwiespalt lag wie schon früher an Saschas völliger Unkenntnis nautischer Dinge. Und er war auch nicht bereit, meinen Erklärungen zuzuhören.

Am Abend erreichten wir den hübschen kleinen Hafen. Jetzt aber wurde es wirklich schwierig, allerdings nicht wegen des Wetters. Keiner von uns hatte wissen können, dass dieser Hafen mit Fischerbooten und kleinen Trawlern restlos überfüllt sein würde. Jede noch so enge Ecke war besetzt. Die Fischer lagen mit ihren Schiffen im Päckchen, trugen den Fang des Tages an Land und besorgten sich in der kleinen Stadt Proviant für die nächsten Tage. Bis zu sechs Schiffe lagen nebeneinander an der einzigen etwas größeren Landungsbrücke. Zum Teufel auch! Ich suchte überall, ließ fragen, ob wir, wie früher oft, irgendwo längsseits gehen konnten. Aber nein! Es wurden weitere Boote erwartet, die dort ihren Stammplatz hatten. Bei Dunkelheit und Übermüdung nach der langen Fahrt auf den großen See hinaus fahren wollte ich aber keinesfalls. Als letzte Möglichkeit suchte ich einen Ankerplatz außerhalb des Hafens und fand auch trotz der Dunkelheit eine ruhige Stelle vor einem Stück Strand, die uns ein Fischer empfohlen hatte, weil ihn meine vergebliche Suche dauerte.

Erst der Ärger mit Ed, dann der Wetterdisput mit Sascha und zuletzt der wegen Überfüllung geschlossene Hafen – das alles war ein wenig viel für meine Nerven. Deshalb ging ich früh zur Koje. Während der Nacht kam tatsächlich mehr Wind auf, der aber keinen Grund zur Besorgnis gab. Dennoch ging ich an Deck und sah nach dem Anker: alles in Ordnung. Wir durften weiterschlafen, tief und fest.

Auch in den Morgenstunden blieb der See ruhig. Die weite Fläche glänzte harmlos im Licht der ersten Sonne, als wir um 06.30 Uhr den Anker lichteten. Ich atmete auf. Das war also noch mal gut gegangen. An den Ufern sah ich die gleiche Steppenlandschaft wie schon tags zuvor zu beiden Seiten des Kanals. Allerdings waren hier große Flächen des trockenen Grases in Brand geraten, und riesige dunkle Rauchwolken verhüllten zum Teil den Horizont: ein beklemmender Anblick. Über viele Kilometer zog sich die Rauchwolke als drohender Schatten hin. Wir konnten die Brände sogar an Bord riechen.

Draußen auf dem See überließ ich das Ruder der automatischen Steuerung. Bei leichtem Rückenwind kamen wir gut vorwärts und hatten dabei keinen Stress am Ruder wie in den Kanälen. Bei dem herrlichen Wetter nutzte Ed die Zeit, um Kajüte und Deck mit Schmierseife, Wasserschlauch und Besen von den unzähligen Moskitoleichen zu befreien, die als graue Masse in allen Ecken lagen. Ich genoss die entspannten Stunden und unterhielt mich mit Sascha über eine Freundin meines Vaters, deren geheimnisvolles Leben ihn seit langem faszinierte. Es ging um Madame Blavatzka, eine geborene Russin und Gründerin der Theosophischen Gesellschaft. Sie hatte jahrelang in Tibet gelebt und buddhistische Schriften studiert, und Sascha war im Rahmen seiner Arbeit für eine Moskauer Zeitschrift an ihrem Lebensweg interessiert.

Wir hatten an Deck zu Mittag gegessen und hofften nun, bald vor der nächsten Schleuse anzukommen. Das letzte Stück des Stausees lag vor uns, und als es zu dämmern begann, sahen wir denn auch die großen Betontürme der Schleuse weit vor uns aufragen, ebenso die Flaggenmasten, die wie riesige Finger gegen die Sonne standen. Diesmal verzögerte sich unsere Einfahrt, denn zwei Tankschiffe waren gekommen, nach uns zwar, aber sie hatten Vorrecht; wir durften auch nicht neben oder hinter den beiden mit ihrer gefährlichen Ladung festmachen. Es hieß also warten. Der Schleusenmeister war sehr nett und gab Sascha die Genehmigung, unsere SOLVEIG in der Schleuse zu filmen, was eigentlich streng verboten war.

Tanken: jedesmal ein Abenteuer!

Endlich, gegen 22.00 Uhr, durften wir einlaufen, aber Ed war entsetzt, dass ich in die Kammer steuern wollte, während Sascha und Angelika noch oben auf der Mauer standen, um zu filmen. Seine Aufregung gab mir zu denken. War es die Tatsache, dass wir die Genehmigung zum Filmen bekommen hatten, die ihn ärgerte?

Oder hatte er wirklich Angst, dass ich ohne Sascha das Boot im Dunkeln nicht manövrieren konnte? Fehlte er ihm als Dolmetscher? Jedenfalls war es sehr aufregend, als wir spät aus der Kammer kamen und Angelika und Sascha nicht zu sehen waren. Hatten sie mit Kamera und Scheinwerfern das große Gelände nicht so schnell bewältigen können? Oder suchten sie uns an einer anderen Stelle? Jedenfalls mussten wir unser Boot mit den Händen an einer Mauer festhalten und auf sie warten.

Die beiden kamen erst nach einer Stunde, und nun war Ed richtig gereizt, denn er verstand die Wichtigkeit des Filmens nicht. Aber wir hatten keine Zeit, den Vorfall zu diskutieren, denn die zweite Schleusenkammer wartete, die wir noch in dieser Nacht bewältigen wollten. Es wurde ein Uhr, bis wir es geschafft hatten. Angelika, so müde sie auch war, ließ es sich nicht nehmen, uns noch einen nächtlichen Imbiss zu servieren. Schließlich ankerten wir für den Rest der Nacht unterhalb der riesigen, 12 km langen Staumauer.

Bei Tagesanbruch schrieb ich in mein Logbuch: »Anker auf um 06.30 Uhr. Wir kommen gut voran, weil jetzt wieder die Strömung mit ein bis zwei Knoten schiebt, sodass wir 14 km/Std. schaffen. Die Landschaft ist schön, wenn man in der Steppe von Landschaft sprechen kann. Auf jeden Fall sind die Ufer dicht bewachsen mit herrlichen Laubbäumen, die jetzt zum Teil schon leicht herbstlich gefärbt sind. Temperatur 23 °C, die große Hitze ist vorbei.«

Eine gewisse Unruhe hatte uns alle gepackt. Einerseits wollten wir vom Don noch möglichst viel sehen, andererseits hatten wir Bedenken, unseren Termin für das Verlassen Russlands nicht einhalten zu können. Immer noch konnten unerwartete Schwierigkeiten unsere pünktliche Ausklarierung verzögern. Auf dem Don begegneten uns weniger Schiffe als auf der Wolga, er hatte offenbar für den Verkehr nicht die gleiche Bedeutung. Die Schiffe aber, die wir trafen, waren groß und transportierten meist Öl. So war es auch nicht verwunderlich, dass uns vor der nächsten Schleuse wieder ein Tanker voraus war und wir nicht mehr einfahren konnten. Aber wir nutzten die Zeit. Im Vorhafen lagen nämlich zwei kleine Tankschiffe, die anscheinend den örtlichen Industriebereich mit Kraftstoff versorgten. Es war Sonntag, und die Arbeit ruhte, aber auf einem der Schiffe sah ich Bewegung. Ich bat Ed, den Kapitän zu fragen, ob er uns etwas Diesel verkaufen könne. Die Bitte wurde abgelehnt, aber später näherte sich zaghaft ein Ruderboot, in dem ein einzelner Mann saß. Leise fragte er Ed und Sascha: »Ihr wollt Diesel? Ich könnte euch welchen bringen, aber ich habe keine Gefäße.« Schnell griff ich zwei leere Kanister, und Ed reichte sie ihm in sein Boot. Dann ruderte er zurück zu dem einen Tankschiff. Mit beiden Kanistern voll Diesel kam er wieder, und wir gaben ihm nochmals zwei leere mit. So ging es hin und her, bis wir 200 Liter eingefüllt hatten. Als wir ihn bezahlten, sah er sich ängstlich um, ob ihn jemand beobachtet hatte. Auch wir waren nervös, aber auf diese etwas riskante Weise schafften wir uns genug Spielraum, um bis Rostow zu kommen oder sogar bis Asow.

Der Kühlwasser-GAU

Wir waren alle guter Stimmung und freuten uns an der Landschaft. Der Don hatte hier kilometerlange Sandstrände, auf denen Gänse und Enten spazierten, aber auch viele Familien in Zelten Urlaub machten. Wir ließen das Schlauchboot zu Wasser, um ein paar Fotos zu machen und die vorbeifahrende SOLVEIG zu filmen. Dabei blickte ich wohl ein wenig zu oft hinüber zum Ufer und zu wenig auf die Karte. Jedenfalls hatte ich eine kleine Grundberührung, der Propeller wirbelte Sand auf, und kurze Zeit später kreischte der Alarm durchs Boot. Was war los? Auf dem Thermometer sah ich sofort: Der Motor war überhitzt! Sand war aufgewirbelt worden, als der Propeller rückwärts lief, und die Kühlwasserleitung war blockiert.

Wir mussten schleunigst ankern. Nur für zwei Minuten startete ich die überhitzte Maschine noch einmal, um das Fahrwasser zu verlassen. Ich war verzweifelt. Was war nur geschehen? Von Hamburg bis hierher war der Motor gelaufen, auch die Kühlung hatte einwandfrei funktioniert. Wir hatten schon öfter Sand aufgewirbelt, ohne Schaden zu nehmen. Sehr schnell wurde mir der Ernst der Lage bewusst: Nichts ging ohne Lichtmaschine, denn allein auf die Batterien konnte ich mich nicht verlassen. Ich hatte am Abend und während der Nacht in der Schleuse die starken Scheinwerfer eingeschaltet, damit das Boot im Film besser zu sehen war und damit uns Sascha leichter finden konnte. Ich musste sofort den Kühlwasser-Kreislauf untersuchen.

Mein erster Verdacht fiel auf den Impeller. Ich schraubte die Pumpe auf, öffnete sie und fand zu meinem Schrecken ein völlig zerstörtes Impellerrad! Die abgerissenen Gummiteile konnten den Kühlwasser-Durchlauf auch an anderen Stellen verstopft haben. Ich setzte ein Ersatzrad in die Pumpe und probierte, ob Wasser angesaugt wurde. Die Pumpe arbeitete, aber der Kühlwasserfluss wollte nicht in Gang kommen. Ich verband die Schläuche immer wieder aufs Neue, doch es lief kein Wasser durch. Und wir hatten nur noch für kurze Zeit Licht. Auch die Wasserversorgung für Pantry und Dusche würde bald ausfallen, ebenso der Kühlschrank und im Notfall die Bilgenpumpe. An den »Watermaker« durfte ich gar nicht denken. Wir waren total abhängig vom Motor und von dem Strom, den er erzeugte. Unser GAU war da!

Umgekehrt konnten funktionierende Geräte eine große Beruhigung sein. Ich erinnerte mich plötzlich, wie ich im Roten Meer mit dem Segelboot nachts bei Sturm gekentert war und die Jolle voll Wasser stand, nachdem ich sie aufgerichtet hatte. Damals schaltete ich das Licht an − und siehe da, es brannte! Ich empfand das als ein Wunder und schöpfte daraus neue Kraft. Damals hatte ich keinen Motor, sondern musste den kleinen Akku von Zeit zu Zeit an Land nachladen lassen. Seither wusste ich, wie wichtig Strom auf einem Boot ist. Jetzt hatte ich alles an Ausrüstung, was man sich nur wünschen konnte, aber ohne einen funktionierenden Motor ging nichts mehr.

Verzweifelt schleppte ich meine großen Werkzeugkästen heran und fing an, einen Schlauch nach dem anderen zu lösen und den Lauf des Wassers zu verfolgen. Ich fand keine Verstopfung; dennoch kam das Wasser nicht durch. Ich versuchte, ruhig nachzudenken: Ich brauchte einen anderen Ankerplatz mit Verbindung zum Land und möglichst ein Telefon, damit Sascha notfalls eine Werkstatt anrufen konnte. Einen halben Kilometer unterhalb des Platzes, an dem wir in der starken Strömung hilflos an der Ankerkette pendelten, entdeckte ich im Fernglas einen privaten Holzsteg. Dort mussten wir festzumachen versuchen!

Mit dem Schlauchboot fuhr Sascha los und kam strahlend zurück: Wir durften an der kleinen privaten Brücke festmachen. Also Anker auf! Zunächst ließ ich das Boot stromab treiben und startete den Motor nur für wenige Minuten erst dicht vor dem Steg. Dann machten wir fest. Aber die Angst saß uns im Nacken: Unser Visum lief am 25. August ab, und uns blieben nur noch fünf Tage bis dahin. Angelika fragte: »Wie lange darf die Reparatur noch dauern, wenn wir Russland rechtzeitig verlassen wollen?« Ich rechnete. »Heute, spätestens morgen, muss ich die Sache in Ordnung bringen.« Doch wenn sich die Arbeiten über mehr als einen Tag hinzogen, was dann? Die SOLVEIG in Russland zurücklassen? Aber wo?

Grenzenlose Hilfsbereitschaft

Je länger ich am Motor arbeitete, desto klarer wurde mir, dass wahrscheinlich überall Schmutz in der Kühlanlage war. Zusammen mit Ed arbeitete ich schwitzend bis nach Mitternacht und am Vormittag weiter. Gegen 12.00 Uhr konnten wir tatsächlich starten. Ich hatte den Wärmetauscher ausgebaut und zerlegt, dann Stück für Stück gereinigt. Das Wasser lief!

Diese lieben Menschen in Russland! Die reichen Geschäftsleute – »neue Russen« –, denen die Brücke gehörte und die dahinter ihre Datscha bewohnten, hatten uns geholfen, wo sie nur konnten. Wir durften unser Kabel anschließen und bekamen Strom, auch Wasser durften wir holen. Als wir starteten, standen alle auf der Holzbrücke, der Hausherr Igor, seine hübsche Frau und die beiden Kinder, und winkten uns nach.

Zehn Minuten später setzte das Kühlwasser wieder aus! Das sind die Augenblicke im Leben, in denen man in irgendeinem Loch versinken möchte. Doch es half nichts, wir mussten zurück. Langsam steuerte ich mein trauriges Boot gegen den Strom wieder zum Steg. Den ganzen Tag montierte ich mit Ed weiter, dann wurde klar, dass es zumindest fraglich war, ob ich alles selbst reinigen konnte. Ich hätte starke Druckluft gebraucht. Angelika war von Igors Frau zum Mittagessen eingeladen worden und hatte anschließend die ganze Familie zum Tee an Bord gebeten. Das war unsere Rettung! Denn Igor erbot sich, den einzigen Volvo-Spezialisten, den es im 140 Kilometer entfernten Rostow gab, mit seinem Wagen zu holen. Lange wurde telefoniert: Ja, er würde kommen, aber erst spät abends.

Nachmittags fuhr unser Gönner mit Angelika und Sascha in eine nahe Stadt und besorgte uns für die Polizei ein ärztliches Attest, wonach ich zwei Tage krank gewesen war und deshalb nicht hatte fahren können. Wir wussten ja inzwischen, dass wir den Termin für die Ausreise nicht einhalten konnten.

Den ganzen Tag über arbeitete ich weiter, zerlegte nochmals alle Teile der Kühlanlage und reinigte ein zweites Mal den Wärmetauscher. Alles war sauber, aber das Wasser lief nicht! Später wurde mir klar: Wenn ich nicht ganz so nervös gewesen wäre, hätte ich vielleicht Erfolg gehabt. Nahe dem Zusammenbruch, sank ich nach dem Abendessen auf meine Koje und schlief ein. Gegen 23.00 Uhr kam Igor mit Alexei, dem Mechanikermeister, und einem Gesellen aus Rostow zurück. Sofort begannen die Männer, den Motor zu prüfen und die Kühlanlage wieder teilweise zu zerlegen. Sie taten genau das, was ich am Nachmittag ebenfalls gemacht hatte. Zunächst lief auch diesmal kein Wasser, aber sie wussten jetzt, dass alles sauber war, und taten das, woran ich nicht gedacht hatte: Sie ließen den Motor im Leerlauf auf höchsten Touren drehen. Dadurch lief die Pumpe schneller, der Wasserdruck wurde höher, und der letzte Rest Luft wurde aus der Leitung gepresst.

Nach zwei Stunden, um ein Uhr früh, lief die Maschine tadellos. Wir luden unsere Helfer auf einen Umtrunk ein, aber viel Zeit blieb nicht, denn sie mussten noch in der Nacht nach Rostow zurück. Welcher Techniker im Westen wäre zu so später Stunde so weit gefahren und hätte für Fremde im Dunkeln die Reparatur ausgeführt? Nirgends in der Welt hatte ich bis dahin eine solche Hilfsbereitschaft erlebt, die bis an die Grenzen des Möglichen ging. Was waren das für großartige Menschen in Russland!

Bevor wir am nächsten Tag unsere Fahrt fortsetzten, ließ sich Sascha sicherheitshalber bei der Polizei eine Bescheinigung ausstellen, dass wir zwei Tage durch Reparaturen aufgehalten worden waren. Damit verging der Vormittag, und erst am Nachmittag konnten wir uns von unserem »Asyl« verabschieden. Wir waren überglücklich, denn Motor und Kühlung arbeiteten einwandfrei.

Die Ufer des Don prunkten mit ihren leuchtend weißen Sandstränden, unterbrochen von geschützten kleinen Buchten, deren Ufer meist von Schilf umstanden waren. Trotz aller Eile erlaubten wir es uns, mit dem Schlauchboot zu einem dieser einsamen Strände zu fahren und zu baden. Es wurde ein ruhiger Abend.

Endspurt mit Hindernissen

Morgens brachen wir ohne Verzögerung auf. Das Gebiet war ziemlich dicht besiedelt, erstaunt sah ich immer mehr Baustellen und Neubauten in den Dörfern und kleinen Städten. Mir fielen einige Orte auf, in denen mehr als die Hälfte aller Häuser im Bau oder erst kürzlich fertiggestellt waren. Besonders die Stadt Aksam, kurz vor Rostow, bestand aus einer Vielzahl neuer Wohnhäuser, darunter auch große Wohnblocks. Der wirtschaftliche Aufschwung war unverkennbar.

Gegen 13.00 Uhr näherten wir uns Rostow. Meister Alexei hatte versprochen, uns einen Liegeplatz zu vermitteln. Es gelang uns auch, ihn schon vom Stadtrand aus per Funk zu erreichen. Bald kam in rasendem Tempo, mit schäumender Bugwelle, eine amerikanische Luxusyacht auf uns zu, an deren Ruder Alexei stand. Er wollte uns den Liegeplatz selbst zeigen. Großartig! Er lotste uns zur Anlegestelle der Ausflugsboote mitten in der Stadt, und dort gelang es mir, nicht ganz ohne Mühe, das Boot zwischen die Fahrgastschiffe zu schieben. Aber die Strömung war hier so stark, dass wir Anker werfen und das Heck mit einer langen Leine an der Brücke für Fahrgäste sichern mussten. Hier sollten wir auf Alexei warten, der später zurückkommen wollte, um mit uns Diesel zu bunkern.

Doch nicht alles lief so, wie Alexei geplant hatte. Er konnte die teure Motoryacht nicht verlassen, denn ihr Besitzer war erschienen, bei dem Alexei angestellt war. Und der hatte ganz andere Pläne. So gingen Sascha und Angelika an Land, um zu filmen, und ich fuhr mit Ed zu einem Automarkt. Dort wollten wir zusätzliche Kanister, Motorenöl und Lebensmittel besorgen. Spätnachmittags kam Meister Alexei wieder, diesmal mit seiner Freundin, und fuhr voraus zu einem Tankschiff, dessen Crew er gut kannte. »Nur ein kleines Stück stromabwärts«, sagte er.

Doch der Ausflug dauerte fast zwei Stunden, denn das Tankschiff lag etliche Meilen entfernt, und Alexei war von der Geschwindigkeit eines 400-PS-Bootes ausgegangen. Und zu allem Überfluss versperrte uns eine Eisenbahnbrücke den Weg, die für den sieben Meter hohen Mast der SOLVEIG VII zu niedrig war. Es hieß also den Mast legen! Das war bei Dunkelheit eine lästige Arbeit, zumal wir alle todmüde waren und ich in der Strömung weiter steuern musste. Aber nach einer halben Stunde war auch das geschafft. Wir erreichten das Tankschiff, und Alexei ging dort an Bord. Lange warteten wir auf ihn und wurden allmählich nervös. Endlich kam er zurück: »Heute geht es leider nicht mehr, ihr müsst morgen wiederkommen.« Wir waren wie erschlagen: wieder eine unerwartete Verspätung! Mir wurde fast schlecht vor Enttäuschung. Morgen wollte ich doch schon in Asow sein, am Meer! Aber auf den Kraftstoff konnte ich nicht verzichten.

Alexei erklärte uns: »Es war großes Pech. Ich kenne hier einen Mann, der mir immer Diesel verkauft, aber heute ist die Aufsicht von der Firma da, deshalb kann er nicht. Aber morgen Abend gibt er euch Diesel. Leider kann ich dann nicht kommen, dafür fährt meine Freundin mit. Ihr müsst sie nur danach in den Yachtklub bringen, sie übernachtet dort.«

Also noch ein weiterer Tag Verzögerung! Ich wurde immer nervöser. Es half aber nichts, wir mussten die lange Überquerung des Schwarzen Meeres mit randvollem Tank beginnen. Drei Jahre zuvor hatte ich in der Türkei nämlich schlimme Erfahrungen gemacht, was die Sauberkeit des Kraftstoffs betraf. Deshalb musste ich ohne zu bunkern bis Istanbul durchfahren können.

Alles geschah dann auch wie verabredet. Alexeis Freundin kam am nächsten Abend und fuhr mit uns noch einmal zum Tankschiff, wo wir 1000 Liter Diesel übernahmen. Direkt, durch einen Schlauch, und Ed brauchte diesmal nichts zu schleppen. Aber der Schlauch war sehr dünn, deshalb dauerte das Bunkern fast bis Mitternacht. Danach ankerten wir im Strom, um unser »Dankeschön« und den Abschied zu feiern. Doch in unseren Hinterköpfen bohrte ständig die Angst, ob wir es am nächsten Tag bis Taganrog schaffen würden und wie die Ausklarierung ablaufen würde. Besser gesagt: Ob wir unser Boot nach der Ausflaggung zurückhalten würden.

So wurde es lange nach Mitternacht. Um sieben Uhr früh, so hatte ich ausgerechnet, mussten wir nach Taganrog starten. Vorher wollte ich mich wenigstens noch ein paar Stunden aufs Ohr legen. Aber schon um fünf Uhr hörte ich Geräusche, ein Boot kam längsseits und machte bei uns fest. Was um Himmels willen war jetzt wieder los? Ich taumelte aus der Koje und sah vor mir die hübsche Freundin von Alexei. Erschrocken über mein unwirsches Gesicht, stammelte sie unsicher: »Ich habe dich etwas schlafen lassen, musste aber jetzt ein Boot mieten, um zu euch zu kommen. Ich habe nämlich meine Schuhe hier vergessen!«

Inzwischen hatte ich mich wieder gefangen, doch es kam noch mehr. Verlegen fuhr sie fort: »Du musst mich aber nachher, wenn du startest, erst zum Klub zurückbringen, denn das Boot kann nicht noch mal kommen und mich abholen.« Mir blieb auch nichts erspart! Also stand ich um sechs Uhr auf, gönnte mir ein kleines Frühstück, und dann lichteten wir den Anker, zum letzten Mal im Don und wohl auch zum letzten Mal unter russischer Flagge. Wir brachten unsere hübsche Freundin zum Klubanleger und begannen mit gemischten Gefühlen den allerletzten Teil unserer Russlandexpedition. Einerseits waren wir glücklich, dass die Unternehmung so erfolgreich verlaufen war, andererseits aber auch traurig, die schönen Ufer der großen russischen Ströme verlassen zu müssen – mit all den Menschen, die wir so lieb gewonnen hatten.

Der 15000-Dollar-Schock

Wir erreichten die Mündung des Don, der sich hier geruhsam und breit, fast ein wenig zögernd, mit den Wassern des Asowschen Meeres mischt. Eine herrlich romantische Uferlandschaft machte mir den Abschied besonders schwer; dazu kam das Bewusstsein, dass ich nie mehr zurückkehren konnte. Nach einigen Stunden Fahrt über das flache Wasser näherten wir uns Taganrog.

Nun standen uns die letzten Hürden bevor: Grenzpolizei, Zoll, Devisenkontrolle. Was noch? Wir ahnten es nicht. Gegen 15.00 Uhr machten wir am Schwimmsteg des Yachtklubs von Taganrog fest.

Ein imponierendes Klubhaus stand vor uns, aber wir gingen nicht an Land. Ed packte seine Sachen, sein Auftrag war erfüllt. Auch er hatte uns oft große Hilfe geleistet. Ich zahlte ihm das letzte Monatshonorar aus, und begleitet von Sascha ging er, mit allen vorhandenen Papieren ausgerüstet, ins Büro der Grenzwache. Sascha war es ebenfalls unbehaglich zumute, denn wir besaßen keine Kopien unserer Einklarierung in St.Petersburg. Die hatte der dortige Klub behalten, nachdem wir die russische Flagge gesetzt hatten. Ob das richtig und korrekt gewesen war? Jetzt war es zu spät, darüber nachzugrübeln.

Nach einer halben Stunde kam Sascha zurück. Die fehlenden Papiere von St. Petersburg machten uns Schwierigkeiten, sonst aber war alles in Ordnung. Allerdings mussten wir wegen des abgelaufenen Visums noch am selben Tag den Hafen verlassen. Der Chef, den sie erst noch erwarteten, würde alles Weitere entscheiden.

Nach einer halben Stunde ging Sascha nochmals ins Büro und kam bleich und aufgelöst zurück. Mit leiser Stimme berichtete er: »Alles ist gut, aber wenn ihr Russland mit dem Boot verlassen wollt, dann ist eine Gebühr von 15000 Dollar fällig!«

Ich glaubte zu träumen. Gedanken jagten mir durch den Kopf, aber etwas Vernünftiges fiel mir nicht ein. Ich sank noch tiefer in mich zusammen und starrte ins Leere. Dann bat ich Angelika, mit Sascha nochmals ins Büro zu gehen, denn eine Frau kann manchmal Wunder bewirken.

Die beiden machten sich auf den Weg, und für mich begann eine böse Stunde des Wartens. Doch dann kehrten sie strahlend zurück, und Sascha berichtete: »Alles geht klar. Ich bat, das Gesetz lesen zu dürfen, wonach dieser enorme Zoll fällig wird, und der Bürochef zeigte es mir auf dem Bildschirm seines Computers. Ich fragte ihn, wann das beschlossen wurde. Und tatsächlich, es war erst im Juli veröffentlicht worden! Du aber hast den Vertrag bereits im Mai unterschrieben. Das neue Gesetz betrifft dich also nicht! Jetzt müssen wir schnell alle Formalitäten erledigen, dann können wir raus!«

Sascha wollte noch bis Feodosija auf der Krim an Bord bleiben, wegen der besseren Bahnverbindungen nach Moskau. Ed wollte mit dem Flugzeug zurück nach St.Petersburg. Mir schwirrte der Kopf: Waren wir wirklich frei? Auf jeden Fall war es sehr schlau gewesen von Sascha, sich das neue Gesetz zeigen zu lassen. Davon hatte auch Tatjana nichts wissen können, als sie unsere Papiere im Mai vorbereitete. Zum Glück war das jetzt geklärt. Aber war die SOLVEIG überhaupt seeklar? Egal, ich wollte auf jeden Fall fahren. Nur raus jetzt, bevor noch neue Probleme auftauchten!

Abschied von Ed und Sascha

Gegen 21.00 Uhr kamen die Beamten, und das an einem Samstagabend. Das war nun wieder sehr hilfsbereit und freundlich. Oder wollte man uns nur schnell loswerden? Es dauerte nochmals eine Stunde, bis wir unsere Namen und Daten in die endlosen Formulare geschrieben hatten. Dann, endlich, waren wir frei! Hurra! Eine hübsche Beamtin kontrollierte, ob wir auch tatsächlich ausliefen und keine Verbindung mehr zum Land aufnahmen. Ed hatte auf dem Steg gewartet, um sich zu verabschieden, und ich wollte ihm noch die Hand drücken, ihn umarmen, ihm danken. Aber das war nicht mehr erlaubt: Wir waren schon ausgereist!

Ed und die Beamtin winkten uns nach. Ade, Russland! Ade, ihr großartigen Menschen! Mögt ihr eine glückliche Zukunft haben!

Völlig übermüdet steuerte ich unser Boot in die Nacht hinaus. Ringsum war flaches Wasser, und die Tonnen waren nicht beleuchtet. Nur jetzt keinen Navigationsfehler! Nur jetzt nicht auf Grund geraten! Diesmal war Angelika genauso nervös wie ich. Lange konnten wir nicht mehr durchhalten. Nach einer halben Stunde, irgendwo draußen auf offenem Wasser, ließen wir den Anker fallen und versuchten zu schlafen. Es war ruhig, kein Windhauch zu spüren. Welch ein Glück!

Im Asowschen Meer waren wir noch nie gewesen, aber wir kannten das Schwarze Meer von unserer vorigen Reise. Alle Häfen der Krim hatten wir besucht, zum Teil mehrfach. Auch die türkische Küste hatten wir kennen gelernt und wussten deshalb, dass dort eine östliche Strömung vorherrschte, die uns entgegen lief. Außerdem musste Sascha nach Moskau. Auch deshalb kam nur ein Kurs entlang der Krimküste in Frage, wo die Strömung für uns günstig war. Viel Zeit wollten wir für diese Fahrt nicht mehr aufwenden, sondern so bald wie möglich Istanbul erreichen, wo das

Boot dann den Winter über bleiben sollte. Daheim wartete viel Arbeit auf uns. Eine Filmserie für das Bayrische Fernsehen war geplant und musste so bald wie möglich vorbereitet werden.

Sascha schlief noch, als Angelika um sechs Uhr früh den Anker aufholte. Bei dem ruhigen Wetter konnten wir direkten Kurs nehmen auf die Straße von Kertsch, die eine schon im Altertum geschätzte Durchfahrt zwischen dem Schwarzen Meer und dem Asowschen Meer ermöglicht. Das Wasser war unglaublich flach, meist weniger als vier Meter. Ich hielt mich auch nicht immer an das ausgebaggerte Fahrwasser, sondern versuchte, unserem Echolot vertrauend, auf möglichst geradem Kurs abzukürzen.

Bereits in der Straße von Kertsch begrüßten uns die ersten Delfine des Schwarzen Meeres. Das war eine riesige Freude, denn wir hatten auf der Krim zwei Jahre zuvor ein großes Hilfsprogramm unserer »Gesellschaft zur Rettung der Delfine« begonnen. Offenbar zeigten die zum Teil aufwändigen Maßnahmen bereits Erfolg. Auch das Wiedersehen mit dem hübschen Kurort Feodosija auf der Krim am nächsten Tag war erfreulich: Der Agent, der uns zuvor geholfen hatte, erkannte uns wieder und erleichterte uns das Einklarieren in der Ukraine. Sascha verabschiedete sich von der SOLVEIG, und wir brachten ihn traurig zur Bahn nach Simferopol. Danach wurde es sehr still an Bord.

Am nächsten Tag überfiel uns ein gravierender Wettersturz mit Wind und Regen. Sollten wir auf Besserung warten? Leider entschied ich mich, noch am selben Tag auszuklarieren und die Fahrt fortzusetzen. Unser Agent Igor war die Freundlichkeit selbst. Er brachte uns je eine Flasche Krimsekt, Wodka und Massandra, den hervorragenden Rotwein der Krim, besorgte uns noch 200 Liter Diesel in Kanistern und stempelte unsere Papiere ab. So konnten wir Feodosija – leider – um 18.00 Uhr verlassen.

Während der Nacht blieb das Wetter noch erträglich, und wir wechselten uns mit der Wache ab. Ab sechs Uhr früh jedoch setzte Sturm ein. Es war meine Wache, aber um sieben Uhr musste ich Angelika wecken, denn der Seegang wurde bedrohlich. Wir befanden uns bereits 20 Seemeilen westlich von Jalta, mussten aber die Fahrt abbrechen und nach Jalta zurückgehen, ohne jedoch in den Hafen einlaufen zu dürfen. Wir ankerten ein Stück neben der

Hafeneinfahrt und warteten die weitere Wetterentwicklung ab.
Denn wir wollten die endlosen Formalitäten von Ein- und später
Ausklarierung vermeiden und nicht an einen möglicherweise
schlechten Liegeplatz gefesselt sein. Aber wir waren sehr niedergeschlagen. Es wäre doch so viel einfacher gewesen, im angenehmen Feodosija zu bleiben, bis die Wetterlage wieder stabil wurde!

Von der Küstenwache schikaniert

Wir versuchten, am Nachmittag erneut zu starten, um in einer halbwegs geschützten Bucht Zuflucht zu suchen, wurden aber von der Küstenwache entgegen allen Regeln daran gehindert. Wegen jeder Meile, jeder kleinsten Kursänderung kam eine Kontrollfrage über Funk.»Ankern? Ja, aber zwei Meilen von der Küste entfernt!« Erstens herrschte dort voller Seegang, zweitens war das Wasser viel zu tief. Angelika, die sonst immer versucht, auch die Gegenseite zu verstehen, war wütend. Suchscheinwerfer wurden auf uns gerichtet, und über Funk kam der Befehl: »Steuern Sie mit fünf Meilen Abstand zur Küste nach Süden!« Wir versuchten zu gehorchen, doch dabei wurde unser Boot von Brechern zugeschüttet. Diese Narren hatten wohl keine Ahnung, wie es bei solchem Wetter auf einem kleinen Sportboot zugeht, oder sie waren schon betrunken. Um Mitternacht beschlossen wir, die Fahrt abermals abzubrechen. Also wieder zurück nach Jalta, mit oder ohne Erlaubnis der Küstenwache! Wir hätten sonst das Boot oder vielleicht sogar unser Leben riskiert.

Um vier Uhr früh suchte ich in der Dunkelheit einen Ankerplatz. Die Küstenwache hatte uns aus der Sicht verloren. Acht Stunden vergebliche Fahrt und der sinnlose Treibstoffverbrauch sorgten für ein totales Stimmungstief an Bord. Für die lange Überfahrt nach Istanbul mussten wir jetzt nochmals Diesel bunkern. Um neun Uhr riefen wir über Satellit unseren Agenten Igor in Feodosija an und baten ihn, seinen Kollegen in Jalta zu informieren, dass wir in Not seien. Igor, den ich vorher ausdrücklich gefragt hatte, ob wir an der Küste ankern durften, hatte mir gesagt, dass dies selbstverständlich erlaubt sei. Ich hätte die Fahrt bei dem Wetter sonst gar nicht erst versucht. Trotzdem wurden wir jetzt so schikaniert!

Der Agent aus Jalta rief uns an, ich beschwerte mich über das Verhalten der Küstenwache, und auch er bestätigte, dass es legal gewesen wäre zu ankern. Er wollte den Vorfall der Aufsichtsbehörde melden. Und wir durften zurück nach Jalta, um nochmals Diesel zu bunkern. Der Agent wollte uns die vollen Kanister unter Aufsicht eines Soldaten mit schussbereitem Gewehr zu einem Außenhafen von Jalta bringen. Fünf Kanister mit je 20 Litern erhielten wir auf diesem merkwürdigen Weg. Der Soldat wachte auf der Mole, während der Agent im Wagen hin und her fuhr. Weder durfte er an Bord kommen, noch durften wir einen Fuß an Land setzen.

Das Problem in der Ukraine ist, dass die Beamten aller Bereiche, von Seefahrt, Luftfahrt und Zoll bis zur Polizei, nicht professionell ausgebildet sind. Nach der plötzlich erlangten Selbstständigkeit wurden schnell irgendwelche Militärs eingestellt, um die erfahrenen russischen Offiziere zu ersetzen, die für den Staat Ukraine nicht mehr arbeiten wollten.

Wenige Stunden später starteten wir ein drittes Mal in westliche Richtung. Inzwischen kannte ich die Seekarte und die Küstenformationen schon auswendig. Wieder standen uns Wind und Seegang gefährlich stark entgegen, deshalb beschlossen wir, nur bis zu einer uns gut bekannten Bucht vor Sewastopol zu laufen und dort zu übernachten. Um die Küstenwache wollten wir uns nicht mehr kümmern, außerdem waren wir nach unserer Beschwerde bisher seltener angefunkt worden.

Am Abend hatten wir die Bucht erreicht. Als wir uns der Küste näherten, kam sofort ein Anruf: »Sie haben Ihren Kurs geändert!«

»Ja, das haben wir! Die See ist grob, und wir suchen Schutz in der Bucht!« In Gedanken schickten wir ein »Götz von Berlichingen« hinterher.

Nun kam eine Anfrage nach der anderen: Welcher Kurs jetzt? Welcher Standort? Die Position bitte! Und wann ankern Sie? Haben Sie schon geankert? Sie dürfen nicht an Land! Haben Sie jetzt geankert? Wie lange wollen Sie ankern? Eine böse Antwort lag mir auf der Zunge, aber ich beruhigte mich mit dem Gedanken, dass wir beim ersten Tageslicht weiterfahren würden, auf die See hinaus, und dann konnten uns diese Wichte nicht mehr erreichen. In der Nacht schliefen wir tief und fest.

Am Morgen lichteten wir den Anker und entdeckten mit dem Fernglas einen Offizier am Ufer, der sein Glas auf uns gerichtet hatte und anscheinend unsere Abfahrt überwachte. Wir kamen uns vor wie Verbrecher. Und wieder hörten wir eine Anfrage nach der anderen: Ich zählte 18 Anrufe innerhalb weniger Minuten! Das war Schikane, und ich beschloss, nie mehr die Küsten der Ukraine anzulaufen.

Langsam entfernten wir uns von der schönen Krim, und langsam ließ auch der Wind nach. Die See beruhigte sich und schien uns einzuladen: »Kommt heraus auf das große Wasser und begebt euch in den Schutz von Poseidon!«

Durch den Bosporus zum Goldenen Horn

Die lange Überfahrt zum Bosporus, mehr als 48 Stunden, verlief ohne Probleme. Erst in Poyraz, dem malerischen kleinen Fischerhafen am Eingang zum Bosporus, suchten wir für eine Nacht Zuflucht, bevor wir das letzte Stück unserer Unternehmung begannen: die Passage durch den Bosporus. Die gebirgigen Ufer verleihen dieser landschaftlich bezaubernden Meeresstraße stellenweise den Charakter einer Schlucht. Auch der lebhafte Verkehr ließ bei uns keine Langeweile aufkommen. Ständig begegneten uns Schiffe aller Art, groß und klein, und ich freute mich über einen so farbigen Abschluss unserer Expedition.

Schließlich gelangten wir zu der bekannten Galata-Brücke übers Goldene Horn und weiter ins Marmarameer. Wir steuerten in den großen Yachthafen der Atakoy-Marina, wo die SOLVEIG VII bereits den Winter 1998/99 verbracht hatte. Dort begrüßten uns die alten Freunde Teoman Arsay und der Generalmanager der großen Marina. Bei ihnen, das wussten wir, würde unser tapferes Boot nach all den Strapazen der langen Reise zuverlässig betreut werden und bei jedem Wetter sicher liegen.

Doch trotz der herzlichen Begrüßung war es für mich schmerzlich, mein Boot nun für mehr als ein halbes Jahr verlassen zu müssen. Im nächsten Frühjahr wollte ich zurückkehren und die Reise über das Mittelmeer in Richtung Frankreich und Deutschland fortsetzen.

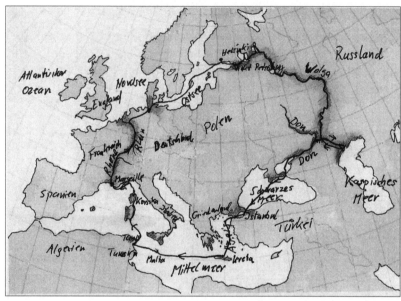

Die Vorstellung, dass wir mit unserem Boot den größten Teil Europas umrundet hatten, schien mir eine wertvolle Ergänzung unserer Weltumsegelungen zu sein und faszinierte mich so, dass ich auch den Kurs über das Mittelmeer in die Karte eintragen musste. Insgesamt 14000 Kilometer, also fast drei Atlantik-Überquerungen, betrug die zurückgelegte Distanz. Davon führten allein 5000 Kilometer durch Russland auf zum Teil bisher von keinem privaten Boot befahrenen Gewässern und über vier Meere.

Über das Mittelmeer von Ost nach West

Abenteuer stellen sich nie auf Verlangen ein. Wer mit dem Vorsatz, Abenteuer zu erleben, auszieht, wird nichts als Enttäuschungen erleben, er müsste denn ein Liebling der Götter oder ein großer Held sein. Gewöhnliche Sterbliche wie wir, die wir nur allzu gerne Gefahren aus dem Weg gehen, werden von Abenteuern unverhofft heimgesucht und in unserer Selbstgenügsamkeit gestört. Und wie ungebetene Besucher das so an sich haben, überfallen sie uns oft zu ungelegener Zeit. Joseph Conrad

Es war Frühling geworden. Die SOLVEIG VII hatte einen Winter lang geduldig in der Ataköy-Marina auf mich gewartet. Nur per Telefon oder E-Mail konnten wir vom Tegernsee aus unsere türkischen Freunde während der langen Monate erreichen und uns nach dem Befinden unseres Bootes erkundigen. Einmal, im Februar, war ich sehr beunruhigt, als eine Kältewelle über Istanbul hereinbrach. Ich bat unsere Freunde, den Motor zu starten, damit das Kühlwasser nicht einfror. Auch ließ ich das Boot an mehreren Tagen heizen, um eventuelle Feuchtigkeit auszutrocknen.

Der neue Start, besser gesagt die Weiterfahrt nach unserer erlebnisreichen Russlandexpedition, war für den 15. Mai geplant. Schon zehn Tage zuvor reiste ich in die Metropole am Bosporus, um das Boot gründlich zu überprüfen und wenn nötig einige Reparaturen auszuführen. Für bestimmte Arbeiten wollte ich auch die erfahrenen Handwerker der Werft in Anspruch nehmen. Hierzu gehörte vor allem eine Durchsicht des Motors und der routinemäßig fällige Anstrich des Unterwasserschiffs mit Antifouling.

Ich ließ das Boot im Travellift aus dem Wasser heben und stellte erleichtert fest, dass Propeller und Ruder keinen Schaden genommen hatten. Es war schon recht warm geworden, die Sonne schien vom klaren blauen Himmel, nur die Nächte brachten noch winterliche Temperaturen. Dabei hatte ich Gelegenheit, die

Die angesehene Ataköy-Marina am Marmara-Meer in Istanbul war schon zum zweiten Mal einen Winter lang Heimat der SOLVEIG VII.

Eberspächer-Heizung zu probieren. Sie hatte die heißen Monate in Russland, in denen sie ruhen musste, und danach den kalten Winter gut überstanden. Nicht weniger wichtig war die Überprüfung der Wasserpumpen und Generatoren für 12 und 220 Volt, wie sich bald herausstellen sollte.

Auf den letzten Abschnitt der großen Osteuropa-Reise hatte ich mich seit langem gefreut, denn sie sollte mir ein Wiedersehen bescheren mit den Häfen und antiken Stätten, die ich im Überschwang von Freiheitslust und Wissensdrang mit meiner kleinen Fünf-Meter-Jolle schon in den Anfangsjahren meiner Segelabenteuer besucht hatte. Damals war ich auf die Idee gekommen, erst meine H-Jolle und später die 1958 erworbene Hansa-Jolle über die Alpen ans Mittelmeer zu schaffen. Am Starnberger See besorgte ich mir einen billigen, gründlich verrosteten Anhänger und schleppte meine Boote über die Alpen an die Adria. Einmal im Leben mit dem eigenen Boot auf einem richtigen Meer zu segeln, war mein Wunschtraum. Dass daraus in den folgenden drei Jahrzehnten drei Weltumsegelungen werden sollten, hätte ich nie gedacht, selbst dann noch nicht, als ich 1960 mit einer offenen Jolle die Strände von Tunesien, Libyen und Ägypten erreicht hatte. Wie würde es jetzt, ein halbes Jahrhundert später, dort aussehen? Und wie würde ich mit einem Motorboot auf der oft recht stürmischen See der Ägäis und des Mittelmeers zurechtkommen?

Die Crew kommt an Bord

Eine schwere Belastung war das Fehlen meiner Frau Angelika, die in München bleiben musste, um unsere Filme von der Russlandexpedition für das Bayerische Fernsehen zu bearbeiten. Einige Tage vor dem Start durfte ich aber zwei gute Freunde erwarten, die mir im Mittelmeer zur Seite stehen wollten: Zunächst traf mein alter Freund und Klassenkamerad Dieter Elfreich aus München ein, der mir mit seiner Kenntnis der Mythen und antiken Geschichte die steinernen Zeugen von Troja bis Karthago lebendig machen sollte. Außerdem beherrschte er das Neugriechische und konnte uns den Umgang mit Behörden und Seeleuten dadurch erleichtern.

Nur einen Tag später kam Eira Karjalainen, Angelikas langjährige Freundin, aus Helsinki in Istanbul an. Eira ist eine finnische Fernsehjournalistin und erfahrene Reiseleiterin und freute sich darauf, die malerischen Hafenstädte Tunesiens und die Inseln Kreta und Malta kennen zu lernen.

Ich hatte während des Winters ausgiebig Pläne gemacht und die anzulaufenden Ankerplätze und Häfen in einen leider etwas engen Zeitrahmen eingebaut, sodass ein fertiger Plan vorlag, als meine beiden Begleiter an Bord kamen. Zwei Tage des Abschiednehmens von meinen türkischen Freunden, insbesondere dem Generalmanager der Ataköy-Marina Sedat Atunay und Kommodore Teoman Arsay, gönnte ich mir noch. Auch diesmal war ich dankbar für die aufmerksame Pflege, die mein Boot von September bis Mai in Ataköy genossen hatte.

Eira und Dieter machten sich mit ihren Schlafplätzen und der Einrichtung des Bootes vertraut. Die Zeit reichte auch noch für umfangreiche Lebensmitteleinkäufe im nahen Supermarkt, für Geldwechsel und für einen Besuch des Großen Basars von Istan-

Istanbul am Bosporus um 1820

bul. Am 15. Mai waren wir startklar und verließen, nachdem die Tanks randvoll mit sauberem Diesel gefüllt waren, noch vor sieben Uhr den gastlichen und bequemen Hafenplatz.

Kaum hatten wir die Einfahrt der Marina hinter uns gelassen, gerieten wir in eine üble Schmutzzone. Wenn man von der Reling hinabsah, schien man zu Fuß über das Wasser gehen zu können, so viel Dreck schwamm darin. Eine dicke Schicht von Exkrementen aus der nahen städtischen Abwasserleitung verbreitete dazu einen üblen Gestank, der uns das Atemholen so erschwerte, dass wir an Umkehr dachten. Ich wollte gerade den Kurs ändern, als der Temperaturalarm ertönte. Sofort sah ich, dass das Kühlwasser keinen Durchlauf mehr hatte, stoppte die Maschine und überlegte, was zu tun war. Zurück? Nein! Das war ein zu scheußlicher Gedanke. Wir hatten genügend Raum, um das Boot ein paar Minuten treiben zu lassen. So stieg ich in den Motorraum und kontrollierte die Kühlwasserpumpe. Alles schien in Ordnung zu sein. Ich zog die Schlauchschellen vor und hinter der Pumpe nach, startete den Motor und ließ ihn kurze Zeit auf Hochtouren laufen. Danach arbeitete die Kühlung wieder einwandfrei. Irgendwo musste Luft in die Leitung gedrungen sein, und das haben Pumpen nicht so gern.

Wiedersehen mit Troja

Wir atmeten auf. Wie ein stiller See lag das Marmara-Meer im Schein der Morgensonne vor uns, keine Welle trübte seinen Glanz. Nach mehreren Regentagen schien uns das ideale Wetter ein gutes Omen für die kommenden Wochen zu sein. Gemächlich glitt die SOLVEIG an der Küste und den Ausläufern der Millionenstadt Istanbul vorbei. Bereits um 17.00 Uhr ließen wir in der Bucht von Pascha Liman in den Marmara-Inseln den Anker fallen. Mein erstes wichtiges Ziel hieß Troja und die berühmten Ausgrabungen von Schliemann. Danach würden wir einen weiteren Schauplatz schwerer Kämpfe zu Gesicht bekommen: die Meerenge bei Gallipoli, wo die englische Armee im Ersten Weltkrieg eine empfindliche Niederlage hatte hinnehmen müssen. Trotz des großen zeitlichen Abstands wiesen diese Auseinandersetzungen auf die hohe strategische Bedeutung der Wasserstraße zwischen dem Schwarzen Meer und dem Mittelmeer hin.

Eine Nacht verbrachten wir vor Anker in der Bucht von Pascha Liman und freuten uns beim zeitigen Erwachen am nächsten Morgen, wieder in einen klaren, blauen Himmel zu blicken. Delfine schwammen um das Boot, und Dieter griff sogleich zur Kamera. Doch am Nachmittag legte der Wind zu, und als wir den kleinen Hafen von Canakkale erreichten, waren wir dankbar für die Hilfe einiger Türken beim Festmachen am Kai. Weder Dieter noch Eira hatten jemals in ihrem Leben die Leinen eines Bootes bedient. Schwierigkeiten waren daher vorprogrammiert, denn ich würde bei jedem Anlegemanöver das Ruder in der Hand behalten müssen. Für diesmal ging alles gut, und am Morgen machten wir uns im Taxi auf den Weg zur Ausgrabungsstätte.

Nicht sehr beeindruckend war der Eingang, obwohl man ein »trojanisches Pferd« daneben aufgestellt hatte. Dank Homer erlangte die List von Odysseus, Krieger im Bauch des trojanischen Pferds zu verstecken, unvergänglichen Ruhm. Zu wenig aber wissen wir von der damaligen Zeit und zu sehr ist dieses Pferd ein Teil

Heinrich Schliemann, der mit Fantasie und Idealismus die Ruinen von Troja entdeckte und damit den Beweis für die Existenz der von Homer besungenen Stadt erbrachte.

Das legendäre Troja – Versuch einer Rekonstruktion

der Dichtung, als dass eine heutige Holzkonstruktion Ersatz bieten könnte für das Bild, das sich wohl jeder Besucher von Troja gemacht hat. Aber je länger wir zwischen den mühevoll ausgegrabenen und wieder zusammengesetzten Steinen umhergingen, desto stärker wirkten auf uns die Reste der sagenhaften Stätte.

Inzwischen war viel mehr ausgegraben als in den Siebziger-Jahren, als ich Troja zum ersten Mal besichtigt hatte. Allein die Tatsache, dass es die Stadt mit ihren hohen Mauern tatsächlich gegeben hat und dass Homers grandiose Dichtung daher auf Wahrheit beruht, auf jahrelangen Kämpfen, Schmerzen und Triumphen, die zwischen diesen Steinen tatsächlich stattgefunden haben, war für mich und meine Freunde zutiefst bewegend. Beeindruckt und bereichert kehrten wir deshalb nach einem dreistündigen Rundgang zum Hafen zurück. Gerne hätte ich an diesem Nachmittag einige Verse der Ilias, die ich eigens mitgenommen hatte, noch einmal gelesen, aber die Weiterfahrt verlangte bestimmte Vorbereitungen.

Der Hafenmeister geleitete uns zur Polizei, wo wir die Ausklarierung in wenigen Minuten erledigen konnten. Wir waren nun frei, dorthin zu steuern, von wo Achilles und seine Helden vor zweitausend Jahren nach Trojas Gestade aufgebrochen waren. Die Meerenge der Dardanellen war außerordentlich belebt, ein Schiff nach dem anderen steuerte das tiefe Fahrwasser an. Deutlich war zu sehen, welche immense Bedeutung diese Ost-West-Verbindung für die Schifffahrt und den Handel auch heute noch besitzt. Dann öffnete sich der Schlund des doch recht schmalen Wasserwegs, und wir glitten auf das tiefblaue Wasser des Ägäischen Meeres hinaus.

Ärger auf Lesbos

Wir wollten einige der schönsten Inseln Griechenlands anlaufen und begannen mit dem nächstgelegenen Eiland von Lesbos. Aber welche Enttäuschung! Zunächst schien alles normal, als wir gegen 18.00 Uhr auf die Pier zusteuerten. Aber schon die Zollbeamtin, die uns in Empfang nahm, war nicht allzu freundlich und verwies uns sogleich an einen anderen Liegeplatz. Anschließend mussten wir zum Hafenmeister wegen der Gebühren, und dort wurden wir, ich kann es nicht anders sagen, ausgesprochen unverschämt behandelt. Der junge Offizier hatte schlechte Laune, und seine Mitarbeiterin wusste nicht, wie die Formulare ausgefüllt werden sollten. So kritisierte einer den anderen, und zwischendurch wurden wir angeschrien, weniger weil wir etwas falsch gemacht hätten, sondern um die eigenen Fehler zu überdecken. Ständige Irrtümer bezüglich der Gebühr für die Einreise bildeten dann den ärgerlichen Abschluss. Über 100 Euro musste ich am Ende hinlegen, viel zu viel, sagte man uns im nächsten Hafen, aber da war es zu spät. Es war Hass, der uns auf Lesbos entgegenschlug.

Als die hilflosen Mitarbeiter der Hafenmeisterei endlich gegen 23.00 Uhr unsere Papiere gestempelt hatten, verließen wir das eher unscheinbare Gebäude und kehrten eilig zum Boot zurück. Wir sprachen kaum, nur Dieter stieß ein leises: »Unverschämtheit!« hervor. Er verstand Neugriechisch recht gut und hatte die Gespräche der Offiziere untereinander verfolgen können. Mindestens drei Beamte waren mit dem Routinevorgang unserer Einklarierung beschäftigt gewesen, und allein die Berechnung der Gebühr hatte fast eine Stunde in Anspruch genommen. Dieter war bedrückt und enttäuscht, hatte er doch Griechenland und seine Menschen bisher ganz anders kennen gelernt und seit vielen Jahren in sein Herz geschlossen. Bei unserem späten Abendessen tröstete er sich mit einem Extraschluck Uzo, zu dem uns Eira mit viel Enthusiasmus eine besonders schmackhafte Mahlzeit zubereitet hatte. Meine beiden Freunde würden bei jeder Belastung fest mit mir zusammenhalten, das spürte ich in dieser Nacht, und es half mir, meinen Ärger zu verdrängen.

Richtig entspannt waren wir drei aber erst, als wir morgens im Mietwagen über die landschaftlich reizvolle Insel zum Kloster Raffael am anderen Ende von Lesbos fuhren. Bezaubernd war der Blick von der Höhenstraße in die Täler und geradezu abenteuerlich manchmal die langsame Fahrt durch enge Sträßchen in den kleinen Dörfern.

Trotzdem verließen wir Lesbos schon zeitig am nächsten Morgen, denn nichts hielt uns mehr in diesem Hafen, der uns so unfreundlich empfangen hatte. Auch wollte ich keine Stunde vergeuden, um in den wenigen zur Verfügung stehenden Wochen – Eira hatte nicht so viele Urlaubstage bekommen wie erhofft – alle eingeplanten Häfen und Inseln ansteuern zu können.

Aiolos, der Gott der Winde, meinte es vorläufig gut mit uns. Bei strahlendem Sonnenschein glitt die SOLVEIG über die nur leicht bewegte See weiter nach Süden, und schon gegen Mittag lag vor uns die Insel Chios, unser nächstes Ziel. Immer lustig und fröhlich, hatte Eira ein kräftiges Mittagessen zusammengestellt: Würstchen mit Kartoffelbrei und dazu Pilzsoße, alles noch deutsche

Lebensmittel, die von der Russlandfahrt übrig waren und die wir in den kommenden Wochen aufbrauchen wollten. Abwechselnd, damit immer einer als Wache auf dem Oberdeck blieb, stillten wir unseren Hunger.

Im Hafen von Chios, wo wir am späten Nachmittag festgemacht hatten, stellte ich zu meinem großen Kummer fest, dass die Wasseraufbereitung mit dem »Watermaker« nicht mehr reparierbar war. Die Filter und vor allem die feinen Membranen waren von den russischen Strömen her so verstopft, dass nur eine Neuanschaffung helfen konnte, zu der sich in den kommenden Wochen keine Gelegenheit bot.

Wir blieben nur eine Nacht. Durch den Anbau von Mastixsträuchern zur Gewinnung von leicht löslichem Leim und Kolophonium hatte Chios einst Bedeutung erlangt, schien uns aber nicht besonders attraktiv zu sein. Zudem hatte Dieter Schmerzen in einer von der Gicht geschwollenen Zehe. Also weiter nach Süden!

Ikaria war die vorläufig letzte Insel, die wir unter normalen Wetterbedingungen ansteuern konnten. Wir übernachteten im Hafen, wo uns freundliche Fischer einen Liegeplatz zugewiesen hatten. Als wir morgens zu früher Stunde ausliefen, begrüßte uns schon heftiger Schwell, der die Fahrt an der Küste entlang erschwerte. Dieters Gicht war nicht besser geworden, er lag traurig auf seiner Koje, und als er merkte, dass wir mit dem Seegang zu kämpfen hatten, dass Gegenstände zu rutschen und zu fallen begannen, wollte er uns trotz seiner Schmerzen helfen. Ich musste meine ganze Überredungskunst einsetzen, um ihn in der Waagerechten zu halten.

Ein unterseeischer Vulkanausbruch

Bereits gegen Mittag hatten wir vollen Sturm. Der aggressive Wind von Stärke 8 baute einen immer höheren Seegang auf. Poseidon zürnte, das Ägäische Meer zeigte uns mit vier Meter hohen Wellen seine Macht. Für ein Motorboot, das keinen tiefen Kiel besitzt, konnte das kritisch werden. Von einer Mahlzeit oder sonstiger Entspannung war keine Rede mehr. Wir überlegten vielmehr, wie uns eine Kursänderung außer Gefahr bringen könnte. Auf der Seekarte suchte ich einen neuen Zielhafen und änderte Kurs auf Denousa. Doch auch diesen Versuch musste ich nach kurzer Zeit abbrechen, zu wild wurde unser Boot herumgeschleudert. Der Tisch flog durch den Raum und wurde dabei beschädigt. Wir hielten uns irgendwo fest, aber es wurde schwierig, die Hände oder auch nur eine Hand am Steuer zu behalten. Ich versuchte, wieder auf den richtigen Kurs zu kommen, bevor die nächste See sich aufbaute und der Tanz von neuem begann.

Endlich hatten wir genug Süd und West gemacht, um die Insel Amorgos ansteuern zu können. Dort rundete ich nach elf Stunden einer turbulenten Fahrt die felsige Nordspitze und suchte die einzige geschützte Bucht, die uns Zuflucht bieten konnte. Welch eine Erleichterung, als die Wellen allmählich flacher wurden und das Boot etwas ruhiger lag! Mit dem Handy hatte ich Angelika erreicht und über den Sturm und unsere geänderte Route informiert. Dabei wurde mir klar, welche unschätzbare Hilfe, auch bei Seenot, die Technik uns mit diesen Geräten beschert hat. Ich atmete auf, als wir zwei Stunden später den Anker fallen ließen: endlich Ruhe! Es war Abend geworden. Nach einem reichlichen Essen fielen wir erschöpft, aber wie erlöst auf unsere Kojen. Wir waren vielleicht an die Grenze dessen gestoßen, was eine Motoryacht ohne ernsthafte Gefahr abwettern kann. Aber auch eine ganze Reihe großer Segelyachten hatte in der Bucht Zuflucht gesucht.

Angelika hatte einige unserer Freunde erreicht, und so erfuhren wir beim nächsten Anruf, dass der Sturm und der ungewöhnliche Seegang mit dem Ausbruch eines unterseeischen Vulkans bei Kreta zusammenhingen. Ausgerechnet in diese Turbulenzen waren wir hinein geraten! Da die erhoffte Wetterbesserung nicht eintrat, blieben wir einen weiteren Tag vor Anker. Arbeit gab es während der Liegezeit mehr als genug. Der Motor und andere Einrichtungen erforderten Kontrollen. In der Pantry musste aufgeräumt und der Keilriemen des großen 220-Volt-Generators nachgespannt werden.

Ios – immer noch ein Idyll

Bei dem Entschluss, Amorgos anzulaufen, hatte auch mein Wunsch mitgespielt, danach Ios zu besuchen, denn dorthin war es nur ein kleiner Sprung. Ios war auf einer meiner früheren Griechenlandfahrten meine Lieblingsinsel gewesen. Hatte sie ihr zauberhaftes Gesicht bewahrt? War der romantische Anblick des Dorfes, von dem ich meinen Freunden vorschwärmte, erhalten geblieben? So vieles hatte sich seither geändert. Neben hübschen kleinen Dörfern waren Hotelpaläste emporgewachsen, aus Bergpfaden waren Asphaltstraßen geworden.

Diese Gedanken gingen mir durch den Kopf, als ich Kurs auf die kleine Insel nahm. Der Wind hatte sich etwas beruhigt, und so gelangten wir schon nach vierstündiger Fahrt an die Küste von Ios. Aufs höchste gespannt suchte ich die versteckte Einfahrt zu dem herrlichen Naturhafen der Insel. Endlich öffnete sich die Kluft zwischen Felsen, und ich sah das wohlbekannte Bild vor mir: die kleine Kirche am Berghang, die malerische Wasserfront mit ihren schmucken Häusern oberhalb des Kais... Ja, wirklich, alles schien so geblieben zu sein wie damals in den Sechziger-Jahren, als ich zum ersten Mal auf der Fahrt nach Santorin hier festgemacht hatte. Erinnerungen an glückliche Tage in meinem damaligen, nur fünf Meter langen Segelboot wurden wach. Mit jeder Minute, in der wir uns der Pier des Dorfes näherten, fand ich meine Hoffnung bestätigt. Zwar waren einige moderne Gebäude und ein großes Hotel entstanden, aber der romantische Gesamteindruck war erhalten geblieben. Man hatte sich Mühe gegeben, die dörfliche Atmosphäre nicht durch Betonbauten zu zerstören.

Obendrein hatten wir besonderes Glück und bekamen einen ruhigen Liegeplatz an der Kaimauer in Ortsmitte, während draußen noch immer die Wellen anrollten. Auch die Anmeldung im Hafenbüro verlief schnell und einfach. Sogleich schlenderten wir über die Uferpromenade zu einem kleinen Supermarkt, der dort erbaut worden war, wo früher nur Hütten gestanden hatten. Nach dem Abendessen beschlossen Eira und ich, inspiriert von den weißen Häusern am steilen Hang, einen längeren Spaziergang zu dem höher gelegenen Teil des Dorfes zu unternehmen. Dieter war leider immer noch an die Koje gefesselt.

Wir aber wollten auf den Hügelkamm steigen, um einen Blick von oben auf die felsige Landschaft, die Bucht und die Kirche werfen zu können. Der Weg dahin verlief durch enge Gassen, die von Gärten mit reichem Blumenschmuck gesäumt waren. Eira war begeistert, und tatsächlich gehörte der Blick vom Kirchgarten auf die langsam in der Dämmerung versinkende Bucht mit den funkelnden Lichtern zu den schönsten Eindrücken der ganzen Fahrt.

Über Santorin nach Kreta

Nach diesem Zwischenspiel auf Ios hieß es nun, eine weite Seestrecke in Richtung Kreta zu bewältigen. Vor uns im Morgendunst lag die geheimnisvolle Insel Santorin, die wegen ihrer Vulkantätigkeit zeitweise in den Ruf gelangt war, das legendäre Atlantis gewesen zu sein. Diesen Anspruch konnte sie jedoch trotz intensiver Ausgrabungen nicht erhärten. Wohl aber hatten hier einst (1628) schwere Vulkanausbrüche stattgefunden, die eine gewaltige Flutwelle möglicherweise bis an die Küste Kretas sandten.

Santorin ist ein Naturwunder besonderer Art: Die ganze Insel besteht nämlich aus einem mit Meerwasser gefüllten Krater, in dessen Kessel bei weiteren Ausbrüchen zwei neue Inseln entstanden: Nea Kameni und Palaia Kameni, das neue und das alte Kameni. Letzteres, eigentlich nur ein kleiner Haufen Lavagestein von 100 Metern Höhe, wurde in den Fünfziger-Jahren wieder tätig. Als ich im Frühjahr 1963 Santorin zum ersten Mal ansteuerte, sah ich noch im Schlund rotglühende Lava kochen. Das Gestein ver-

Santorin (rechts):
Die alte englische Seekarte von 1846, die ich 1962 in Piräus erwarb und mit der ich die Fahrt durch die Insel und den Besuch des Vulkans mit meinem Fünf-Meter Boot wagte.
Die Inseln Neo Kaimeni und Palaio Kaimeni (Alt-Kaimeni und Neu-Kaimeni) entstanden bei einem Vulkanausbruch im 18. Jahrhundert. Der grosse Krater ist seither noch immer aktiv. Schwefeldampf und rote Lava sind gut sichtbar. 1956 kam es zum vorläufig letzten Erdbeben.

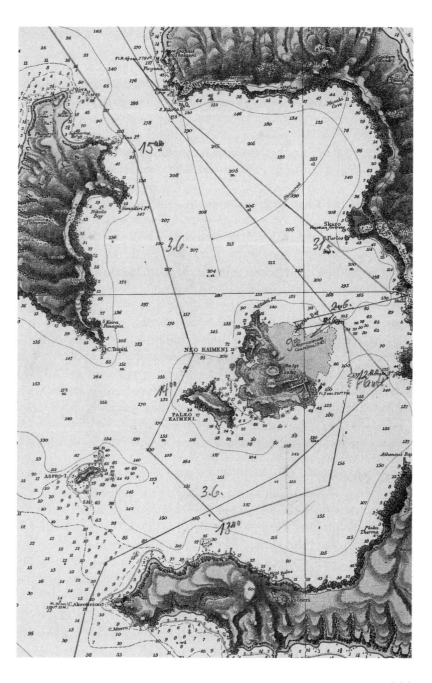

brannte mir die Füße, als ich versuchte, auf dem schmalen Pfad vom Gipfel des Minivulkans zu meiner Jolle zurückzukehren.

Diesmal näherte ich mich voll freudiger Neugier der landschaftlich so imponierenden Vulkaninsel. Schon die Einfahrt zwischen den dunklen, steil aufsteigenden Felswänden war so eindrucksvoll wie früher. Ich spürte auch die Begeisterung von Eira und Dieter, die auf einen solchen Anblick kaum gefasst waren, denn Santorin war in meinem ursprünglichen Reiseplan nicht aufgetaucht. Allerdings gab es in dem Krater mit seinen Steilwänden keine Möglichkeit zu ankern. Nur in einer engen Bucht von Kameni lagen zwei Ausflugsboote, die vor den Stürmen der vergangenen Tage dorthin geflohen waren. Gerne wäre ich noch einmal auf den Gipfel und zum Rand des Kraters gestiegen, aber trotz mehrerer Versuche fanden wir keinen Platz, an dem wir die SOLVEIG hätten festmachen oder verankern können. Mit meiner unerfahrenen Mannschaft wollte ich kein Risiko eingehen, deshalb entschloss ich mich gegen elf Uhr, also reichlich spät, doch noch die Überfahrt nach Heraklion auf Kreta zu beginnen.

Der Seegang war noch immer ungemütlich steil, und die Distanz von 75 Seemeilen würde uns zu schaffen machen. Das Boot rollte heftig, aber im Lauf des Nachmittags wurde der Wind glücklicherweise etwas schwächer. Nach neunstündiger Überfahrt sahen wir endlich den Leuchtturm des alten, geschichtsträchtigen Hafens der Inselhauptstadt Heraklion vor uns.

Es war dunkel geworden, und zu so später Stunde konnte ich kaum mehr mit einem Liegeplatz rechnen. Außerdem liegt der Sportboothafen im hintersten Teil des großen Handelshafens, und in der Dunkelheit konnte ich es nicht wagen, in diesen Bereich zu steuern, obwohl ich einen guten Plan der Anlagen besaß. So blieb uns nichts anderes übrig, als an der großen Mole eine Stelle zu suchen, wo wir wenigstens zwei Leinen ausbringen konnten. Die Nacht wurde grässlich, denn der draußen noch immer beachtliche Seegang lief durch die Einfahrt in den ganzen Hafen und ließ das Boot ständig an der Mauer schrammen. Natürlich hatten wir Fender ausgebracht, aber das reichte nicht. Übernächtigt und gereizt unternahm ich am Vormittag den Versuch, im Sporthafen ein Plätzchen zu finden.

»Nur weg von hier!«

Obwohl ein Yachtklub am Hafen lag und hier und da Personal herumlief, kümmerte sich niemand um die Gäste. Ich drehte eine langsame Runde nach der anderen. Schließlich war es ein deutscher Segler, der uns zurief, dass alle Plätze mit einheimischen Yachten belegt seien. Er half mir weitersuchen, meinte, ich solle in einer halben Stunde wiederkommen, und fand schließlich eine Lücke, wo eine Yacht gelegen hatte. Dort machten wir fest, aber es dauerte nicht lange, da kam ein griechischer Angestellter des Klubs und hieß mich, den Platz sofort zu verlassen, er sei fest vermietet. Dabei ist es international üblich, dass ein Yachtklub, der von der Hafenverwaltung Liegeplätze erhält, eine Anzahl für Gäste zur Verfügung stellt. Dies jedoch schien auf Kreta nicht zu gelten.

Beim Hafenamt erwartete uns anschließend endloser Papierkram und eine Gebühr für die miserable Nacht. Ich spürte so richtig, wie wehrlos man mit einem Boot gegenüber örtlichen Schikanen ist. Später tröstete ich mich damit, dass diese Art der Gästebehandlung in Griechenland eine Ausnahme blieb. Aber für diesmal mussten wir auf einen Landgang verzichten, wir waren viel zu müde, und die Anmeldung hatte uns viel Zeit gekostet. Das Hafenamt bemühte sich in keiner Weise, uns einen akzeptablen Platz für die kommende Nacht zu besorgen, im Gegenteil: Man wies uns eine noch schlechtere Stelle an der hohen Kaimauer zu.

Aber es kam noch schlimmer: Um ein Uhr nachts klopfte plötzlich ein Offizier an unsere Fenster und rief mir zu: »Aufstehen! Sie müssen hier weg!«

Völlig verwirrt und todmüde fragte ich: »Wohin?«

»Das weiß ich auch nicht«, antwortete er, »aber hierher kommt eine große Yacht. Suchen Sie sich einen anderen Platz, irgendwo!«

In dem finsteren Hafen war das ohne Schaden so gut wie unmöglich. Auf meinen drei Weltumsegelungen und auch in Russland war mir eine so unfreundliche Behandlung noch nie widerfahren. Dieter und Eira wunderten sich, dass ich ruhig und höflich blieb. Aber mir war klar, dass letztlich der Bootsbesitzer für alle Schäden, die im Ausland entstanden, selbst aufkommen musste und dass Prozesse selten oder nie zum Erfolg führten.

Meine beiden Freunde hatten sich inzwischen etwas angezogen, und ich erklärte ihnen, was zu tun war. Trunken vor Müdigkeit taumelten sie auf dem Kai entlang, fanden jedoch erst nach mehreren vergeblichen Versuchen schließlich eine Stelle, an der wenigstens ein Haken in der Mauer das Belegen einer Leine ermöglichte. Richtig festmachen konnten wir das Boot trotzdem nicht, und so schrammte es denn auch kräftig an den Steinen. Dies und mein Zorn verdarben mir den dringend nötigen Schlaf für den Rest der Nacht.

Am Morgen sahen wir dann betroffen die tiefen Kratzer im Lack. Trost war mir nur der Gedanke, dass mir diese Behandlung den Abschied von dem früher so geliebten Griechenland erleichtern würde. »Nur weg von hier!« hieß die Parole.

Aber wohin? Wir wollten weiter nach Malta, also nach Westen, und mussten im letzten Hafen von Kreta, in Chania, noch einmal Diesel bunkern. In dieser Richtung verzeichnete die Karte nur einen kleinen Ankerplatz vor dem Dorf Bali. Dort sah ich die einzige Möglichkeit, noch einmal zu unterbrechen und eine Nacht Schlaf nachzuholen, bevor wir dann die längste Überfahrt der Reise, nämlich die 500 Seemeilen nach Malta, antreten konnten.

Im Palast von Knossos

Wir erreichten Bali am späten Nachmittag und waren begeistert: eine hübsche Ortschaft ohne große Hotelkästen, und davor eine Mole, die in der sonst offenen Bucht einigen Schutz bot. Kristallklares Wasser, wie ich es lange nicht mehr gesehen hatte, erleichterte das Ankern. Wir mussten lange an der Kette bleiben, bis der einzig wirklich gute Liegeplatz frei geworden war, aber dann lagen wir herrlich: Es gab eine saubere Betonmauer mit Pollern, um unsere Leinen anzubringen, eine Wasserleitung in der Nähe und guten Schutz vor Wellenschlag, der schon durch eine vorgelagerte felsige Landzunge gemindert wurde. Bald wurde unsere Flagge von zahlreichen Feriengästen aus Deutschland gesehen, und so erfuhr ich, dass über unsere stürmische Überfahrt nach Ios kurz in den heimischen Zeitungen berichtet worden war. Sogar in Belgien hatte man von unserem Abenteuer erfahren. Die Urlauber erzählten, dass das Erdbeben auch hier stark zu spüren gewesen war und dass zum Beispiel die Tassen vom Tisch flogen.

Leider ging es Dieter mit seiner Gicht noch immer nicht besser, er konnte den Fuß kaum aufsetzen. Dennoch war er so tapfer, die geplante Fahrt nach Knossos und zu den Ausgrabungen des minoischen Palastes mitzumachen. Nach Troja wurde dies ein weiterer Höhepunkt unserer Mittelmeerfahrt, und auch Eira, die sich bislang nicht so intensiv mit Griechenland beschäftigt hatte wie wir beiden Humanisten, freute sich über die sehr vollständigen und erfolgreich restaurierten Ruinen des Palastes von König Minos. Herrliches Wetter besserte unsere Stimmung zusätzlich – und dazu ein sehr netter Fahrer, der uns für wenig Geld über die Insel kutschierte. Wir mussten die ganze Entfernung zurücklegen, die wir tags zuvor über See gefahren waren, aber die Straße war gut und die Landschaft aufregend schön. Oft hatten wir freien Blick auf die hohen Berge Kretas einschließlich des berühmten Berges Ida mit seinen 2500 Metern. Er trug in diesem Jahr noch immer eine malerische weiße Schneehaube.

Ich kannte Knossos von meinem früheren Besuch her und war deshalb erstaunt, dass hier ebenso wie in Troja fleißig weitergearbeitet wurde. Dieter als Kenner der Antike war davon weniger begeistert, denn die Nach- und Ergänzungsbauten, so meinte er, würden die Originalruinen eher verfälschen. Die Beliebtheit von Knossos beim größten Teil der Touristen hatte darunter jedenfalls nicht gelitten. Mehrere Arbeitsgruppen waren damit beschäftigt, weitere Teile des eindrucksvollen Palastes zu ergänzen.

Gegen 14.00 Uhr waren wir zurück in Bali, nachdem wir auf dem Markt von Heraklion noch einen Vorrat an Lebensmitteln, insbesondere frischen Fisch und die guten Kreta-Kartoffeln eingekauft hatten. Nun hieß es, so rasch wie möglich Chania am westlichen Ende der Insel zu erreichen. Gewiss hätte es den einen oder anderen Hafen als Zwischenstopp gegeben, doch nur mit erheblichem Umweg und zusätzlichem Zeitverlust. Eira aber musste ihren Termin beim Finnischen Fernsehen genau einhalten.

Start mit Hindernissen

Nach Mitternacht spüre ich plötzlich eine kräftige Brise. Warmer Südwind fegt über die Hügel und drückt das Boot auf die Seite. Um 04.00 Uhr wird es gefährlich, die Leinen können das Boot nicht mehr halten; ich mache los und kreuze in die Mitte der Bucht, wo wir Anker werfen. Im ersten Tageslicht kommt unser Freund, der Chauffeur vom Vortag, und hilft, indem er uns die in der Nacht zurückgelassenen Leinen zuwirft. Bei Windstärke fünf baut sich einiger Seegang auf, aber ich will nicht mehr zurück.

Um 11.00 Uhr machen wir in Rethymnon fest, das liegt etwas näher als Chania. Unser Freund ist uns mit dem Pkw nachgefahren, steht an der Pier, nimmt unsere Leinen an und hat bereits von Bali aus den Tankwagen bestellt, der um 16.00 Uhr auch eintrifft. Wir füllen über tausend Liter Diesel in unsere Tanks, so viel habe ich kaum jemals auf einmal gebunkert. Später bekommen wir auch Strom und Wasser, nachdem zwei Mann die Messuhr repariert haben.

Noch nie bin ich mit dem Motorboot eine so weite Seestrecke in einem Stück gefahren. Mein Vorhaben beeindruckt auch den Tankwagenfahrer und unseren Freund. Meine Crew allerdings zeigt keinerlei Nervosität, sie verlässt sich auf mich. Und ich selbst? Nun, ich bin lange Überfahrten gewöhnt, habe aber vielleicht noch nicht ganz begriffen, dass ich nicht mehr auf einem Segelboot sitze. Aber ich traue mir zu, auch das Motorboot bei jedem Wetter zu beherrschen.

Um 06.00 Uhr früh wandern wir zum Hafenamt und zum Zoll und klarieren aus – für Malta. Um 11.00 Uhr heißt es: Leinen los! Um 12.00 Uhr runden wir Kap Akrotiri und nehmen endgültig Abschied von Kreta. Ich bin sicher, die Insel nicht so bald wiederzusehen, aber ich kann nicht ahnen, dass ich schon ein paar Wochen später wieder in Rethymnon herumwandern werde: als Gast des deutschen Fernsehsenders Vox.

Nach der Rundung des Kaps empfängt uns eine grobe See, Wind und Wellen stehen uns genau entgegen. Ich fange an, mir Sorgen zu machen, ob der Treibstoff unter diesen Umständen bis Malta reichen wird. Ein Alptraum, wenn er auf hoher See ausginge! Daran will ich nicht mal denken! Gewiss, ich habe den Verbrauch genau berechnet und wegen unseres hohen Gewichts – auch die Wassertanks sind voll – noch einmal zehn Prozent zugegeben. Das müsste reichen. Aber die See ist grausam, Welle um Welle rollt uns entgegen, schäumt in die Höhe und hemmt die Fahrt. Es hat keinen Zweck.

Schweren Herzens entschließe ich mich, nun doch zurück und nach Chania zu steuern. Dieter ist erleichtert. Aber im Hafen wird gebaut, es ist wenig Platz. Erst in einem Becken im hinteren Teil entdecke ich eine Lücke. Wir dürfen einen Tag bleiben.

Am nächsten Morgen, ich bin schon zeitig wach, herrscht völlige Windstille. Ich kann es kaum glauben, dass die See auf einmal so ruhig geworden ist. Erst als ich feststelle, dass in der Nacht kräftiger Tau gefallen ist, beschließe ich den endgültigen Start. Diesmal ist Dieter nicht mehr für die Weiterfahrt, er wünscht sich eine nochmalige Unterbrechung in Italien. Dann aber wären alle meine Pläne hinfällig, und ich lehne ab.

Um 11.00 Uhr machen wir los. Die See ist glatt, Himmel und Wasser verschwimmen im Dunst. Eira ist bester Stimmung und freut sich, dass wir weiterkommen. Nachmittags rollt eine gewaltige Dünung aus Nordwest heran, bei völliger Windstille: die Reste des stürmischen Wetters der letzten Tage. Da auch während der Nacht kein Wind aufkommt, haben wir am zweiten Tag endlich ruhige See. Stattdessen bedroht uns eine neue, völlig unerwartete Gefahr.

Als wir mittags ruhig dahingleiten, überholt uns ein russischer Frachter. Offenbar sieht der Kapitän die russische Beschriftung am Bug, die wir noch nicht entfernt haben, ändert seinen Kurs und schneidet den unseren. Dabei entgehen wir nur um Zentimeter einer Kollision. »Der ist verrückt!« schreie ich entsetzt. Der Kapitän hat wohl nicht bedacht, dass ich nicht so schnell ausweichen kann, wie er auf mich zukommt. Ich habe keine Flagge gesetzt, er auch nicht. Er schreit auf Russisch, dann in gebrochenem Englisch zu uns herüber: »You are in danger!« Damit hat er Recht, aber die Gefahr geht von ihm aus!

Ich verstehe nicht, was er sich dabei dachte, als er so abrupt den Kurs änderte. Mit drei Metern Abstand braust er endlich an uns

261

vorbei. Nach einiger Zeit sehe ich zu meinem Schrecken, dass er nochmals den Kurs wechselt und wieder auf uns zuhält. Da bekomme ich Angst. Was will der bloß von uns? Erst als ich in eine gänzlich andere Richtung halte, verliert sich sein Schiff in der Weite des Meeres. Noch lange sitzt uns der Schreck in den Gliedern.

Historisches Malta

Um 17.00 Uhr rechne ich aus, dass die Reststrecke bis Malta nur noch 120 Seemeilen beträgt. Wir haben es fast geschafft, müssen nur noch eine Nacht auf See verbringen. Schon um 08.00 Uhr am nächsten Morgen sind wir im Bereich der Reede von Malta. Die Stadt Valletta und die alte Festung mit ihren riesigen Mauern liegen vor uns, und ich kann mit Angelika über Mobiltelefon ein paar Worte wechseln. Um 11.30 Uhr sind wir im Hafen und finden im hinteren Teil der großen Becken auch eine Marina. Wir werden wahrgenommen und bekommen sogleich einen Platz zugewiesen. Man kümmert sich, bemüht sich, dass wir vor Schwell geschützt liegen und dennoch leicht an Land gelangen können. Sogar eine extra Laufplanke zum Aussteigen wird angefertigt.

Wir haben in 72 Stunden Überfahrt 490 sm zurückgelegt. Ich bin zufrieden mit der SOLVEIG, dem Motor und mit der Ausrüstung. Ein zuverlässigeres Boot ist kaum vorstellbar. Ich bin auch zufrieden mit mir und meiner Navigation. An diesem Platz habe ich bereits 1975 gelegen, am Beginn meiner zweiten Weltumsegelung, von Istanbul kommend und auf dem Weg nach Gibraltar. Damals wurde ich in meinem kleinen Sieben-Meter-Boot von einer deutschen Reiseleiterin betreut, die zufällig auf das Boot mit deutscher Flagge aufmerksam geworden war. Sie ermöglichte mir meine Einkäufe mit ihrem Auto, aber diesmal müssen wir uns erst umsehen, wo Lebensmittel zu finden sind. Wie wir hören, befindet sich in einiger Entfernung, etwa 20 Minuten zu Fuß, ein Supermarkt mit ordentlicher Auswahl. Dorthin wandern wir zu dritt, um unsere Vorräte zu ergänzen.

Imponierend sind die vielen Geschäfte mit hochklassiger Bootsausrüstung, denn hunderte von Yachten laufen jedes Jahr Malta an und bleiben teilweise ganzjährig in den gut geschützten, großen

Häfen. Ihre Anlagen, Kais und Lagermöglichkeiten gehen noch auf die britische Flotte zurück, die hier über ein Jahrhundert lang ihren wichtigsten Stützpunkt im Mittelmeer unterhalten hat. Deutsche Bombenangriffe waren daher während des Zweiten Weltkriegs an der Tagesordnung, blieben aber zum Glück der Bevölkerung letztlich erfolglos.

Ich nehme mir vor, verschiedene Ersatzteile für das Boot zu kaufen, nicht aber gleich am ersten Tag. Denn da sind zunächst einmal die Anmeldeformalitäten zu erledigen, und danach hole ich die gut verpackten Deckstühle und einen Tisch aus ihrem Versteck in der Vorderkajüte, und wir richten uns einen gemütlichen Essplatz auf dem Achterdeck ein. Darüber spannen wir das Sonnendach und genießen nun beim Essen den Blick auf die mächtigen alten Mauern der Stadt mit ihren zahlreichen berühmten Kirchen und Festungstürmen, die so viele kriegerische Auseinandersetzungen gesehen haben. Auch einige Kreuzzüge haben von hier ihren Ausgang genommen. Wir können es kaum erwarten, einen ausführlichen Rundgang durch die Stadt mit ihren Sehenswürdigkeiten zu unternehmen, zumal wir mit Dieter einen so guten Kenner der Kreuzfahrergeschichte bei uns haben.

Eine Beute vieler Völker

Mit dem Bus fuhren wir zum Zentrum von Valletta und wanderten dann durch ausgedehnte Parkanlagen und die engen Straßen der mittelalterlichen Inselhauptstadt. In gewissem Sinn schien hier die Zeit stehen geblieben zu sein. Die ganze Stadt wirkte wie eine einzige riesige Festung und dadurch vor allem wie ein lebendes Museum. Im Mittelpunkt standen für uns allerdings weniger die Festungsanlagen als vielmehr die vielen alten Kirchen und besonders die große Kathedrale aus der Zeit der Kreuzritter.

Die Geschichte Maltas geht bis in die Ursteinzeit zurück. Später herrschten auf dieser wichtigen Insel zwischen Europa und Afrika so ziemlich alle Völker, die als Seemächte Bedeutung erlangt hatten. Dazu gehörten zunächst die Phönizier, dann die Karthager und die Römer. Später kamen die Ostgoten und dann von Byzanz aus die Herrscher des oströmischen Reichs. Es folgten die Muslime und danach sogar die Normannen von Sizilien aus. Seit 1530 belehnte Kaiser Karl V. den Johanniterorden mit Malta. Mehrmals versuchten Muslime, die Festung zu stürmen, große Schlachten wurden geschlagen, aber der Ritterorden konnte sich behaupten und blieb auf Malta, bis Napoleon die Festung besetzte. Nach ihm bauten die Briten die Insel als wichtigen Stützpunkt aus. Heute ist Malta ein selbstständiger Staat mit eigener Währung und seit kurzem ein Mitglied der Europäischen Union. Die Orden der Ritter betreuen weiterhin ihre Kunstwerke, und es war eindrucksvoll für uns zu sehen, wie viele Namen großer deutscher und vor allem französischer Geschlechter in den Kirchen verewigt sind. Die kirchlichen Aktivitäten in Valletta waren erstaunlich. Abends hörte man das Knallen von Feuerwerken, die mit jedem Fest und jeder religiösen Feier einhergingen.

Nach einer Woche wollten wir die Fahrt fortsetzen, aber das Wetter drohte sich zu verschlechtern. Ein weißer Sonnenuntergang verhieß nichts Gutes. Dennoch versuchte ich den Start, aber das war ein Fehler und kostete uns am Ende zwei ganze Tage. Schon mit unguten Gefühlen verließ ich morgens den malerischen Hafen und musste bereits nach drei Stunden auf See – unser nächstes Ziel sollte die traditionsreiche tunesische Stadt Sousse sein – nahe der Küste Maltas ankern. Der Seegang war seit dem Morgen ständig gewachsen und hatte gegen Mittag eine für uns untragbare Stärke erreicht. Ich wartete zwei Stunden vor Anker auf ein Nachlassen des Windes, der aber gnadenlos in immer heftigeren Böen von den Hügeln Maltas herunterschoss. Schließlich musste ich einsehen, dass ein Rückzieher vernünftiger war als eine gewaltsame Weiterfahrt. Selbst im Hafen waren Wind und Schwell noch unangenehm spürbar.

Leider war Sonntag und die Marina deshalb geschlossen. Uns blieb nur übrig, im Hafenbecken zu ankern und den Morgen abzuwarten. Ich war traurig und nervös. Nichts schien mehr zu klappen. Dieter hatte sich kurz vor der Ausfahrt verletzt, als er von der schwankenden Laufplanke ins Wasser fiel, und auch sein Gichtfuß war nicht besser geworden. Nun hieß es warten. Warten auf ein Nachlassen des Windes, denn das Risiko einer erneuten Sturmfahrt wollte ich nicht auf mich nehmen.

Im Büro der Marina sagte mir der Chef, es hätte noch niemals im Sommer so oft stürmischen Wind gegeben wie in diesem Jahr. Nun denn – dann mussten wir eben die verlorenen Tage an anderer Stelle wieder gutmachen!

Eira hatte geplant, von Bastia auf Korsika nach Helsinki heimzukehren. Ich fragte sie: »Wäre es vielleicht möglich, dass du statt von Frankreich aus von Sardinien nach Finnland fliegst? Dann könntest du pünktlich zurückkehren, und wir hätten einen oder zwei Tage für Tunesien gewonnen.« Reisegewohnt meinte sie: »Das ist kein Problem, meine Freundin kann das umbuchen.«

Diese Bereitschaft zur Änderung ihrer Pläne war eine große Erleichterung für mich. So konnten wir die Tage auf Malta noch genießen, ohne Tunesien aufgeben zu müssen. Dort war ich 1959 auf meiner ersten Fahrt über das Mittelmeer mit meiner nur fünf Meter langen Jolle angekommen. Damals war Tunesien noch französische Kolonie. Wie würde das alte arabische Sousse jetzt aussehen?

Wir erledigten ein paar kleine Besorgungen, doch die rechte Lust fehlte uns. Auch am nächsten Tag meldete das Wetteramt stürmische See. Wir ruhten uns aus. Endlich, am dritten Tag, schien uns Neptun etwas freundlicher gesonnen.

Ein Höllenritt

Vorsichtshalber wartete ich noch bis 10.30 Uhr, dann machten wir endgültig los. Ich war voller Hoffnung, wusste uns aber keineswegs in Sicherheit. Und tatsächlich, die Nacht wurde schrecklich, obwohl Eira und Dieter ihr Bestes taten. Wir mussten ständig Wache gehen, denn wenn auch der Wind allmählich auf Stärke 4 nachgelassen hatte, so blieb der Seegang doch bedrohlich.

Schlimmer als die See machten uns die überall ausgelegten Fischernetze mit ihren zum Teil unbeleuchteten Tonnen und Bojen zu schaffen. Immer wieder tauchte so ein Schatten im Wasser vor uns auf, dann konnte nur eine blitzschnelle Kursänderung den Zusammenstoß vermeiden. In weiter Ferne erkannten wir manchmal die Lichter eines Fischtrawlers. Also handelte es sich nicht um Schleppnetze, sondern um diese mörderischen Treibnetze, in denen alles Leben vernichtet wird. Unsere Nerven waren zum Zerreißen gespannt.

Nachdem Eira mich um Mitternacht abgelöst hatte und tapfer versuchte, das Boot auf Kurs zu halten, ohne dabei eine der Netzbojen zu übersehen, wurde sie plötzlich ohnmächtig und fiel aus der offenen Tür aufs Deck. Dieter hatte das Unglück beobachtet und rief mich zu Hilfe. Entsetzt sah ich Eira auf den Planken liegen, den Kopf unter der Reling. Dieter gelang es, die Bewusstlose aufzurichten, und gemeinsam zogen wir sie in die Kajüte hinein. Wie betäubt vor Erschöpfung und Schwäche schlief sie bis zum Morgen.

Gegen 02.00 Uhr nahm die Zahl der Netze nochmals zu, und auch der Seegang hatte eine unangenehme Stärke erreicht. Alle Gegenstände, die nicht festgelascht waren, gerieten ins Rutschen. Dieter hielt mit mir Wache, denn allein konnte ich die See nicht nach beiden Seiten hin überblicken und die plötzlich aus der Nacht auftauchenden unbeleuchteten Tonnen erkennen. So blieb ich ohne Schlaf bis zur Ankunft.

Durch übergroße Feuchtigkeit war überdies der Generator oder der Regler für die 220-Volt-Anlage ausgefallen, sodass wir weder Strom noch Gas zum Kochen hatten. Die Gasflasche hatten wir in der Türkei nicht nachfüllen können, und auch in Griechenland passten die Gewinde der Schläuche nicht.

Um 16.30 Uhr endlich liefen wir in den Marinahafen Monastir ein, nahe der Stadt Sousse. Es war wie eine Heimkehr nach schweren Stunden und Tagen. Der besonders freundliche Empfang, die sauberen Kaianlagen und die romantische Architektur ließen mich endlich zur Ruhe kommen. Ich konnte kaum mehr denken, wollte nur noch schlafen, und meinen Freunden ging es nicht besser. Auch sie waren restlos erschöpft und begrüßten dankbar die vorbildlich eingerichtete Marina.

Unsere Freude war riesengroß: Wir hatten es geschafft, Tunesien, Nordafrika, waren nun erreicht! Ebenso groß war die Erleichterung, in einem geschützten Hafen angekommen zu sein, nicht zuletzt dank des großartigen Bootes, das meine Freunde und mich durch Sturm und Wellen hierher getragen hatte. Irgendein Defekt, etwa das Versagen der automatischen Steuerung oder der

Bilgenpumpe, hätte unerträgliche Belastungen zur Folge gehabt. Wenn auch nur ein Fenster undicht geworden wäre, hätte es zu unberechenbaren Reaktionen kommen können. Aber jetzt wussten wir: Auf dieses Boot konnten wir uns verlassen. Und Monastir versprach uns als wunderbar sauberer und sicherer Hafen die dringend benötigte Ruhepause.

Tunesien und Karthago

Ich beschloss deshalb, unsere Besichtigungen von hier aus mit Mietautos zu unternehmen und uns weitere Fahrten von Hafen zu Hafen zu ersparen. So erreichten wir im Taxi zunächst die nahe Stadt Sousse und besuchten die Altstadt innerhalb der Mauern der Kasbah mit ihren Souks und orientalischen Märkten. Mit einem Mal war bei meinen Freunden und mir die gute Stimmung wiederhergestellt, als hätten wir nicht noch kurz zuvor übermüdet um jede Meile der Überfahrt gekämpft. Vergessen waren die schweren Stunden auf See, das schlimme Wetter bei Malta und während der Nachtfahrt. Vergessen auch die Ohnmacht von Eira und der kranke Fuß von Dieter.

Trotz glühender Hitze fuhren wir mit dem Bus durch die Wüste in die alte Festung Kairouan mit ihren hohen, gut erhaltenen Mauern und ihrer beeindruckenden Moschee, deren Säulen noch aus der Römerzeit stammen. Am folgenden Tag, die Zeit war nun knapp geworden für Eira, steuerte ich bei sehr ruhigem und strahlend schönem Wetter eine kurze Strecke an der Küste entlang bis Hammamet. Die Marina dort war noch luxuriöser, aber auch etwas steril und wohl der hohen Preise wegen völlig leer. Egal! Wir wollten nur kurz bleiben, Tunis besuchen und dann weiter nach Sardinien fahren.

Wie geplant, nahmen wir ein Taxi in die Hauptstadt, wo Eira endlich ihren Flug umbuchen konnte. Nun waren die letzten Tage der gemeinsamen Reise angebrochen und der Tag des Abschieds endgültig festgelegt... Als wir das Büro der Fluggesellschaft verließen, wandte ich mich an Dieter und Eira: »Ich möchte mit euch unbedingt noch die Ruinen von Karthago besuchen!« Dort hatte ich 1959 mein kleines Boot am Strand hochgezogen, es wog ja nur

250 Kilo. Dann war ich zwischen den Mauern der alten römischen Bäder herumgeklettert.

Der Taxifahrer freute sich über unser Interesse an seiner Heimat und versprach, uns das einstige Karthago ohne großes Aufgeld zu zeigen. Es wurde ein denkwürdiger Nachmittag! Bei schönstem Wetter besichtigten wir die interessantesten Teile der einst so bedeutenden Stadt, die fast das große alte Rom besiegt hätte. Aber die Römer behielten die Oberhand, zerstörten Karthago und gewannen die Herrschaft über Nordafrika.

Dieter war besonders tief beeindruckt. Wir besuchten mit ihm das Museum, in dem wertvolle Kunstwerke ausgestellt waren, und seine Freude war deutlich zu spüren. So konnte ich meinen Freunden einen schönen Ausgleich für die mit mir erlebten Strapazen verschaffen und unsere Reise mit einem spektakulären Erlebnis abschließen.

Ein langer Törn klingt aus

Für die Überfahrt nach Sardinien benötigten wir bei dem ruhigen Wetter nur eine Nacht. Im Morgengrauen standen wir vor der sardischen Küste und fuhren dann weiter bis zum Hafen von Arbatax, wo Eira am nächsten Morgen den Bus zum Flughafen nehmen wollte. Uns schien jetzt alles viel zu schnell zu gehen. Obwohl wir froh sein mussten, dass die Überfahrt so glücklich verlaufen war, waren wir doch auch traurig, weil Eira uns verlassen musste und unser Trio sich damit auflöste.

Die Unternehmung war aber noch nicht zu Ende. Dieter und ich hatten von jetzt an die schwierige Aufgabe, das Boot nach Korsika und, wenn möglich, weiter bis Frankreich in ein Winterlager zu bringen. Dabei befanden wir uns im Bereich des Mistral, des wohl gefürchtetsten Windes an der Küste des Mittelmeers. Von Bastia auf Korsika aus würde dann auch Dieter seine Heimreise antreten.

In etwas gedrückter Stimmung machten wir nach einem letzten Frühstück, das uns Eira bereitet hatte, zu zweit die Leinen los und kreuzten bei ruhiger See nach Norden, entlang der Küste Sardiniens in Richtung Korsika.

Korsikas Hauptstadt Bastia bot uns noch einmal eine letzte Gelegenheit, durch romantische Gassen und vorbei an uralten Mauern zu streifen. Aber die rechte Freude an der schönen alten Stadt mit ihrem geschichtsträchtigen Hafen wollte bei uns nicht mehr aufkommen. Zu sehr stand für mich die Aufgabe im Vordergrund, für SOLVEIG VII einen Hafen zu suchen, wo sie sicher den kommenden Winter verbringen konnte. Es war Juli geworden, der Sommer war für mich zu Ende, denn eine Reihe von Verpflichtungen verlangten dringend meine Heimkehr an den Tegernsee. Dieter begleitete mich noch auf der Fahrt über das Ligurische Meer nach St. Raphael. Von dort folgte ich, seit vielen Jahren wieder einmal allein an Bord, der Küste der Provence bis Marseille und weiter zur Rhônemündung.

Es wurde eine für mich uninteressante und anstrengende Fahrt. Auch drei Tage mit hartem Mistral musste ich hinnehmen, aber selbst dies konnte mein wunderbares Glücksgefühl nicht schmälern: Ich hatte die Durchquerung Russlands im eigenen Boot bewältigt und damit eine Unternehmung vollendet, der ich unwiederholbare Eindrücke und Begegnungen verdankte. Darüber hinaus waren auf dem Mittelmeer wieder Erinnerungen lebendig geworden an lange zurückliegende, fast vergessene erste Abenteuer meiner Seglerlaufbahn. Wenn ich die SOLVEIG VII im nächsten Frühjahr die Rhône aufwärts in den Rhein und zurück nach Papenburg und Hamburg steuern würde, dann war eine Umrundung von fast ganz Europa gelungen.

Nachwort

Nach drei Weltumsegelungen über die großen Ozeane wollte ich mit einem Boot, das für die Befahrung von Binnengewässern geeignet war, die großen Ströme Europas kennen lernen. Sowohl in Ozeanien als auch in Nordamerika hatte ich bereits kleinere und größere Wasserwege befahren und war begeistert gewesen von der Möglichkeit, wochenlang auf Flüssen, Seen und Kanälen zu wandern und dabei von Tag zu Tag neue Eindrücke zu gewinnen. Allerdings wurde ich mir sehr schnell bewusst, dass ein Segelboot für diese Binnenfahrten nicht wirklich geeignet war, und wollte deshalb nach Abschluss meiner dritten Weltumsegelung auf eine Motoryacht umsteigen, die mir mit geringerem Tiefgang und ohne Behinderung durch Mast und Segel die Fahrt auf Flüssen und Kanälen erleichtern würde. So lernte ich in den neunziger Jahren den Rhein, die Elbe und die Oder kennen, später auch die Seine und die Themse. Mit einer Linssen Sturdy 36, einem Motorkreuzer von zehn Metern Länge, hatte ich auch keine Bedenken, die Meere Europas zu überqueren, die Nordsee, die Ostsee und nach einer Donaufahrt auch das Schwarze Meer. Von der Donau, dem zweitgrößten Strom Europas, war es dann ein logischer Sprung zur Wolga, dem größten Strom unseres Kontinents.

Die Wolga hatte mich schon seit meiner Kindheit zu Träumen angeregt, wurde sie doch in Liedern besungen, die mir vertraut waren, die wir als Kinder im Radio hörten und die mich zutiefst beeindruckten, als ich sie zum ersten Mal von den berühmten Donkosaken unter ihrem legendären Meister Serge Jaroff hören konnte. Der Urgroßvater meiner Mutter war zudem eine große Persönlichkeit gewesen, hatte in den Freiheitskriegen gegen Napoleon gekämpft und war vom Zaren zum russischen General befördert worden. Sein Porträt hing in unserem Wohnzimmer. Auch daher hatte ich mein ganzes Leben lang eine besondere Beziehung zu Russland.

In diesem Buch nun habe ich versucht, einen Eindruck davon zu geben, mit welchen Überlegungen und Schwierigkeiten, aber auch mit welcher Neugierde und Hingabe Angelika und ich diese Unternehmung begonnen und erfolgreich abgeschlossen haben. Da die Lebensumstände in unserem riesigen Nachbarland von allgemeinem Interesse sind und über die Wasserstraßen des Großreichs noch kaum Literatur zur Verfügung steht, habe ich diesen Bericht nicht allein für Wassersportler, sondern ebenso für alle Reiselustigen und Freunde fremder Länder im Osten Europas geschrieben.

Nicht nur, dass wir Gewässer befahren haben, die noch von keinem Boot der westlichen Welt erkundet worden sind, die Reise geschah auch unter völlig anderen Voraussetzungen, als ich sie von meinen Ozeanüberquerungen gewohnt war. Wir durchfuhren das riesige Russland, dessen Schrift und Sprache wir nicht beherrschten und in dem wir nicht nur auf die Unterstützung von zwei zuverlässigen Russen als Begleiter angewiesen waren, sondern unser Boot auch unter russischer Flagge führen mussten.

Hätte man mich früher gefragt, ob ich ein solches Wagnis eingehen würde, so hätte ich mit Bestimmtheit verneint. Nur Angelikas Begeisterung und mein Wunsch nach außergewöhnlichen Erlebnissen konnten mich schließlich für eine solche Expedition motivieren. Ihren Erfolg haben wir in besonderem Maß den Menschen Russlands zu verdanken, die uns trotz einer durch zwei Weltkriege belasteten Vergangenheit überall als Freunde willkommen hießen. Aber vielleicht haben gerade diese schicksalsschweren Jahrzehnte und das unermessliche Leid, das unsere Völker zu erdulden hatten, zu so viel Verständnis und gegenseitiger Verbundenheit beigetragen, wie wir sie erleben durften. Das Besondere dieser Fahrt wurde noch dadurch verstärkt, dass wir zwar in ein uns völlig unbekanntes Land vordrangen, aber von Anfang an gezielt den Gedanken einer deutsch-russischen Freundschaft betonten und darin auch von maßgeblichen Persönlichkeiten beider Länder unterstützt wurden.

ANHANG

Entfernungen

Anfahrt über die Ostsee von Lübeck nach St.Petersburg

Travemüde – Visby	360 sm
Visby – Helsinki – Kotka	370 sm
Kotka – St.Petersburg	120 sm
Insgesamt:	850 sm
= Kilometer	1575 km
Dazu: Papenburg – Lübeck	300 km
Anfahrt von Papenburg (Weener) zusammen	1875 km
St. Petersburg – Onegasee	400 km
Onegasee – Moskau	500 km
Moskau – Kasan	1300 km
Kasan – Samara	400 km
Samara – Saratow	300 km
Saratow – Wolgograd (letzte Schleuse bei Wolsk)	500 km
Wolgograd – Astrachan	500 km
Astrachan – Wolgograd (Schleuse Wolga-Don-Kanal)	500 km
Schleuse Wolga-Don-Kanal – Mündung Asowsches Meer	600 km
Durch Russland gefahrene Strecke insgesamt	**5000 km**
Weiterfahrt durch das Schwarze Meer:	
Von der Don-Mündung nach Jalta	300 sm
Von Jalta nach Istanbul	360 sm
Insgesamt	660 sm
= Kilometer	1220 km
Gesamtstrecke im 1. Jahr	**8095 km**

Im folgenden 2. Jahr:
Weiterfahrt über das Mittelmeer nach Frankreich:

Istanbul – Kreta	480 sm
Kreta – Malta	600 sm
Malta – Tunis	240 sm
Tunis – Bastia	360 sm
Bastia – Cannes	120 sm
Cannes – Marseille	150 sm
Insgesamt von Istanbul	1950 sm
= Kilometer	3613 km
Insgesamt von Emden bis Marseille	**11.708 km**
Letzter Abschnitt:	
Marseille – Koblenz – Köln – Berlin	**2300 km**
Die Gesamtstrecke rund Europa	
von Emden bis Berlin beträgt rund	**14.000 km**

275

Technische Angaben zum Boot

SOLVEIG VII

Classic Sturdy 400 AC

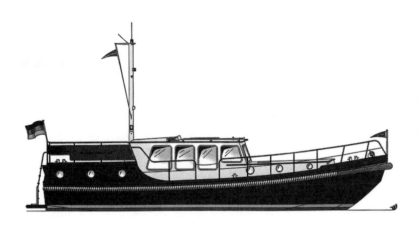

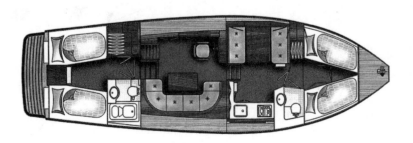

Fahrtenyacht aus Stahl, Typ Linssen Classic Sturdy 400 AC

Bauwerft:	Linssen Yachts, Maasbracht, NL 6050
Design:	Jos Linssen
Länge über alles:	12,40 m
Länge Wasserlinie:	10,25 m
Breite:	4,05 m
Tiefgang:	1,35 m
Wasserverdrängung:	14,50 t

Motor:	1 x Volvo Penta 6-Zylinder-Turbodiesel 145 PS TAMD 41
Kraftstofftank:	2 x 800 Liter und 1 x 200 Liter
Schlauchboot:	Zodiac Cadet
Außenborder:	Honda 4-Takt 2 PS

Heizung:	Eberspächer D 5 LC
UKW-Funkgerät:	Shipmate RS 8315
Bugstrahlruder:	2 x Vetus Bugschraube
Elektr. Ankerwinde:	30 kg Anker mit 60 m Kette 8 mm

Fäkalientank
Heißwasserboiler:	55 Liter
Wassertank:	2 x 200 Liter
Seewasser-Entsalzungsanlage:	Aquafresh Watermakers Ltd England
Generator:	220 V/2500 Watt Volvo Aquapower

220 V Landstromanschluss
Klappmast und Hilfssegel

Instrumente:	Autohelm-Kompass, Autohelm-Echolot, Autohelm-Log, Autohelm-Autopilot
Radar:	Raytheon M 92576

Gasherd
12 V-Kühlschrank

Die SOLVEIG VII

So wie die SOLVEIG IV, eine Yacht vom Typ Hallberg-Rassy 42, die ich zusammen mit meiner Frau Angelika 1983 – 1991 um die Welt segelte, ist die Linssen Sturdy ein qualitativ hochwertiges, kräftiges Schiff. Nicht extrem schnell, aber sehr geräumig. Der breite Bug und das hohe Heck geben ihr das charakteristische Aussehen.

Vielleicht war es noch die Freude an der Langsamkeit des Segelns, die mich schon kurz nach der Heimkehr von meiner dritten Weltumsegelung bewog, nun mit einem Motorkreuzer neue Ziele in Europa anzusteuern.

Das ideale Boot für alle Zwecke gibt es nicht, kann es nicht geben, wohl aber ein besonders geeignetes Boot für bestimmte Aufgabenbereiche. Nach drei Jahrzehnten Segeln auf den Weltmeeren hatte ich mir deshalb ziemlich genaue Pläne für die »Zeit danach« gemacht. Ich wollte vor allem die einmalig schönen europäischen Binnengewässer und Randmeere kennenlernen. Die Möglichkeit, jede Woche eine neue, interessante Stadt mit großer Vergangenheit und bedeutenden Kunstschätzen zu besuchen, daneben die herrliche Landschaft an den Ufern der großen Ströme genießen zu können – das war es, wovon ich seit langer Zeit geträumt hatte.

Für die Erfüllung dieser Träume fiel es mir leicht, auf Mast und Segel von Anfang an zu verzichten. Bereits auf der Bootschau in Düsseldorf, wo damals die SOLVEIG IV nach ihrer erfolgreichen Weltumsegelung ausgestellt war, entschloss ich mich zum Kauf einer Sturdy 360. Zu oft hatte ich im Segelboot das Setzen des großen Tuches als sinnlos empfunden, weil der Wind zu sanft oder aus der falschen Richtung über das Wasser strich. Gewiss, in den Weiten der Ozeane wäre eine Fahrt mit dem Motorboot ebenso sinnlos, aber in engen Binnengewässern eine Stunde lang hin und her zu kreuzen, um dann vielleicht zwei oder drei Kilometer zurückzulegen, das macht auch nicht glücklich!

Ein schönes, geräumiges und doch einigermaßen seetüchtiges Motorschiff sollte es deshalb sein, mit dem ich lange Fahrten auf großen Strömen und Seen unternehmen konnte.

Und die Wahl des Bootes gab mir recht: mit der neuen SOLVEIG besuchte ich die großen Metropolen unseres Kontinents: Berlin, Paris, London, Amsterdam, Hamburg, Kopenhagen, Stockholm und St.Petersburg, und ich befuhr die herrlich schönen Seengebiete Finnlands.

Die in diesem Buch geschilderte dreimonatige Expedition durch das europäische Russland wurde für mich zum absoluten Höhepunkt und zur Krönung meiner Europa-Reisen.

Die robuste, im Kraftstoffverbrauch dennoch sparsame Sturdy 400 war mit allem ausgerüstet, was für die vierköpfige Crew notwendig und nützlich schien.

Im Vorschiff dieses bewährten Bootstyps befinden sich der Schlafraum und die Toilette mit Dusche für zusätzliche Crewmitglieder, dahinter die Pantry mit Gasherd und genügend Schränken und Schapps für Töpfe, Geschirr und was man sonst noch braucht, um für das leibliche Wohl von vier bis sechs Personen zu sorgen. Ein großer Tisch erlaubt es, direkt gegenüber dem Herd zu sitzen und die Mahlzeiten zu genießen.

Ich mochte diesen Raum besonders gerne, weil er drei Stufen tiefer liegt als der sogenannte Salon. Man war dort unten vor allem auch abends bei Lampenschein vor den Blicken Fremder geschützt und konnte jederzeit Töpfe und Pfannen vom Herd greifen ohne aufzustehen. Hier unten hatten wir auch unsere Laptop-Computer am 220V-Netz angeschlossen, um die notwendigen Schreibarbeiten zu erledigen.

In den Bänken und unter den Gästekojen befindet sich viel Stauraum für Lebensmittel, Wasserkanister und Rettungswesten.

Über drei Stufen erreicht man den großen mittleren Raum des Bootes, den Salon. Auch dort befinden sich außer dem Steuerstand und einem Tisch lange Bänke mit großen Stauräumen. Ersatzteile, Werkzeuge, Kabel und Bücher sind hier untergebracht, und der Tisch dient zum Ausbreiten der See- oder Flusskarten.

Große Fenster spenden viel Licht und ermöglichen einen freien Blick nach außen. Bei schlechtem Wetter hat man so vom Innensteuersitz aus gute Sicht, nicht nur durch die großen Windschutzscheiben nach vorn, sondern auch zu den Seiten, um während der Fahrt die Uferlandschaft zu beobachten. Der Salon dient als

Gesellschaftsraum und eignet sich vorzüglich, um Gäste zu empfangen, sei es zu Gesprächen oder zu einer gemütlichen Teerunde.

Der besonders große Heckraum ist großzügig angelegt und dient als Schlafkajüte für die Eigner. Davor befindet sich ein Duschkabinett mit Toilette, und als Besonderheit habe ich mir in der Kleiderkammer gegenüber eine Waschmaschine einbauen lassen.

In der Mitte des Bootes, im Salon, kann man die Bodenbretter anheben und befindet sich dann mit einem kleinen Sprung nach unten im Motorraum, der Herzkammer des Schiffes.

Hier konzentriert sich die gesamte Technik. Am 6-Zylinder-Volvo ist ein Generator für 220 V angebaut, ein mir wichtiges »Extra«. Er liefert 2200 Watt, und mit soviel Energie können wir nicht nur einen elektrischen Kocher betreiben, sondern auch die Waschmaschine und vor allem den »Watermaker«, unsere Anlage für die Herstellung keimfreien Wassers. Auch diese Geräte mit Pumpen, Schläuchen und Druckbehälter sind im Motorraum untergebracht, eng neben den drei großen Kraftstoffbehältern. Ihr Fassungsvermögen von 1800 Litern war die Voraussetzung, nicht ständig Diesel nachfüllen zu müssen.

Neben der klassischen Einrichtung der Räume hatte ich eine ganze Reihe von Besonderheiten angeschafft, um den großen Entfernungen und der Einsamkeit der russischen Gewässer gewachsen zu sein. Tatsächlich erwies sich später kein Teil der Sonderausrüstung als überflüssig. Entscheidend war dabei, dass wir in der Wasserversorgung unabhängig waren und den Nachschub an Kraftstoff so organisieren konnten, dass wir jeweils Diesel von zuverlässiger Qualität bekamen.

Ein Zodiac-Schlauchboot ermöglichte uns so manchen interessanten Landgang und sicheres Anlanden mit der wertvollen Kamera-Ausrüstung, mit Akkus und Stativen.

Der Motor

Mehr noch als für Fahrten in westeuropäischen Gewässern war für diese Unternehmung der Motor das Herzstück und der Lebensquell des Bootes. Auf seine Leistung musste ich mich Tag und Nacht verlassen können. Er diente nicht nur dem Antrieb des Bootes, sondern auch der Stromerzeugung von 220 Volt und 12 Volt und damit der Herstellung von Trinkwasser und Ladung der Batterien. Dachte ich über eine mögliche Panne nach, so wurde mir schlagartig klar, dass dies das Ende der Fahrt bedeuten würde, denn wegen des Visums, das zu einer bestimmten Stunde ablief, konnten wir uns keine zusätzlichen Tage für eine Reparatur erlauben.

Schon vor Beginn der Reise fragten mich Fachleute mehrmals, weshalb ich denn das unverantwortliche Wagnis auf mich nähme, eine so weite Strecke mit nur einer Maschine fahren zu wollen, da ich doch in Russland keine Ersatzteile und keine wirklich erfahrenen Mechaniker oder Werkstätten für Reparaturen finden würde. Meine Antwort lautete jedes Mal: »Es geht nicht anders, ich brauche den Platz für die Kraftstoffbehälter, ein zweiter Motor passt da nicht mehr hinein. Aber ich habe einen Volvo und der wird durchhalten, da bin ich sicher. Ich werde ihn sehr gut pflegen.«

Der 6-Zylinder hat die ungeheure Entfernung von 5000 Kilometer durch Russland ohne Ermüdungserscheinungen durchgehalten. Hinzu kam noch einmal eine weite Strecke über See nach Istanbul und später von dort bis Frankreich, insgesamt über 12000 Kilometer. Was mich an der Maschine besonders begeistert, ist die Laufruhe des Sechszylinders. Verstärkt wurde die Schalldämmung noch durch einen fünfflügeligen Propeller, sodass ich, obwohl die Achterkabine natürlich über der Welle liegt, auch bei laufendem Motor schlafen kann.

Eine einzige Panne hatten wir, aber nicht am Motor, sondern an der Kühlwasseranlage. Schuld war der dicke Schlamm am Grund des Don, der sich in den dünnen Röhren des Wärmetauschers allmählich abgelagert hatte. Ich war zweimal in den Schlamm hineingeraten, sah die dunklen Wolken aufwirbeln, dachte aber, es sei alles in Ordnung – und fuhr weiter. Aber auch dieses Missgeschick ließ sich innerhalb von 24 Stunden beheben, und wir erreichten am letzten Tag vor Ablauf des Visums die Grenze.

Entscheidend für das Durchhaltevermögen eines Motor ist jedoch der Einbau der einzelnen Aggregate in der Werft. Während der Motor selbst in großen Serien für den weltweiten Verkauf gefertigt und folglich tausendfach erprobt wird, ist der Einbau eine einmalige Arbeit, für jedes Boot anders, und erfordert deshalb großes Wissen und Erfahrung seitens der Fachleute in der Werft. Keine zwei Boote werden nach den gleichen Plänen gebaut, und der geringste Fehler kann zu schweren Ausfällen führen. In der Linssen-Werft arbeitet man zuverlässig und mit großem Können, und so konnte ich mich während der gesamten Reise auf die Funktion aller Geräte verlassen.

Danksagung

Meinen Dank möchte ich in erster Linie der großen Zahl von Helfern in Russland sagen, die zu jeder Tages- und Nachtzeit bereit waren, durch selbstlose Hilfe unsere Pläne und unsere Expedition zu unterstützen, sei es durch Ratschläge, Warnungen oder durch tätige Unterstützung. Ich werde ihre Gastfreundschaft nie vergessen!
Dank sage ich insbesondere auch der Familie Linssen, den Brüdern Peter, Jos, Harry und Jan Linssen, Linssen-Werft, Maasbracht, ohne deren stete Hilfsbereitschaft die SOLVEIG VII uns nicht so vollendet zur Verfügung gestanden hätte.

Mein großer Dank gilt
Herrn Dr. Edmund Stoiber
Ministerpräsident des Freistaates Bayern

sowie Herrn Dr. Michail A. Logwinow
Generalkonsul a.d. der Russischen Föderation und Beauftragter des Freistaates Bayern in Moskau

ferner den Herren Dr. Lev N. Klepatsky
Generalkonsul der Russischen Föderation in München

und Alexander E. Gladkow
Vizekonsul, Generalkonsulat der Russischen Föderation

sowie
Jurij N. Ljaschtschenko
Konsul, Generalkonsulat der Russischen Föderation, München

und Georgi Kosykh
Generalkonsul der Ukraine, München

Ganz besonders danke ich
Herrn Prof. Dr. Hanno Beck, Bonn, Herausgeber der Reiseberichte der Humboldt-Expedition 1829 für die liebenswürdige Erlaubnis, die alten Stiche aus jener Zeit zu übernehmen, und ebenso dem Thienemann-Verlag für die freundliche Unterstützung.

Weiter danke ich meinem Freund Volker Kirchgeorg, Santec München, für seine unermüdliche Hilfe bei der Beschaffung der Visa und Behörden-Verbindungen.

Ebenso danke ich
Herrn Torsten Moench
Chefredakteur der Zeitschrift Boote, Hamburg

Herrn E.O. Cordes, Marina-Park Weener,
für die freundliche Überlassung einer heizbaren Bootsgarage als Winterlager

Rechtsanwalt Klaus Heyser
Frankfurt

Horst Schlichting
Segler-Zeitung, Travemünde

Kapitän Hajo Janssen
MS Deutschland

Wolfgang Frank
Kreuzfahrtdirektor MS Deutschland

Wolfram Götz
Kreuzfahrtdirektor MS Scholochow

Victor G. Dietz
Direktor des Deutschen Hauses der Republik Tatarstan, Kasan

Alexei Djomin
Journalist, Kasan

Stefan Dieter Elfreich, München für wertvolle Beratung

und Frau Gisela Schmiede für ihre Hilfe bei Durchsicht der Manuskripte

Meiner Schwiegermutter Ilse Zilcher, Bad Wiessee, für ihre Hilfe als Kontaktstelle in Deutschland

Den folgenden Firmen bin ich zu großem Dank verpflichtet:

Bernd Reinitz, Volvo Penta Central Europe, Kiel

Ing. Bernd Zander, Zodiac – Kern GmbH

Armatech Marine Equipment

A.W. Niemeyer, Hamburg

Jabsco GmbH, Hamburg

Und ein herzliches Dankeschön meinen Freunden in der Ataköy Marina, Istanbul, die jederzeit zur Stelle waren, wenn es darum ging, das Boot zu überwachen und zu pflegen.

Literaturverzeichnis

Bamm, Peter: *Die unsichtbare Flagge*, 1972, München

Beck, Prof. Dr. Hanno: *Alexander von Humboldts Reise durchs Baltikum nach Russland und Sibirien 1829*, 1984, Stuttgart

Bechtolsheim, Hubert von: *St.Petersburg*, 1994, München, New York

Engel, Gerd: *Weiße Nächte – Schwarzes Meer*, 1995, Frankfurt/ Berlin

Globke, Werner: *Weyers Flottentaschenbuch* 63. Jahrgang, 1997/98, Bonn

Geo Epoche, Magazin für Geschichte Nr. 6: *Im Reich der Zaren*, 2001

Hamel, Christine: *Rußland*, 1998, Köln

Hapke, Andrea, Scheer, Evelyn: *Altrussische Städte*, 1998, Berlin

Von Rollo und Angelika Gebhard sind außerdem lieferbar:

Leinen los - wir segeln um die Welt

Als erster Deutscher segelte Rollo Gebhard in einem kleinen, nur sieben Meter langen Boot über alle Ozeane, zweimal um die Welt. Doch schon bald nach dieser einmaligen Leistung zog es ihn wieder hinaus auf die Meere. Diesmal nicht allein, sondern mit seiner Lebensgefährtin und jetzigen Frau Angelika. Seine dritte Weltreise, von der er hier mitreißend erzählt, wird zu seinem größten Erlebnis. In schwerem Sturm kentert die 13m-Yacht vor Grönland! Doch in 16 harten Tagen und Nächten retten sich die beiden mit letzter Kraft an die Küste Neufundlands. Die Reise endet in Tahiti, wo Angelika zum ersten Mal den Zauber der Südseeinseln kennenlernt, der sie nie wieder loslassen wird.
208 Seiten, 78 Farbfotos, 22 Abbildungen, geb.
ISBN 3-7688-1385-1

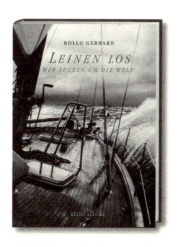

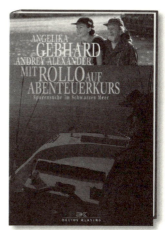

Mit Rollo auf Abenteuerkurs
Spurensuche im Schwarzen Meer

Rollo und Angelika Gebhard bereisen die unbekannten Küsten der Ukraine, Russlands und der Türkei. Mit an Bord der SOLVEIG VII ist der Russe Andrey Alexander. In vielen Häfen wird ihre Motoryacht als erstes ausländisches Motorboot empfangen – und nicht immer freundlich. Die Fahrt entwickelt sich zum Krimi, als die Gebhards versuchen, den geheimen U-Boot-Tunnel in Balaklawa zu durchdringen. Spannend schildert Angelika ihre Abenteuer im Schwarzen Meer. Ihre Tagebuchaufzeichnungen machen den Leser zum intimen Zeugen dieser Reise ins „Land der unbegrenzten Unmöglichkeiten".
304 Seiten, 65 Farbfotos, 36 Zeichnungen, geb.
ISBN 3-7688-1176-X

Blaue Donau - Schwarzes Meer
Mit SOLVEIG VII von Regensburg zum Kaukasus

Nach Angelika Gebhards Erfolgstitel „Mit Rollo auf Abenteuerkurs" schildert hier Rollo Gebhard die Expedition aus der Sicht des Motorbootskippers. Dem Autor gelingen sensationelle Aufnahmen beim nächtlichen Vorstoß in einen geheimen U-Boot-Tunnel, bei einer heimlichen Patrouille zwischen den Kriegsschiffen der russischen Schwarzmeer-Flotte oder auf Stalins Datscha. Eine turbulente Überquerung des Schwarzen Meeres und ein Sturm vor der Nordküste der Türkei setzen den Schlußpunkt unter diese sensationelle Reise, die der mehrfache Weltumsegler mit großer Lebendigkeit erzählt.
304 Seiten, 74 Farbfotos, 28 Zeichnungen, geb.
ISBN 3-7688-1265-0

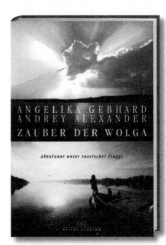

Zauber der Wolga
Abenteuer unter russischer Flagge

Ende April 2001 starteten die Weltumsegler mit ihrem russischen Freund Andrey Alexander zu einer einmaligen Bootsreise quer durch Russland von der Ostsee bis zum Kaspischen und Schwarzen Meer. Die außergewöhnliche Route wurde noch von keiner ausländischen Yacht gewagt und gelang nur heimlich unter russischer Flagge. Das Autorenteam Angelika Gebhard und Andrey Alexander beschreibt spannend, einfühlsam und amüsant Begegnungen mit den Menschen links und rechts des Wolgastroms. Neben den herrlichen Farbfotos illustrieren Andrey Alexanders treffende Zeichnungen und Karikaturen den bislang einzigartigen Törn.
352 Seiten, 83 Farbfotos, 85 Zeichnungen, geb.
ISBN 3-7688-1344-4

Noch viele andere Abenteuer und Reiseberichte sind im Buch- und Fachhandel erhältlich oder direkt beim Delius Klasing Verlag, Postfach 10 16 71, 33516 Bielefeld. Gerne senden wir Ihnen unser ausführliches Gesamtverzeichnis.

DELIUS KLASING